挫败感

班主任成长的必经之路

金玲 编著

南方传媒 广东人民出版社
·广州·

图书在版编目（CIP）数据

挫败感：班主任成长的必经之路 / 金玲编著.

广州：广东人民出版社，2024. 12. -- ISBN 978-7-218-
18275-9

Ⅰ. G635.1

中国国家版本馆 CIP 数据核字第 20244TA686 号

CUOBAIGAN——BANZHUREN CHENGZHANG DE BIJINGZHILU

挫败感——班主任成长的必经之路

金　玲　编著

出 版 人：肖风华

责任编辑：范先鋆　吴　丹
责任技编：吴彦斌

出版发行：广东人民出版社
地　　址：广州市越秀区大沙头四马路 10 号（邮政编码：510199）
电　　话：（020）85716809（总编室）
传　　真：（020）83289585
网　　址：http://www.gdpph.com
印　　刷：广州小明数码印刷有限公司
开　　本：787 毫米 ×1092 毫米　1/16
印　　张：15.5　　字　　数：211 千
版　　次：2024 年 12 月第 1 版
印　　次：2024 年 12 月第 1 次印刷
定　　价：58.00 元

如发现印装质量问题，影响阅读，请与出版社（020-87712513）联系调换。
售书热线：（020）87717307

编委会

　　全国著名班主任于洁老师曾说过："当班主任，没有遇到委屈，这是不可能的。"是啊，我们班主任不是神仙，不是圣人。面对烦琐的工作、铺天盖地的任务，面对学生的抵触、家长的质疑、领导的不认可，甚至是调皮捣蛋的学生、有心理问题的孩子、不服管教的班级、对自己的付出视而不见的学生……在班主任的工作历程中，我们可能曾经都有过迷茫，有过惶恐，有过怀疑，有过顿悟。当你遇到这些情况时，请不要担心，这是所有班主任成长的必经之路。谁天生就会做班主任呢？又有谁是持着班主任从业资格证上岗的呢？

　　亲爱的班主任们，面对各种磨难和考验，千万别让琐碎与繁杂的工作击倒你！教育的星辰大海会让我们坚定前行！

　　当你打开这本书的时候，必定会涌现千千万万种感觉。无论是怀着理解的心态，还是满腹困惑，都不要紧。只要你阅读了这些老师经历的种种挫折，感受到一种似曾相识的共鸣，那就意味着你体会到了我们出版本书的真正目的与深远意义。

　　挫败感的本质，是一种情绪和心理状态，通常出现在个体面临挑战、困难或失败时，伴随着沮丧、受挫与无助的感受。这是一种人们对未能实现个人期望或目标的负面反应，它既是人们成长过程中的一部分，也是一种内心的呼唤，提醒着人们去面对、反思。

本书通过收集和采访全国近百位不同学段、不同教龄、不同学科的班主任的教育经历，带领大家感受班主任在面对各种生活与工作的挑战时所经历的困惑与迷茫。挫败感的来源虽然各不相同，但是只要我们深入理解这些心路历程，就能反观自身，并从中汲取力量。希望大家读完这本书之后，学会看淡，学会释然，意识到如今正经历的或曾经历的种种不如意，都是班主任成长的必经之路。只要迈过了，我们就能到达云淡风轻的境界。

这不仅是一本班主任吐露心声的书，更是一本让班主任感受到情感共鸣的书。作为班主任，我们也有与普通人共通的情感和心理。当我们遇到困难或挫折时，也会感到失意和不安。此时，我们应该大胆地把心声写出来。只有克服了暂时的情绪障碍，才能重新看见光明与前景。

以往的书籍中，针对班主任的内容往往停留在技巧和方法的层面。然而，世上并没有一种适用于所有人的方法。每一种班级管理策略都有独特的适用场景和对象。即使是再好的方法，面对某些个体，也有可能失灵。作为班主任，我们从各自不同的成长经历中，积累了丰富的心路历程。本书正是在尝试与大家交流那种曾经经历的微妙感受——挫败感。

或许你是一位初出茅庐的年轻班主任，怀揣着对教育的美好期待和无限憧憬，接手了一个班级。在班级管理中，你可能会遇到各种难以应对的问题，让你彻夜难眠——可能是班级里几个调皮孩子，令你感到无比困惑，却又难以教育；甚至可能遭遇领导的严厉批评，令你陷入深深的郁闷。

有老师会问，为什么许多优秀的班主任在不同场合都表达了当班主任的苦与乐？亲爱的老师们，我们看到的是这些光鲜亮丽的成绩，看不到的是这背后隐藏着的无数煎熬和等待啊！事物的发展总是前进与曲折的统一，请相信世界上没有一位班主任不必经历挫败感，就连全国著名的班主任于洁老师也曾分享过她受挫的心路历程。

读了本书，你就能读懂班主任的"人间百态"。班主任的挫败感，可能来源于上级领导的压力，可能来自同事关系的不和谐，可能来自家长们的误解，可能来自令人喘不过气的繁重工作，可能来自带领一个让人抓耳挠腮的班级，也可能来自学生的叛逆……本书不试图提供应对挫败感的具体方法与指引，只希望大家用心感受人间百态。我相信，那些你眼中难倒了你的，将不再可怕；那些你困惑的，也将不再令你迷茫。

本书旨在帮助班主任认识、理解并应对挫败感，将其转化为成长与发展的契机。通过学习与运用这些理论与策略，班主任能够更好地应对挫败感，提升自身的教育素养，为学生和学校做出更大的贡献。

挫败感可以来自许多方面。对于班主任来说，最直接的来源之一是学生的行为。当我们面对那些调皮捣蛋的孩子时，常常感到无能为力。这种情绪不仅仅是对学生行为的反应，更是对自我教育能力的质疑。我们渴望改变他们，但有时却感到无能为力。另一个是来自领导的压力。在教学工作中，班主任往往承担着巨大的责任，既要管理班级，又要完成学校布置的各项任务。领导对工作结果的高期望，有时会让我们倍感压力。在这种情况下，挫败感悄然来袭，影响着我们的心态。此外，同事间的关系也会影响我们的情绪。良好的同事关系能够给我们带来支持与鼓励，而不和谐的共事关系则会让我们倍感孤独和无助。特别是在面对困难时，缺乏支持可能会加重我们的挫败感。

当挫败感袭来，班主任该如何调整自我，走出阴霾？首先，我们要学会承认这种感受。挫败是成长的一部分，勇敢地面对它，我们应该接受并理解自己的情绪。其次，寻求支持是重要的一步。与同事、朋友或家人分享我们的困惑，能够减轻心理负担，带来新的视角。

此外，记录我们的感受也是一种有效的方法。将挫败感具体地写下来，能够帮助我们理清思路，并找到解决问题的线索。通过写作，我们不仅可以释放情感，还能从中提炼出经验教训。反思是成长的关键。在经历挫败感后，我们可以通过反思来提炼出经验，明确改进方向。思考自己在处理问题时是否决策合理，是否有更好的处理方式。通过反思，我们能够不断提升自我，变得更加成熟。

同时，挫败感也提醒我们需要不断学习。教育是一个不断变化的领域，新的教学理念和方法层出不穷。保持学习的心态，能够帮助我们在面对挫折时找到新的解决方案，从而实现个人的成长。

将挫败感转化为积极的动力，是我们应对挫折的最终目标。每一次挫败都是一次机会，让我们重新审视自己的目标与方法。我们可以通过设定新的小目标来逐步克服挫败感，从而建立起信心和成就感。

在这个过程中，与他人分享自己的经历也能产生积极的影响。通过交流，我们不仅能获得支持，也能帮助他人。团结互助是解决问题的良方，班主任之间的相互鼓励将形成强大的支持网络。

感谢生活中的每一次考验，它们塑造了更坚强的我们，也让我们收获了成长。亲爱的班主任们，请始终保持热爱生活的心态，无论面临怎样的挑战，愿你们在阵痛后，学会逆风飞翔，成为更好的自己。让我们一起携手，在教育的道路上不断前行，创造更美好的未来！

目录

CONTENTS

第一章
挫败感初探

一　挫败定义揭面纱

　　挫败感是我们生活中常见的感受之一，它在我们遇到挫折或失败时产生。当我们试图达成一个目标却未能实现，或是感觉自己在某些方面不如他人时，这种负面的情绪就会出现。挫败感不仅仅是一种情绪，它还会影响我们的行为和心理状态。理解挫败感的定义，可以帮助我们更好地应对生活中的挑战。

　　挫败感是一种常见的情绪体验，它通常伴随着个体在追求目标或达成预期时遭遇挫败或阻碍而产生。这种情绪体验能够影响个体的自我效能感、自尊心以及情绪调节能力。挫败感并非仅局限于个人层面，它也可能在集体或社会情境中出现，反映个体对周围环境变化的反应和适应能力。

　　在心理学领域，挫败感通常被视为一种负面情绪，它与失望、沮丧或愤怒等其他负面情绪紧密相连。个体在追求目标时，如果感受到自己的努力没有得到预期的结果，或者受到了外界的阻碍，挫败感便会随之产生。这种情绪体验不仅影响个体的心理状态，还可能进一步影响个体的行为模式，导致个体消极应对或出现攻击性行为。

　　个体在体验挫败感时，可能会经历一系列复杂的心理过程。首先，个体可能会感到自己投入的努力和资源没有得到相应的回报。其次，挫败感也可能导致个体产生对自我能力的质疑，甚至引发自我效能感下降。在某些情况下，挫败感还可能引起个体对周围环境的不满，从而导致情绪调节能力减弱。当个体无法有效地应对挫败感时，这种情绪体验可能会进一步恶化，导致个体陷入持续的消极情绪状态中。

个体在面对挫败感时，如何调整自己的认知方式，增强应对能力和心理韧性，将直接影响其心理健康的维护。在临床实践中，心理治疗师通常会采用认知行为疗法等方法，来帮助个体应对挫败感，通过改变个体对挫败情境的认知，增强其心理韧性。

例如，个体在求职过程中屡次遭遇失败，可能会感受到强烈的挫败感。在这种情境下，个体可能会质疑自己的能力和价值，甚至产生逃避行为。然而，通过认知行为疗法等心理干预措施，个体可以学会重新评估自己的能力和价值，增强应对挫折的能力，从而逐步减轻挫败感。此外，心理治疗师还会指导个体如何更好地应对挫败情境，通过积极的自我暗示、情绪调节技巧等方法，提高应对能力和心理韧性。

挫败感的定义及内涵，不仅限于个体层面，还可能涉及集体或社会情境。例如，在竞争激烈的就业市场中，求职者可能会因为无法找到满意的工作而感到挫败。同样，社会不公、资源分配不均等因素也可能导致个体产生挫败感。在这种情境下，挫败感不仅是个人情绪的体现，也是社会问题的反映。了解挫败感的成因、表现形式以及应对策略，对于个体的心理健康至关重要。

二　表现多样绘色彩

挫败感的来源可以分为个人因素和社会因素。

从个人因素来看，挫败感常常源自个体自我效能感与实际能力之间的差距。当个体感受到自己的努力没有得到预期的结果，或者受到外界的阻碍时，挫败感便会随之产生。比如，一位学生在准备考试时，付出了巨大努力，结果考试成绩不及预期，此时他可能会感受到强烈的挫败感，这种情绪体验不仅影响他的心理状态，还可能进一步影响他的行为模式，导致他消极应对或产生攻击性行为。

社会因素也是挫败感的重要来源。在竞争激烈的就业市场中，求职者可能会因为无法找到满意的工作而感到挫败。同样，社会不公、资源分配不均等因素也可能导致个体产生挫败感。例如，一位员工在公司内部晋升机会受限，即使他付出再多的努力也难以走上更高的职位，这种长期的努力与回报之间的失衡往往会引发个体的挫败感。社会学家通常会探讨挫败感与社会结构之间的关系，分析其成因及其对个体行为和社会稳定的影响。

挫败感的表现形式因人而异，但常见的情绪反应包括失望、沮丧、愤怒、焦虑和无助。个体可能会产生自我怀疑，质疑自己的能力和价值。身体上，挫败感可能会导致精力不足、疲劳倦怠等身体反应。

挫败感并非完全负面，它也可以作为一个学习和成长的机会。通过适当的应对策略和积极的心态，个体可以从挫败中获得教训、发展强大的抗挫能力和解决问题的技巧。

挫败感在教育、职业、个人目标等各个领域都可能出现，因此理解挫败感并学会应对它是重要的心理素养之一。通过认识挫败感的定义和特点，人们可以更好地处理挫败感，提高自我调适能力，并增强实现目标和成功的可能性。

挫败感的表现形式因个体而异，但通常表现为以下一些情绪和行为反应：

1. 情绪反应

挫败感常常伴随着强烈的情绪波动，个体可能会感到沮丧、愤怒、焦虑，甚至无助。这些情绪的产生，通常源于个人期望或目标未能达到。当一个人努力追求某个目标却屡次遭遇失败时，内心的不安和失落便会迅速上升，导致对自己的能力产生质疑。沮丧感使人对事物的兴趣下降，而焦虑感则伴随着对未来的不确定感而生，令人感到窒息。愤怒，不仅针对外部环境，也可能转向自身，令人产生自责与懊恼的情绪。

这些情绪波动可能会对个体的日常生活产生显著影响。个体可能在工作或学习中失去动力，无法集中精力完成任务，甚至在社交场合中感到格格不入，影响人际关系。持续的负面情绪还可能导致产生倦怠感，个体对日常生活的积极性下降，生活变得乏味无趣。这种情绪的连锁反应会使人陷入消极的恶性循环，越发远离成功与快乐。因此，及时识别和处理这些情绪，寻找情感支持和积极应对的策略，显得尤为重要。

2. 身体反应

挫败感不仅影响心理状态，还可能引发身体上的不适。许多人在经历挫败感时，会出现失眠、食欲减退、头痛等情况。失眠常常源于焦虑与紧张，人难以安然入睡，长此以往，缺乏足够的休息和恢复，人的身体健康会受到威胁。与此同时，食欲减退也是一种常见的反应，心理上的压力往往使人对食物失去兴趣，导致体重下降，甚至营养不良。

此外，挫败感还可能引发慢性头痛或肌肉紧张，这些身体症状不仅让个体感到不适，还进一步加剧心理负担。当身体受到影响时，个体的生活质量和工作效率都会降低，形成恶性循环。长期忽视身体反应，可能导致更严重的健康问题，因此，意识到这些身体信号并寻求适当的放松和调节的方法，是应对挫败感的重要策略。

3. 行为改变

面对挫败感，个体的行为往往会发生显著变化。很多人在经历挫折时可能表现出逃避、消极或放弃的行为。这种行为转变可能使人对曾经热爱的事情失去兴趣，从而远离社交圈和原有的生活方式。逃避是对挫败感的一种自我保护机制，个体可能选择不去面对现实，选择沉迷于手机、游戏或其他消遣方式，以逃避内心的不适。

　　然而，长期的逃避只会加深挫败感，导致个体与外界的联系日益削弱，进一步降低了自信心和动力。消极的行为模式，不仅影响个体的生活和工作表现，也可能损害个体与他人的关系。人际交往的减少和内心的孤独感相互交织，使个体在挫败感的泥潭中愈加无助。因此，意识到这些行为变化，主动寻求支持，尝试逐步面对挑战，能够帮助个体重建自信与动力，走出挫败的阴影。

　　4. 思维模式

　　挫败感还会深刻影响个体的思维模式。经历挫折后，个体的消极思维往往被放大，可能陷入"我永远做不好"或"我不够好"的自我否定之中。这种消极思维不仅源于个体对自身能力的怀疑，也常常与外界评价、社会期望相联系。在感受到挫败时，个体容易将一次失败内化为对自我价值的全面否定，忽略了成功与失败都是成长过程的一部分。

　　这种消极思维模式的强化，会导致个体在面对未来挑战时产生更大的恐惧感，形成逃避行为，进而影响个人发展。持续的自我否定还可能导致焦虑和抑郁等心理健康问题。因此，重建积极思维，学会对自我进行合理评价显得至关重要。通过反思失败的原因、总结经验教训，个体能够逐渐转变思维模式，从而增强面对挑战的勇气与信心。积极的自我对话与情绪调节技巧，有助于打破消极思维的束缚，提升个体的自我效能感和心理韧性。

　　这些表现形式并非绝对，每个人在面对挫败时可能会表现出不同的反应。此外，个体的文化背景、个性特点以及具体情境，也会对挫败感的表现产生影响。重要的是了解和认识自己在经历挫败时可能产生的情绪和行为反应，以便更好地应对挫败感，并寻求适当的支持和解决方案。

三　心理特点挖根源

挫败感具有一些常见的心理特点，认识这些特点有助于我们更好地理解挫败感及其深远影响。

1. 自我归因

挫败感常常使个体倾向于将失败归咎于自身的内在因素。这种自我归因通常表现为对自身能力的怀疑和对个人特质的负面评估。个体可能会认为自己的智力、技能或者个性特征不符合成功的标准，导致他们无法达成既定目标。这种自我批评的心态，不仅会加剧挫败感，还会逐渐削弱自信心，使个体在面对新的挑战时更加畏惧和退缩。此外，过度的自我归因，可能引发长期的负面情绪状态，进一步影响个体的心理健康。

2. 固定思维模式

挫败感还可能导致个体陷入固定思维模式。此种思维模式使得个体相信自己的能力是固定不变的，无法通过努力学习来改善和提升。这种限制性思维往往使个体在遇到困难时感到无助，认为即使付出努力也不会有任何改变。这不仅阻碍了个体的成长与发展，还使得个体在遇到挫折时更加容易放弃，缺乏应对困难的勇气。培养成长型思维，即相信能力可以通过努力学习不断提高，成为帮助个体摆脱挫败感的关键。

3. 情绪化反应

挫败感常常引起强烈的情绪化反应，如沮丧、愤怒和焦虑等。个体在遭遇挫折时，常常会感到失望和无力，这些情绪波动可能会使个体难以保持理性思维。在这种状态下，个体的判断力可能会受到影响，导致他们在处理问题时更加冲动或消极。此外，情绪的起伏还可能影响到个体与他人的关系，进一步加剧个体的孤独感和挫败感。因此，培养情绪管理技巧显得尤为重要，有助于个体在面临挫折时更好地调节自己的情绪。

4. 不合理的期望和压力

个体有时可能会给自己设定过高或不切实际的期望和目标，这种自我施加的压力是挫败感的重要来源。过高的期望往往使个体难以实现目标，从而产生挫败感。同时，外部环境和社会文化也可能加剧这种压力，例如，来自家庭、学校或工作场所的期望。面对这种内外部压力，个体可能会感到无所适从，难以有效应对。因此，学习如何设定合理的目标，并学会适时调整期望，有助于减少挫败感的产生。

5. 自卑感和自我怀疑

挫败感常常导致个体产生自卑感和自我怀疑。这种心理状态让个体开始质疑自己的价值和能力，甚至对自己的未来产生悲观的看法。他们可能反复思考失败的经历，怀疑自己是否足够好，是否具备克服困难和实现目标的能力。这种消极的自我认知，不仅会影响个体的心理健康，还会削弱他们追求新的机遇和挑战的勇气。因此，建立积极的自我形象和自我肯定至关重要，可以帮助个体增强自信，从而更好地应对挫败感。

了解这些挫败感的心理特点，可以帮助个体更深入地认识和理解自身的情绪与行为反应。通过培养积极的心态、灵活的思维方式以及寻求适当的支持和帮助，个体能够更有效地应对挫败感，并从中获得成长与发展的机会。关注自身的心理健康，及时进行反思与调整，能够为应对生活中的挑战提供坚实的基础。

四 个人影响话利弊

挫败感不仅影响个体的情绪状态，还深刻影响个体的心理健康、社交关系、职业发展和整体生活质量。

1. 情绪与心理健康

挫败感往往伴随着一系列强烈的情绪反应，包括沮丧、愤怒、焦虑和无助。这些情绪的出现，可能导致个体在心理上感到不适，甚至引发更严重的心理健康问题。例如，持续的挫败感可能导致抑郁症或焦虑症的产生。个体在经历挫折时，可能会对自己加以否定，认为自己无能，进而形成恶性循环。

在情绪波动的影响下，个体可能会变得更加敏感和脆弱，容易受到外界环境和他人评价的影响。这种情绪的不稳定会让个体在社交场合中感到紧张，难以自信地表达自己的观点，导致社交回避的倾向。对于心理健康的关注和调节至关重要，个体需要学会识别和管理自己的情绪，以应对挫败感带来的心理挑战。

2. 自我认知与自信心

挫败感对个体自我认知的影响也不容忽视。面对挫折时，个体往往会将失败归因于自身能力不足或个性缺陷。这种自我归因不仅加剧了挫败感，还可能导致个体产生自我怀疑和自卑感。当个体不断质疑自己的能力时，自信心会受到极大打击，导致他们在面对未来的挑战时变得犹豫不决。

缺乏自信心的人，通常更难以采取主动的态度去追求目标，他们可能会避免挑战，降低对自己能力的期望。这种消极的自我认知，不仅影响个人的职业发展，还可能会影响人际关系的建立与维护。当一个人对自己的能力缺乏信心时，便很难与他人展开健康的互动，可能会导致孤独感和隔离感的加重。

3. 职业发展

挫败感对个体的职业发展的影响尤为显著。在职场中，面对竞争、压力和业绩指标，个体难免会经历挫折。当目标未能达成时，挫败感可能会使员工对工作的热情下降，影响他们的工作效率和创造力。个体可能因为经历过多的失败而变得消极，逐渐丧失对职业生涯的信心和动力。

此外，挫败感还可能影响到个体的职业选择与发展。面对挑战时，感到挫败的人可能倾向于选择较为保守的职业道路，害怕冒险和挑战新的机遇。这种选择不仅限制了个人的发展潜力，也可能会让他们错过提升和成长的机会。为了在职场上取得成功，学会有效地应对挫败感并从中汲取教训是非常重要的。

4. 社交关系

挫败感还会对个体的社交关系产生深远影响。当个体在经历挫败感时，情绪波动可能导致他们在社交场合中表现出孤立或退缩的行为。他们可能不愿与他人交流，害怕被人评价或质疑，逐渐形成社交恐惧。缺乏社交活动，不仅加剧了个体的挫败感，也可能导致孤独感的增加。

同时，挫败感还可能会影响个体在团队中的表现。在团队合作中，如果某个成员因为挫败感而表现消极，可能会影响团队的整体士气与氛围。团队的协作与沟通受到阻碍，成员间的信任感也可能会受到影响。因此，在团队环境中，及时识别和支持那些正在经历挫败感的个体，可以提升团队的凝聚力和效率。

总之，挫败感是我们在追求目标的过程中遇到障碍时产生的一种情绪。它提醒我们要重新评估自己的目标和策略，并鼓励我们在逆境中寻找成长的机会。通过理解挫败感的真实含义，我们能够学会珍惜自己的努力，找到适合自己的方法来克服困难，最终实现自己的目标。

五 班主任挫败感概览

班主任在学校教育中不仅是知识的传授者，更是学生成长过程中的引导者和支持者。他们承担着塑造学生人格、促进其全面发展的重要使命。然而，班主任的工作并非一帆风顺。在实际教学中，他们常常面临诸多挑战，如学生的学习困难、家庭背景的差异以及各种心理问题。这些因素常常导致班主任感到挫败。挫败感不仅影响他们的工作效率，还可能影响到学生的学习氛围和班级的整体气氛。理解班主任的挫败感及其成因，对于改善教师的工作环境、提高教学质量、提升学生的学习体验都具有重要意义。通过深入分析班主任的职责、面临的挑战以及挫败感的影响，教育界可以为班主任提供更多支持与帮助，进而构建一个更加健康和谐的教育环境。

（一）班主任的基本职责及心理压力

班主任作为班级管理的第一责任人，肩负着极其重要的职责。他们的工作不仅涉及促进学生的学业进步，还包含了引导学生形成良好的品行和习惯，处理班级日常事务，以及与家长、学校其他教师建立良好的沟通关系。班主任的职责十分广泛，其中包括学生在校的安全保障、思想品德的培养、学习习惯的养成，以及对学生进行心理辅导等。

在完成这些繁杂任务的过程中，班主任面临着巨大的心理压力。他们需要面对的学生可能文化基础薄弱、缺乏学习兴趣、自律意识不佳……有的学生甚至是被家长"逼着读书"的，这些情况都在一定程度上使得班主任的工作难度大大增加。班主任不仅需要教授学生知识，还需要引导学生树立正确的价值观，帮助他们应对各种挑战，这无疑是一项艰巨的任务。在面对这些问题时，班主任常常感到无力和挫败。

班主任的工作繁重且压力巨大。除了完成教学任务，他们还需要承担繁重的班级管理事务，像处理学生的日常问题、组织班级活动以及与家长沟通等。此外，班主任往往还需要承担一定的科研任务，这使得他们的工作更加繁杂。班主任不仅需要应对学生的各种问题，还需要处理来自校方和社会的各种压力。校方可能会对班主任提出各种要求，而社会对职业学院等学校的刻板印象也使得班主任的工作更加困难，这些因素共同构成了班主任的心理压力。

班主任的工作压力，不仅来自繁重的工作任务，还来自他们的社会地位和待遇。班主任的工资待遇普遍较低，社会地位也不被广泛认可，这使得他们在工作中感到挫败。物质需求无法得到满足直接影响到班主任的工作积极性，使得班主任在工作中感到无助，进而产生挫败感。

班主任的工作环境也对他们的心理压力产生重要影响。像中职院校等学校的社会形象欠佳，教师的工作环境往往不尽如人意。在这样的环境中，班主任的工作积极性会受到严重影响，他们可能会感到自己的付出并没有得到相应的回报，从而产生挫败感。这些压力共同作用，使得班主任们常常感到身心疲惫、情绪低落，工作质量也会因此受到影响。

班主任的职业倦怠还会受到学生情绪和行为的影响。学生在成长过程中会遇到各种问题，如学习困难、人际交往问题、家庭问题等，这些都会给班主任带来额外的压力。班主任需要不断调整自己的心态，以应对这些挑战，这无疑是一项艰巨的任务。这些压力不仅会影响到班主任的身心健康，也会影响到他们的工作效率和质量，进而影响到整个班级的管理和发展。

（二）班主任面对的主要挫败情境

在日常工作中，班主任常常面临多种情境，这些情境不仅增加了他们的工作难度，还容易引发挫败感。

1. 学生学业进步缓慢或停滞不前

班主任在面对学生学业进步缓慢或停滞不前时，常常感到无力和挫败。例如，一名班主任可能会发现，尽管自己已经投入了大量时间和精力，在某次班级考试前，多次强调复习重点并采取了多种教学手段，但某些学生的学习成绩依然没有明显的提升，甚至有些学生的成绩依然不尽如人意。这种情况下，班主任可能会感到自己的付出没有得到相应的回报，进而对自身的专业能力和教育方法产生怀疑。此外，班主任还需要面对学生之间的学习差异，这种差异可能导致某些学生难以跟上整体进度，从而进一步增加班主任的压力和挫败感。

2. 学生品行问题难以改善

班主任在处理学生的品行问题时，常常需要耗费大量的时间和精力，但有时即使付出巨大努力，情况依然难以得到改善。例如，某班主任在处理一名学生频繁旷课的问题时，多次进行教育和引导，但学生依然屡教屡犯，问题得不到彻底地解决。此外，班主任还需要面对学生之间的矛盾冲突，有时尽管已经多次进行沟通和调解，但双方依然不愿达成和解。这种情况下，班主任会感觉自己的工作徒劳无功，进而产生挫败感。尤其是在中职学校中，由于学生文化基础薄弱、自律意识较差，这些问题更为突出。

3. 家长沟通困难

班主任在与家长沟通时也容易感受到挫败感。家长对子女的期望往往很高，但实际情况却难以达到家长的期望。班主任在与家长沟通时，可能会遇到家长的不理解或不支持。例如，某班主任在与一名家长沟通时，尽管已经详细地解释了学生的在校表现和改进措施，但家长依然对班主任的工作表示不满。这种情况下，班主任可能会感到自己的付出和努力不被理解和支持，从而感到挫败。此外，家长对子女教育的过高期望与过分干预也使得班主任在处理学生问题时感到更加棘手，这种沟通障碍进一步增加了班主任的工作压力。

4. 校方和社会压力

班主任在日常工作中还面临着来自校方的多重任务压力。校方对班主任的工作要求往往很高，但实际工作中却缺乏相应的支持和帮助。例如，一些班主任在完成繁重的日常工作任务的同时，还要承担一定的科研任务，但学校并未提供相应的资源和支持。这种情况下，班主任可能会陷入捉襟见肘、左右为难的境地，从而感到挫败。

班主任的社会地位和工资待遇普遍较低，这也使得他们在工作中感到挫败。物质需求作为人最基本的需求，其满足与否直接影响到班主任的工作积极性。例如，某班主任在完成繁重工作任务的同时，发现自己的工资待遇远远低于其他教师，这种情况下班主任可能会感到自己的付出没有得到相应的回报，从而产生挫败感。

5. 工作环境不佳

中职学校的社会形象欠佳，教师的工作环境往往不尽如人意。例如，教室条件简陋、设备不全，这些都使得班主任们常常感到身心疲惫，情绪低落，工作质量也会因此受到影响。

6. 学生情绪和行为问题

学生在成长过程中会遇到各种问题，如学习困难、人际交往问题、家庭问题等，这些都会使他们产生情绪和行为问题，从而给班主任带来额外的压力。例如，某班主任在应对一名学生因家庭问题导致情绪波动时，尽管已经尽力提供心理辅导和支持，但学生的情绪问题依然没有得到明显改善。这种情况下，班主任可能会感到自己有心无力，从而产生挫败感。

通过上述情境的分析，可以看出班主任在日常工作中要面临多种复杂的情境，包括学生学业进步缓慢或停滞不前、学生品行问题难以改善、家长沟通困难、校方和社会压力巨大、工作环境不佳以及学生情绪和行为问题难以处理等，不仅增加了他们的工作难度，还容易引发挫败感。班主任在面对这些情境时，不仅需要付出大量的时间和精力，还需要应对各种挑战，这无疑增加了他们的心理压力。这些挫败情境不仅影响到班主任的身心健康，还会影响到他们的工作效率和班级管理的质量。

（三）挫败感对班主任职业生涯的影响

如果班主任在日常工作中长期感受到持续性的挫败感，这不仅会影响他们的身心健康，还会对班主任的教学热情、职业健康以及职业生涯规划带来了显著而深远的负面影响。

1. 教学热情的减退

挫败感的不断累积会导致班主任的教学热情逐渐减退。当班主任发现自己的努力和付出并未达到预期的效果时，他们可能会感到沮丧和无力。例如，某班主任长期致力于提高学生的学习成绩，但部分学生的学习状况依然没有明显改善。这种情况下，班主任可能会逐步对教学失去热情，进而影响到整个班级的教学效果。教学热情的减退，不仅影响到班主任个人的工作态度，也会对班级的学习氛围产生不利影响。学生可能会感受到班主任在抓学习方面的热情不再，从而懈怠学习，或在学习上无法更上一层楼，进一步形成恶性循环。

2. 职业健康的损害

班主任的挫败感不仅会影响他们的心理健康，还会对身体健康造成损害。长期的心理压力和挫败感会导致班主任出现多种身心问题，如情绪低落、疲劳感加剧、失眠等。长期的心理压力还会引发班主任的焦虑和抑郁情绪，不仅影响到他们的生活质量，还会加剧班主任的职业倦怠感，进而对班级管理工作造成不利影响，从而形成恶性循环。

3. 职业生涯规划的困扰

班主任的挫败感还会对他们的职业生涯规划产生困扰。当班主任持续感受到挫败感时，他们可能会对未来的职业发展感到迷茫和困惑。长期的心理挫败感会影响班主任对自己职业能力的信心，进而对职业规划产生消极影响。班主任可能会感到自己在职业道路上遭遇瓶颈，无法实现个人的职业目标，这种职业规划上的困扰会导致他们对工作的投入度降低，进一步影响到整个班级的管理和发展。

4. 工作效率的降低

班主任的挫败感还会导致工作效率的降低。当班主任感受到挫败感时，他们可能会陷入消极情绪中，从而导致班主任在日常工作中出现注意力分散、工作积极性降低等问题，进而影响到整个班级的管理工作。班主任的工作效率降低不仅影响到个人的工作状态，还会对班级与学生的学习和成长造成不利影响。

5. 职业身份的认同危机

班主任的挫败感还会导致职业身份的认同危机。当班主任持续感受到挫败感时，他们可能会对班主任的角色产生怀疑，质疑自己是否能够接受和胜任班主任的工作，影响到他们的职业认同感。职业身份认同危机不仅影响到班主任的个人职业发展，还会对整个班级的管理和发展造成不利影响。

班主任的挫败感对职业生涯的影响是多方面的，不仅影响到他们的身心健康、教学热情和工作效率，还会对职业规划和职业身份认同产生困扰。因此，需要从多个角度探讨班主任挫败感的产生原因和应对策略，为班主任提供有效的心理支持和帮助，以缓解他们的职业压力，提升职业幸福感。

综上所述，班主任的挫败感是教育过程中不可忽视的重要方面。深入探讨班主任面临的挑战、挫败感的成因及其表现，有助于我们更加全面地理解教育工作的复杂性。通过建立支持系统、调整期望、有效管理时间以及加强沟通，学校和教育管理者可以为班主任提供必要的支持，帮助他们更好地应对挫败感，提升工作满意度和教学质量。最终，改善班主任的工作环境，将为学生创造一个更加积极健康的学习氛围，促进学生全面发展。这一过程不仅有利于班主任自身的成长，也将对教育整体水平的提升产生深远影响。

第二章
挫败源头细搜寻

一 学生行为乱，挫败悄然而生

（一）引言

在教育的沃土中，班主任扮演着举足轻重的角色，他们是班级的舵手，引领着学生在知识的海洋中航行。班主任的职责不仅仅是传播知识，更是塑造品格，引导成长。然而，在这个看似神圣而光辉的岗位上，他们常常面临着一系列挑战，尤其是应对个别学生的不良行为问题。这些问题犹如暗礁，时不时地对班级的和谐与进步构成威胁，挑战着班主任的智慧和耐心。

在当今快速变化的社会中，家庭教育、社会环境等诸多因素交织，影响着学生的品行发展。传统的教育方式在应对多元化的学生需求时显得杯水车薪，导致一些学生与教师之间的关系变得疏远，行为问题随之增多。在这样的背景下，班主任不仅要维护课堂秩序，还要设法修复可能破裂的师生关系，这无疑是一项艰巨的任务。

另一方面，学生拥有不同的家庭背景，家庭教育观念的差异让班主任在管理上面临考验。有的家长过分追求学业成绩，有的家长则注重孩子全面发展，这种差异使得班主任在设定教育目标和管理方法时需要兼顾各方，以达成共识。而家长的参与和支持对于学生的成长至关重要，但现实是家长的参与度往往不尽如人意，这无疑为班主任的工作增加了难度。

更为复杂的是，班主任的管理行为与学生的外化问题行为之间存在着复杂的相互作用。研究显示，班主任采取的协商管理方式可以促进师生关系，进而影响学生的行为问题。然而，学生的问题行为也会反作用于师生关系，形成一种动态的相互影响。这些发现揭示了班主任工作中的微妙平衡，以及在应对行为问题时策略的重要性。

本小节将深入探讨班主任在应对班级个别学生行为问题时所面临的挑战，分析这些挑战的来源和影响，以及班主任如何通过理解与接纳、策略与方法、自我调适与专业成长来克服这些挑战，从而维护良好的班级环境，促进学生的全面发展。让我们一起走进班主任的世界，理解他们的困扰，欣赏他们的智慧，共同探寻教育的真谛。

（二）挫败感的来源与影响

班主任在面对行为问题学生时，常常体验到一种难以言喻的挫败感。这种感受源于多方面的压力和挑战，不仅影响班主任的情绪状态，还可能动摇他们的教育信念，甚至影响班级管理的整体效果。

班主任在建立积极的师生关系时遭遇的困境是挫败感的主要来源之一。在当今社会中，由于学生个体差异不断拉大，传统的权威式教育模式可能不再奏效。班主任在试图以平等和尊重的态度与学生沟通时，可能会遇到学生抵触的情况，导致师生之间关系疏离。例如，一个来自单亲家庭、性格叛逆的学生，可能对班主任的关心表现出冷漠或反抗，这让班主任在努力拉近关系的过程中倍感无力，挫败感油然而生。

维护班级纪律和秩序的难度日益增加，也加剧了班主任的挫败感。随着学生数量的增多和管理复杂性的上升，确保课堂秩序不再是一项简单的任务。学生间的矛盾、违规行为频繁出现，都会让班主任疲于应对，且有时班主任的努力似乎看不到应有的成效。例如，一个经常扰乱课堂的学生成为班主任的"头疼人物"，无论班主任如何规劝和惩罚，该学生的行为依旧如故，这无疑让班主任感到工作成效甚微。

挫败感对班主任的工作影响深远。它可能会导致班主任对工作满意度降低，影响教师的职业幸福感。长期的挫败感可能会导致教师倦怠，使得他们对教育工作的热情逐渐消退，甚至可能促使他们选择离开教育行业。同时，挫败感还可能影响班主任的决策和行为，当他们感到无助时，可能在面对问题学生时会选择更加严厉的惩罚，而非寻找更加有效的教育策略。

班主任的挫败感也可能传递给学生，影响学生对教育的信任和对自我价值的认同。当班主任对学生感到无能为力时，学生可能会感知到这种负面情绪，进一步导致学生的自我价值感降低，甚至对学习产生消极态度。这种负面连锁反应可能会进一步恶化班级环境，形成恶性循环。

班主任在面对行为问题学生时的挫败感，源自关系建立的困难和维护秩序的挑战。这种挫败感不仅挑战班主任的专业信念，还可能影响其工作表现，甚至波及学生。因此，理解这些挫败感的来源，并寻找有效途径来应对，是提升班主任工作成效和班级管理质量的关键。

（三）理解与接纳

在班主任应对班级个别学生行为问题的挑战中，理解与接纳是至关重要的基石。作为教育工作者，理解学生行为问题背后的深层原因，以及接纳每个学生独特的性格和背景，是建立有效教育策略的第一步。这不仅能帮助班主任调整自己的心态，还能促进教师与学生之间形成更为紧密的连接，从而更好地引导学生走向正面发展。

理解学生行为问题的根源是关键。每个学生的行为问题，无论是叛逆、对抗还是纪律问题，往往与他们的生活环境、家庭背景、个人经历等因素密切相关。例如，一个来自单亲家庭的学生，可能会因为家庭不完整而寻求关注或发泄内心的不安全感，班主任需要认识并理解这一点，才可能采取更为包容的教育方式。通过深入了解学生的个人故事，班主任可以更准确地判断出行为问题的原因，从而提供更具针对性的指导和支持。

接纳学生的个体差异意味着尊重和欣赏每个学生的独特性。每个学生都有自己的兴趣、特长和学习风格，班主任应当以开放和接纳的态度对待这些差异，而不是试图将他们塑造成一种模式下的学生。例如，一个在数学上表现优秀，但在体育课上显得笨拙的学生，班主任应当鼓励他在数学上发挥优势，同时帮助他在体育中找到乐趣，而不是一味地督促与批评他的不足。接纳学生的差异性，有助于提升他们的自尊和自信，同时也能在班级中营造出一个包容和尊重的环境。

理解与接纳的教育理念，要求班主任将学生视为有潜力的个体，而非问题的载体。这意味着，班主任需要做到：

（1）倾听和沟通。通过与学生进行深入的对话，了解学生的感受和需求，确保学生的声音被听到，这有助于班主任和学生之间建立信任和理解的基础。

（2）个性化教育。针对每个学生的不同特点和需求，设计个性化的教学和行为管理策略，以满足学生的个别化需求。

（3）负面行为的解读。不轻易将学生的负面行为视为挑衅或恶意，而是试图理解其背后的成因，避免简单化地归咎于学生的品行问题。

（4）发展同理心。尝试站在学生的角度去体验和思考，理解学生的困扰，这有助于班主任更好地与学生共情，从而采取更有效的教育策略。

理解与接纳的教育实践，不仅能帮助班主任克服面对学生行为问题时的挫败感，还能为他们提供更为积极、有效且富有同情心的教育方式。通过接纳每个学生的独特性，班主任可以创造一个包容和尊重的班级氛围，鼓励学生全面发展，同时提升自己的教育成效。在理解与接纳的基础上，班主任将更有能力面对挑战，制订出更加适应学生需求的管理策略，为学生的成长铺设更宽广的道路。

（四）策略与方法

班主任在应对班级个别学生行为问题时，需要采取一系列策略和方法，以应对挑战，维持班级秩序，同时促进学生个体的发展。下面将介绍几种有效的管理策略：

1. 个性化教育

班主任需承认每个学生的独特性，为他们提供个性化的教育。这意味着理解每个学生的学习风格、兴趣和需求，并相应地调整教学方法。例如，对于那些在传统课堂中难以集中注意力的学生，可以尝试采用动静结合的教学方式，或者鼓励他们参与项目式学习，以提高学习的趣味性和参与度。这样的个性化教育不仅能帮助问题学生改善行为，还能激发学生的学习热情，增强学生的自信心。

2. 行为干预策略

当学生出现行为问题时，班主任可以运用行为干预策略来引导学生改变不良行为。其中，正向强化是一种常用方法，它强调对学生的良好行为给予及时的表扬和奖励，以增加这些行为的出现频率。同时，对于不当行为，班主任可以设定明确的规则，并实施适当的惩罚，以建立清晰的边界。例如，对于经常打断课堂的学生，可以设定一个"安静手"或者"安静贴纸"的机制，每节课记录学生的安静时间，积累到一定时间便给予奖励。这种方式既维护了课堂秩序，也能激励学生自我调整。

3. 家校互动

家庭是影响学生行为的重要因素，班主任需要与家长建立有效的沟通渠道，共同参与学生行为问题的解决。定期的家长会是一个良好的平台，班主任可以借此机会分享学生在学校的表现，同时也听取家长的反馈。此外，班主任还可以组织家长教育讲座，帮助家长了解最新的教育理念和方法，引导他们参与孩子的行为修正。例如，可以邀请心理学专家为家长讲解如何理解和处理孩子的叛逆行为，从而加强家校合作，形成教育合力。

4. 建立支持系统

设立班级互助小组也是一个实用的策略，让学生在学习和行为规范上相互支持，共同进步。例如，可以将学生分成若干小组，每个小组内有一名较有责任感的学生作为组长，帮助组内存在行为问题的学生加以改进。这种同伴支持可以为问题学生提供正面的榜样和鼓励，同时也能增强班级凝聚力。

5. 提供心理咨询与辅导

对于行为问题严重的学生，班主任可以寻求学校心理咨询室的帮助，为学生提供专业的心理辅导。同时，班主任自身也需要关注心理健康知识的学习，以便及时识别并处理学生可能出现的心理问题。通过专业的心理疏导，帮助学生认识并理解引发行为问题的深层次心理原因。

6. 自我调适与专业成长

班主任在应对行为问题时，自身的心理素质和专业能力同样重要。持续的专业发展，如参加教育研讨会、阅读教育书籍，以及寻求同行的互助，都能够帮助班主任更新教育理念，提升应对复杂问题的能力。此外，定期的自我反思和压力管理也必不可少，以保持良好的心态，应对工作中的挑战。

通过这些策略和方法，班主任可以更有效地应对学生的行为问题，构建一个和谐、积极的班级环境。同时，这些方法也有助于提升班主任的专业素养，使他们更具信心面对未来的教育挑战。

（五）自我调适与专业成长

班主任在应对学生行为问题时，时常会遭遇挫折和压力，这些负面情绪如果得不到妥善处理，可能会对班主任的工作成效产生负面影响。因此，自我调适和专业成长成为班主任提升应对策略的关键因素。

班主任需要学会自我调适，这是保持心理健康和工作热情的基础。面对学生的不良行为，班主任应学会转移注意力，不要让挫败感长时间占据自己的内心。班主任可以借助冥想、运动、艺术创作等方式来释放压力，保持内心平静。此外，保持良好的生活习惯，如规律作息、合理饮食和适度运动，也有助于提高应对压力的能力。

班主任应培养积极的心态，看待问题学生时，尝试从他们的成长发展和家庭背景出发，理解行为背后的成因。通过培养同理心，班主任能更好地接纳学生的不完美，从而降低挫败感。班主任还可以学习心理疏导技巧，加强与学生的有效沟通，帮助学生塑造积极的行为模式。

专业成长是班主任应对挑战的另一重要策略。班主任应不断提升自身的教育理论知识和实践技能，积极参加专业的研讨会、培训，了解最新的教育理念和方法。例如，学习积极心理学的理论，运用其原理来激发学生内在的学习动力，通过增强学生的自尊和自信来改善他们的行为问题。同时，也可以与其他班主任交流分享经验，互相学习，形成互助团队，共同应对挑战。

对于班主任来说，反思是重要的自我提升途径。他们应当定期回顾自己的教育实践，分析处理学生行为问题的策略效果，反思成功与失败的经验，以便及时调整教育方法。同时，班主任也可以请教心理学专家，学习专业的行为干预技巧，将理论知识应用于实际，提高解决问题的能力。

班主任应注重自身的心理健康，有必要时可以寻求专业的心理咨询，帮助自己处理工作中的压力和挫折。同时，学校和教育管理部门也应为班主任提供心理支持和专业发展资源，如设立教师心理健康热线，组织心理健康讲座，为班主任提供持续学习的机会。

自我调适与专业成长对班主任来说是相辅相成的。通过自我调适，班主任能更好地应对压力，维持良好的心理状态，从而更有信心去学习和发展新的教育策略。专业成长又会增强班主任处理问题的能力，帮助班主任在面对学生行为问题时保持冷静和有效应对。

班主任在面对学生行为问题的挑战时，可以通过自我调适以保持心理健康，以及持续的专业成长，增强应对策略，提高教育成效。同时，这也有助于维护和谐的班级氛围，促进学生全面发展。在教育的道路上，班主任的自我调适和专业成长是保持教育热情和提升教育质量的重要保障。

面对班级中的个体行为问题，班主任的角色至关重要。理解、耐心与策略是应对挫败感的关键。通过建立信任、设定清晰的期望、实施个性化教育以及寻求专业支持，班主任不仅能降低挫败感，还能引导学生走出困境，迈向更健康积极的学习生活。教育是一个漫长而充满挑战的旅程，让我们以智慧和爱，共同面对，共同成长。

二　班级问题多，挫败难以抵挡

（一）引言

在当今社会，班主任所面临的挑战日益复杂。首先，随着网络信息技术的普及，网络问题成为影响学生学习和成长的一大难题。学生过度依赖网络，网络成瘾、网络欺凌等问题层出不穷，这要求班主任不仅要关注学生的学习成绩，还要引导他们健康使用网络，培养良好的网络素养。同时，80后、90后家长对教育的个性化需求日益凸显，他们期望班主任能够关注每个孩子的独特性，提供差异化的教育，这也意味着对班主任的教育理念和能力提出了更高的要求。

大班额问题的存在，使得班主任的管理难度增大。他们需要在有限的时间和精力内，关注每一个学生，确保班级的和谐稳定。班级人数众多，意味着个性差异巨大，每个学生的需求和问题都需要班主任用心去理解，一一解决。这无疑增加了班主任的工作量，也是对班主任处理个体差异能力的考验。

班主任还要应对社会舆论的压力。在教育评价体系变革中，教师，尤其是班主任的角色经常受到质疑。家长的过高期望，以及学生复学后可能存在的知识断层、心理健康问题等，都使班主任的工作压力倍增。他们不仅要帮助学生提升学业成绩，还要关注学生的心理成长，甚至处理家庭与学校之间的冲突矛盾。

在这样的教育背景下，班主任的挫败感显得尤为突出。他们可能在面对学生的困难时感到无力，或者在家长的期待与现实结果之间的落差中感到困惑。这些挑战，无论是来自学生、家长还是社会，都对班主任的个人情绪管理、教育策略调整以及职业身份认同产生了深远影响。

尽管班主任的角色充满挑战，但正是这些挑战促使他们不断学习和成长。班主任需要认识到，教育是一个渐进的过程，而非一蹴而就的结果。班主任需要调整心态，理解教育需要时间和耐心，同时也需要提升自己的情绪管理技巧，以更好地应对各种困境。在接下来的章节中，我们将更深入地探讨班主任在教育中要面对的挑战，以及班主任如何通过策略和方法来应对挫败感，提升自身的专业能力。

（二）班级问题的识别与分类

班主任在日常工作中，首要任务之一就是识别和分类班级中的问题。这些问题可能来自学生个体的行为、学习、情绪，也可能是班级的整体氛围、纪律、活动组织等方面。对这些问题进行有效的识别和分类，有助于班主任制订针对性的解决方案，提高管理效率。

从学生个体行为问题上入手，班主任需要关注学生的行为偏差，如欺凌、逃课、网络成瘾等。这些问题不仅影响学生个人的学习进步，还可能会破坏班级的和谐。班主任应该通过观察、沟通和记录，及时发现这些行为，然后通过家校联系，制订个性化的干预措施，促进学生行为的改善。

学习困难是另一个常见问题，比如偏科、厌学、学习方法不当等。这些学习问题可能源于学生自身的兴趣、能力差异，或是学生对教学方法的不适应。班主任需通过定期的学业评估，了解每个学生的学业状况，然后开展针对性的辅导，引导学生改进学习方法，提高学习兴趣。

情绪管理问题也不容忽视。学生的情绪波动，如自卑、焦虑、抑郁等，都可能会影响他们的学习和社交。班主任需要通过日常交流，关注学生的心理健康，为他们提供情绪支持，必要时引导他们寻求专业的心理辅导。

班级氛围的管理同样重要，如集体荣誉感的培养、同学间的相处、课堂纪律等。班主任需要通过组织班级活动，增强学生的团队协作能力，培养学生的集体意识。对于纪律问题，班主任要设定明确的班级规则，并以身作则，让学生养成良好的学习和行为习惯。

资源分配和矛盾调解也是班级管理的一部分。如何公平分配学习资源，如课外活动参与机会，解决学生间的纠纷，这些都需要班主任具备良好的协调能力和公正之心。

大班额带来的问题，如个体关注不足、课堂管理难度增大，需要班主任采用分组学习、个别辅导等方式，确保每个学生都能得到关注，提高教学效率。

对上述问题进行分类，有助于班主任在面对复杂多样的班级事务时，有针对性地采取措施。例如，可以将问题分为行为问题、学习问题、情绪问题、班级氛围问题、资源分配问题和特殊环境下的问题（如大班额管理）。每类问题都有其独特的解决策略，通过分类，班主任可以更有条理地组织工作，提升管理效能。

识别和分类班级问题，是班主任在日常工作中的一项重要技能，它为后续的干预策略提供了依据，也是增强班主任专业能力的一个重要步骤。通过持续的学习和实践，班主任能够更有效地解决班级中的问题，降低挫败感，提升班级的整体表现。

（三）挫败感的来源与影响

班主任的挫败感主要源自四个关键的挑战：网络问题、个性化的家庭期望、大班额管理，以及社会舆论的压力。这四个方面不仅影响到班主任的日常工作，还可能对他们的心理健康产生深远影响。

网络问题的挑战在于如何引导学生健康使用网络，防止网络成瘾和网络欺凌，这要求班主任具备高度的网络素养和引导能力。当学生的网络行为出现问题时，班主任可能会感到无力，因为他们必须在有限的学校时间内解决学生长时间暴露在网络中的问题。

80后、90后家长对孩子的个性化培养要求，意味着班主任必须对每个学生进行个别化指导，满足他们独特的学习需求。这种高期望值可能会让班主任感到"压力山大"，因为他们既要应对所有学生的不同需求，又要保证教学进度和质量。

大班额带来的管理难题，要求班主任在关注每一个学生的同时，必须维持课堂秩序，这使得他们的时间和精力被极度分散。当无法给予每个学生应有的关注，班主任可能会对自己的能力产生怀疑，挫败感由此而生。

社会舆论对教师，尤其是班主任角色的质疑，以及家长怀着高期望值的持续施压，使班主任在应对学生问题时，不仅要考虑教育效果，还要顾虑外界的评价。这无疑增加了班主任在处理问题时的紧张感和焦虑感。

挫败感对班主任的影响是多方面的。在工作上，挫败感可能导致他们的工作效率下降，对班级管理产生消极影响。长期的挫败感可能会导致职业倦怠，使班主任对工作的热情减退，影响教学质量。在个人层面，挫败感可能引发班主任的抑郁情绪，影响他们的生活质量，甚至可能影响到家庭关系。

挫败感还可能影响班主任对教育理念的坚持，对教育的热情，以及他们对学生个体差异的接纳程度。面对一系列班级问题，班主任可能会倾向于采取更为严厉的管理方式，这反而可能加剧学生的问题行为，形成恶性循环。

因此，识别和理解挫败感的来源，是帮助班主任应对压力、维持积极心态的关键。只有了解这些挑战的根源，班主任才能采取有效的策略，调整自己的情绪管理方式，提高应对挫败感的能力，从而保持工作的热情和专业性。

（四）应对挫败感的策略与方法

班主任在面临众多挑战时，需要掌握一套策略和方法来有效应对挫败感，维持工作热情，提升班级管理效率。以下是一些实用的策略：

1. **情绪管理训练**

班主任应该学习并定期练习情绪管理技巧，如深呼吸、冥想、瑜伽等，以缓解心理压力和提高心理韧性。同时，写日记或参加心理咨询，也有助于他们识别和处理负面情绪。

2. **建立支持网络**

与其他班主任或教师分享经验，形成互助团队，可以减轻工作压力。通过参加专业学习小组或研讨会，班主任可以获取新的管理策略，同时在同行的支持中找到共鸣和鼓励。

3. **设置实际目标**

班主任可以设定具有可行性的短期目标和长期目标，这有助于他们专注于具体的改进措施，缓解以结果为导向的压力。同时，目标的实现能带来成就感，减轻挫败感。

4. 寻求家长合作

与家长建立良好的沟通渠道，让家长理解教育是团队工作，鼓励家长共同为学生的成长努力。定期的家长会议、家长志愿者活动可以增进家校合作，减轻班主任在面对家长期望时的压力。

5. 灵活运用管理策略

根据班级的个性化需求，班主任需要灵活调整管理方式，可以尝试分层教学、小组合作学习，或是利用科技工具辅助管理，以更好地应对大班额带来的挑战。

6. 持续专业发展

保持对教育新知识的学习，参加专业培训，了解最新的教育理论和实践，这对于应对不断变化的教育环境至关重要，不仅能提高班主任的教育水平，也能增强班主任对新的挑战的适应能力。

7. 自我关怀与放松

班主任应注重自我关怀，保证充足的休息和娱乐，以保持身心健康。定期的休闲活动，如运动、阅读或者旅行，都能帮助班主任从繁重工作中适时抽离，恢复精力。

8. 培养积极心态

班主任要学会看到学生的进步，而非只关注学生的问题，这有助于班主任对学生保持积极的态度。同时，通过班会等形式，表扬学生的良好行为，激发学生的自豪感，也能促进师生之间的和谐关系，降低班主任的挫败感。

9. 倡导班级文化

建立正面的班级文化，培养学生的集体荣誉感，促进同伴间的互助与合作。这有利于增强班级凝聚力，减轻班主任在处理个体问题时的压力。

10. 寻求专业帮助

当挫败感严重到影响生活时，班主任应主动寻求专业心理咨询，以便得到专业的心理调适建议和支持。

通过这些策略和方法的应用，班主任可以更好地应对挫败感，降低职业倦怠，提升工作满意度。同时，这也有助于他们为学生创造一个更健康积极的学习环境，促进学生全面发展。

（五）案例分享与启示

案例一：网络问题的解决

在一个四年级的班级中，班主任李老师发现班上的学生对网络游戏过分痴迷，已经影响了他们的学习和生活。面对这种情况，李老师首先通过问卷调查，了解学生沉迷游戏的原因，并与家长进行沟通，共享了学生的游戏时间数据，以争取家长的理解和支持。然后，李老师组织了一场主题班会，让学生们讨论网络游戏的利弊，引导他们认识到过度游戏的危害。接下来，李老师在课堂上引入了"数字公民"教育，教育学生如何健康地使用网络，培养他们良好的网络素养。同时，李老师还鼓励学生们开展线下的兴趣小组活动，以转移他们对网络游戏的注意力。

启示：李老师的成功在于他采取了多管齐下的策略，不仅关注学生个体，还与家长合作，同时在课堂中融入网络素养教育。这表明，通过学校、家长和学生自身的共同努力，可以有效解决学生沉迷网络的问题。

案例二：个性化教育的实践

在一所初中，班主任张老师接任了一个由不同背景和能力的学生组成的班级。面对家长的个性化教育需求和学生个体差异，张老师制订了"差异性学习计划"。她将全体学生分成多个小组，每个小组有特定的学习目标和任务，鼓励学生以适合自己的节奏和方式学习。同时，她定期组织小组间的学习分享，促进彼此的交流和学习。此外，张老师还通过家校联络本，记录每个学生的学习进步，定期与家长沟通，分享个性化教育的成果。

启示：张老师成功地运用了小组合作学习和差异性教育策略，让每个学生在符合自己特点的环境中学习。这个案例提示我们，班主任需要因材施教，关注每个学生的特点，以满足家长的个性化需求。

案例三：应对大班额的管理

在一所高中，班主任王老师管理着一个拥有70名学生的班级。她发现传统的管理方式在大班额环境中难以实施，于是她引入了"自助式学习"的概念。王老师将课堂时间分为自主学习和小组讨论时间，让学生在老师的引导下，自主规划学习任务。同时，她组织"班级导师制度"，让学习成绩优秀的学生担任导师，帮助其他同学解答疑惑，这样既减轻了王老师的工作负担，又培养了学生的互助精神。

启示：王老师通过创新班级管理模式，让大班额变成一个优势，让学生们学会自我管理和团队合作。这表明，面对大班额，班主任需要寻找新的教学和管理方法，以提升管理效率。

这些成功的案例向我们展示了班主任在面对各种挑战时的创新思维和行动。他们通过家长合作、课堂创新、个性化的教育策略，成功地应对了网络问题、个性化需求以及大班额的挑战。在反思中，我们可以看到，班主任需要不断学习和调整策略，以适应不断变化的教育环境，同时也要关注学生和家长的需要，以降低自身的挫败感，提高教育效果。

（六）结语：持续学习与专业成长

班主任在教育的前沿阵地，面临着学生的网络问题、家长期望的提高、大班额管理的挑战，以及社会舆论的审视。这些挑战交织在一起，时常让班主任深感挫败，然而，它们也成为促进班主任专业成长的催化剂。教育是一个不断发展的领域，班主任需要不断更新知识，提升技能，以适应新的教育趋势和学生的需求。

持续学习是班主任应对挑战的基石。班主任不仅需要学习教育学和心理学的理论知识，以更好地理解学生的行为和心理发展，还需要关注教育科技的前沿动态，掌握如在线教学平台、学习管理系统等工具的使用，以提高教学效率。同时，班主任应当积极参与专业培训和研讨会，了解最新的教育研究成果，借鉴同行的优秀实践，不断丰富自己的教育理念。

专业成长不仅意味着知识和技能的提升，也包括自我修养的深化。班主任需要修炼情绪管理的智慧，学会在面对压力和挫折时保持冷静，理性看待问题。通过定期的反思，班主任可以审视自己的教育实践，发现不足，从而制订个人成长计划，提高应对复杂问题的能力。此外，班主任也需要关注自我心理健康，懂得关爱自己，保持良好的工作与生活平衡。

班主任的挫败感并非不可逾越的障碍，而是一个提醒他们需要成长的信号。班主任应该把挫败感视为自我提升的起点，而不是终点。通过持续学习，班主任能够培养出对教育更深入的理解，以更加有策略性的方式引导学生，处理家长的期望，应对大班额带来的管理问题。同时，班主任也能通过专业成长，提升自己的职业满意度，从而在长期的教育历程中保持热情和动力。

在教育的道路上，班主任的每一次挫败都是一个学习的机会，每一个挑战都是一次专业提升的契机。只有不断学习，才能在教育的海洋中乘风破浪，引领学生驶向知识的彼岸。班主任，作为教育的舵手，应当珍视每一次的挫败，它们正是班主任航行途中的灯塔，照亮了班主任专业成长的道路。

面对班级整体问题，班主任不应单打独斗，而是要借助团队力量，与科任老师、家长形成教育合力。同时，要善于反思和学习，从挫败中汲取经验，提升自身的教育智慧。班主任只有理解并接纳教育工作中的挫败感，才能更好地调整策略，激发内在动力，从而引领班级走向和谐与进步。请记住，每一次挫败都是迈在优秀班主任之路上的一小步。

三　教学压力重，挫败频频显现

（一）引言

　　班主任，是学校教育的中坚力量。他们不仅是知识的传播者，还是学生心灵的导师，班级的领导者，以及学校与家长沟通的桥梁。他们的工作直接影响到学生的成长，甚至可以塑造一代人的品格。然而，班主任所承担的责任之重、工作之繁，往往超出了人们的想象。他们不仅要应对教育改革的挑战，满足家长和社会的高期待，还要面对日益复杂的班级管理难题。在这个快节奏、高要求的社会环境下，班主任如同在压力的漩涡中挣扎的船只，既要驾船破浪前行，又得确保船上每一个乘客的安全。

　　据统计，班主任的每日工作时间往往远超法定的8小时，他们疲于应对各种教学和非教学任务，常常深夜还在批改作业，准备教案，或是处理突发事件。这些超负荷的工作，不仅剥夺了他们与家人共度的时间，也严重挤压了他们个人的生活和休息时间。尽管他们为学生的成长倾注了无数心血，但社会的期待、家长的焦虑、自身的晋升压力，以及学校管理的种种要求，都让班主任时常感到力不从心，甚至产生职业倦怠和挫败感。

　　本章将深入探讨班主任所面临的教学任务压力及其对工作满意度和心理健康的影响。我们将剖析压力的来源，揭示其对班主任职业发展和个人生活的影响，同时提供一些策略和建议，帮助班主任更好地应对压力，找到职业幸福感和满足感。通过理解班主任的困境，共同寻求解决之道，为班主任创造一个更加健康、更具支持性的工作环境，提高整个教育体系的效能。

（二）繁重教学任务的来源与影响

班主任的教学任务就像一座无形的山，压得他们喘不过气来。这些任务的来源多种多样，它们并非简单地局限于教材上的知识传递，而是涵盖了班级经营的方方面面。首先，课程大纲与教育政策的调整如同不定时的风暴，要求班主任不断更新教学方法，适应新的评价体系，这无疑增加了他们的工作量和工作的不确定性。

班主任还得负责班级日常管理，包括课堂纪律的维护、学生行为问题的解决、担任家校沟通的桥梁。这些琐碎但至关重要的工作，消耗了他们大量的时间和精力。例如，根据某地的教师调查，班主任每天平均需要处理大约15个与学生行为和家庭沟通相关的问题，这还不包括应对突发的状况。

再者，非教学任务也对班主任形成了重压。他们需要处理大量的行政工作，如填写各类报表、准备各类会议，还有如今盛行的数字化校园管理，如学校公众号更新、各种线上打卡等，这些任务分散了他们对教学的专注，使他们难以全身心投入教学，影响了教学效果。

这些繁重的教学任务对班主任的身心健康产生了显著影响。长期的压力可能导致他们的身心健康出现问题。研究显示，班主任的抑郁和焦虑症状显著高于非班主任同行，这种心理压力不仅影响他们的生活质量，也可能会间接影响学生的心理健康，因为教师的情绪状态会间接传递给学生，影响学生的学习氛围。

在身体上，班主任常常表现出较高的疲劳感和过劳的状态。根据相关数据,班主任的健康状况普遍较差,常见的心血管疾病、颈肩腰椎疾病等职业病发病率也高于普通教师。长时间超负荷工作,使他们缺乏足够的休息,进一步增加了他们的健康风险。

繁重的教学任务还对班主任的职业满意度和幸福感造成冲击。他们在付出巨大努力的同时,往往得不到应有的认可和支持,甚至可能面临低薪酬和激励机制不足的打击。这不仅削弱了他们的工作积极性,也对他们的职业归属感和忠诚度造成了影响。

班主任的工作就像一场马拉松,无尽的挑战和期待让他们在奔跑中难得喘息,然而,他们仍需要在这场马拉松中找到平衡,寻找前进的动力。通过了解班主任教学任务的来源,我们才能更好地理解班主任所要面对的挑战,进而理解班主任的困境,这将有助于我们为班主任提供更有效的支持,帮助班主任在压力中找到满足感,重新找回对教育的热情。

(三)班主任的压力体验与挫败感

班主任的压力体验与挫败感,如同一个沉重的背包,时刻压在他们的肩头。这种压力是来自多个维度的叠加效应。首要的压力源,无疑是繁重的教学任务和不断变化的教育政策。班主任不得不在日复一日的教学与管理中寻找平衡,应对新旧教学理念的变革交替,力求在有限的时间内完成多样的教学目标。

学生行为管理、家长沟通、以及学校行政工作,这些看似琐碎却责任重大的任务,如同细沙般不断地填充着班主任的时间沙漏,使得班主任在追赶时间的赛跑中,常常感到力不从心。而这些非教学任务的增加,不仅挤压了教学时间,还消耗了班主任大量的精力,让他们难以在专业发展和个人生活之间找到平衡。

除此之外,低薪酬和不完善的激励机制,使得班主任与同事间的竞争关系、与学校领导的关系趋于紧张，班主任在付出与回报之间产生巨大落差，挫败感油然而生。这些压力源使得班主任在多重角色间疲惫不堪。

班主任的心理健康问题，由于长期缺乏有效支持，往往容易被忽视。根据调查，班主任的抑郁情绪明显重于非班主任同行。班主任的情绪状态，也对学生的心理健康产生潜在威胁。他们的压力无形中影响着班级的氛围，甚至学生的心理健康。

班主任的压力体验与挫败感，不是孤立的现象，而是教育系统中一个亟待解决的问题。要改善这种状况，不仅需要学校提供更有效的支持，如合理安排工作量，设立有效的压力管理机制，提高薪酬待遇，还需要社会的理解和尊重，以及相关教育政策的调整。为班主任创造一个良好的工作环境，才能帮助班主任在压力中找到出路，重新找回对教育的热爱与热情，继续引领学生在知识的海洋中破浪前行。

（四）压力管理与情绪调适

班主任作为前线教育工作者，面对的压力和挑战是多层面的。要缓解这种压力，保持良好的情绪状态，班主任需要采取积极的压力管理策略和情绪调适技巧。以下是一些建议，能够帮助班主任有效应对日常压力，提升职业幸福感。

建立自我效能感。班主任需要认识到自己的价值和对学生的积极影响。通过定期反思教学成果，记录学生的进步，可以增强自我效能感，降低因工作压力产生的焦虑。此外，定期参加专业发展活动，如教育研讨会、培训课程，有助于提升教学技能，增强在挑战面前的自信心。

时间管理技巧必不可少。班主任可以学习使用时间管理工具，如优先级列表、番茄工作法等，有助于更高效地安排工作。明确区分教学任务和非教学任务，合理分配时间，确保教学是工作的核心，非教学任务不占用过多的工作时间。

保持身心健康是关键。班主任应保证充足的睡眠，保持规律的饮食习惯，适当进行体育活动，这有助于缓解压力，提高工作效率。同时，学习放松技巧，如深呼吸、瑜伽、冥想，也能有效舒缓紧张情绪，提升心理韧性。

建立支持网络。班主任可以与其他班主任分享经验，共同应对压力，互相支持。与学校领导、同事保持良好的沟通，寻求他们的理解和帮助，有助于减轻工作负担。此外，寻求专业的心理咨询也十分必要，心理专家可以提供专业的压力管理和情绪调适策略。

家长和学生是班主任工作的重要组成部分，但与他们的沟通有时候也会成为压力来源。学会有效的沟通技巧，如积极倾听、表达尊重、设定明确实际的期望，有助于减少误解，建立和谐的互动关系。同时，对家长的期望进行管理，确保他们的理解和支持，对减轻班主任的压力大有裨益。

学校层面的支持也不可或缺。校领导应关注班主任的工作压力，实施有效的工作负荷管理策略，如合理分配任务，提供足够的行政支持，以减轻班主任的非教学工作负担。同时，建立激励机制，提高班主任的薪酬待遇，增强他们的工作满意度和归属感。

通过实施这些压力管理与情绪调适策略，班主任不仅能更好地应对工作中的挑战，还能提升职业幸福感，从而在教育的道路上持续前行，为学生的成长提供更加温暖、友爱的环境。记住，班主任是教育体系中不可或缺的部分，他们的身心健康和职业满足感，直接关系到整个教育生态的良性循环。

（五）寻求外部支持，在职业发展中找到满足感

班主任在承受巨大的压力下，寻求外部支持和找到职业发展中的满足感显得尤为重要。以下是一些切实可行的建议，能够帮助班主任在教育的

海洋中找到坚实的避风港。

建立专业支持网络。班主任可以加入专业教师协会或者教育论坛，与同行分享经验，交流教学心得，共同面对挑战。这样的网络不仅能提供即时的建议和心理支持，还能拓宽视野，激发教学创新，提升教学技能，增强班主任在教育改革中适应变化的能力。

寻求行政和资源支持。与学校领导保持良好的沟通，使领导能够及时了解班主任的工作压力和挑战，寻求减轻非教学任务的可能。同时，争取更多的教学资源，如教学助手或者技术设备，来分担部分工作，提升教学效率。积极寻求学校在政策层面给予充分支持，如设立班主任专项津贴，提供心理咨询服务，都是缓解班主任工作压力的有效途径。

再者，利用科技简化烦琐工作。在数字化校园的浪潮中，合理利用教育应用程序（App）和在线管理工具，可以有效简化行政工作，如家校沟通、学生考勤等。这不仅能节省班主任的时间，也能让他们更加专注于教学本身。

培养个人兴趣和爱好。在忙碌的教学之余，班主任应该注重个人兴趣的培养，无论是阅读、运动还是艺术创作，都能提供一个释放压力的出口，帮助班主任保持心理平衡。兴趣爱好不仅能提高生活质量，还能为教学带来新的灵感。

在职业发展方面，寻求晋升和发展的机会是关键。班主任可以制订个人职业发展规划，寻求职称晋升，这不仅能提高班主任的社会地位，还伴随着更好的薪酬待遇。同时，通过参与课题研究、撰写教学论文等方式，班主任也能提升专业素养，增加成就感。

建立家长和学生信任关系。积极沟通，理解家长的期待，解决他们对教育的焦虑，是建立良好互动的基础。同时，关注每个学生的成长，为他们提供个性化的教育和关怀，这将为班主任带来成就感和职业满足感。

这些策略将帮助班主任在繁重的教学任务中找到平衡，实现职业与个人生活之间的和谐，从而提升他们的职业幸福感，继续在教育的道路上引领学生前行。

理解压力的来源，接纳挫败感的常态化，是班主任自我调适的第一步。他们需要学会合理分配工作，寻求同事和学校的支持，同时，保持自我关怀，为自己留出喘息的空间。记住，每一位班主任都是教育事业中的宝贵财富，他们的健康与幸福感，直接影响到每一个孩子的成长。让我们共同关注这个群体，为他们减轻负担，增强职业幸福感。只有这样，我们的教育事业才能更加稳健地向前发展，培养出更加阳光、自信、有爱的下一代。

四 家校沟通难，挫败如影随形

在教育的道路上，班主任的角色至关重要。他们不仅是学生在校的引导者，也是连接学校与家庭的桥梁。然而，在这个过程中，班主任时常会遇到家校关系处理的挑战，这些挑战往往会给他们带来深深的挫败感。本文将深入探讨这种挫败感的来源，同时也为班主任们提供一些启发性的应对策略。

（一）引言

在当今的教育环境中，家校关系的和谐与有效沟通对于学生的成长有着至关重要的影响。班主任，作为学校与家庭之间的桥梁，承担着促进双方合作，共同培养学生的重任。他们的工作不仅在于课堂教学，更延伸到了家庭教育的指导与协调。然而，在这个过程中，班主任常常面临各种挑战，尤其是当家校沟通不畅或家长参与度不足时，他们往往会感到深深的挫败。这种挫败感源于多种因素，如学校教育体系与家庭教育理念的冲突、教师与家长的角色误解、以及沟通方式的局限性等。这些都可能对班主任的教育热情、专业发展以及学生的学习进步构成威胁。

下文将深入探讨班主任在家校关系处理过程中遇到的挫败感，并提供实际可行的应对策略。我们将剖析挫败感的根源，随后揭示其对班主任工作及学生教育的潜在影响，再进一步分享有效的沟通技巧和策略，以期为班主任们提供实用的指导，帮助他们应对挑战，重塑信心，建立起更加和谐高效的合作关系。我们还将通过实例分析和深入的讨论，期望读者能从中获得启示，理解班主任的不易，同时也能为改善家校合作提供有益的思考。家校关系的和谐，是教育成功的关键要素，让我们一同探索如何在这个领域克服困难，实现共赢。

（二）挫败感的来源

班主任在处理家校关系时，面临的挑战多种多样，这些挑战如同一道道无形的墙，阻挡了他们与家长建立有效沟通的通道，导致他们深感挫败。这些挑战的根源可以归纳为以下几个方面：

1. 学校教育体系与家庭教育理念的冲突

学校教育往往遵循着固定的课程大纲和教学模式，而家庭教育则受到家长个人经验、价值观和期望的影响，两者有时会产生碰撞。比如，家长可能更倾向于注重孩子的特长发展，而学校可能更强调学生基础知识扎实。这种理念的差异会导致家长对学校教育方法产生质疑，从而使得班主任在协调家校教育策略时感到困难，产生挫败感。

2. 教师与家长的角色误解

班主任在教育过程中承担着指导者的角色，而家长则更多地被视作孩子的第一责任人。然而，有时双方对各自角色的理解可能出现偏差。例如，家长可能认为班主任应全权负责孩子的学习，而忽视了自己的责任；或者班主任可能期待家长完全遵循学校的做法，没有充分考虑到家长的实际情况。这种角色认知的不一致，会使得班主任在处理家校关系时感到力不从心，挫败感油然而生。

3. 跨越代沟的挑战

随着社会的快速发展，一些家长可能对现代教育理念和方法感到陌生，而班主任通常接受过专业的教育训练，这种知识和经验的差距可能导致家长对班主任的建议产生抵触，而班主任可能在试图引导家长时感到挫败。此外，不同年龄段的家长对于沟通方式的接受程度也不同，传统的沟通方式可能不再适用于所有家长，这也给班主任带来沟通上的困扰。

4. 沟通方式和渠道的局限性

现代科技虽然为家校沟通提供了便利，但如何有效利用这些工具却是一大挑战。比如，一些家长可能因为工作繁忙或对新技术的不熟悉，无法及时响应班主任的信息，导致沟通延迟或信息失真。此外，面对面的交流虽是建立亲密关系的有效方式，但在现实中受限于时间和地点，使得班主任有时不得不依赖电话、短信或社交媒体，这些非直观的沟通方式可能导致信息传递的不准确，从而引发误解，使班主任产生挫败感。

5. 家长参与度不足

家长的参与在孩子的教育中至关重要，但并非所有家长都能积极投入到家校互动中。有些家长可能因为工作繁忙、漠视教育或者不信任学校，导致他们对孩子教育的参与度低下。班主任在面对这些情况时，常常会感到自己努力的付出并未收到预期的效果，挫败感油然而生。

6. 信息传递与反馈不及时

在处理家校关系时，班主任需要及时和家长分享学生的学习情况，同时也期望家长能反馈孩子的在家表现。然而，这一过程中常常可能出现信息延迟或遗漏，使得班主任在解决问题时处于被动的境地，从而产生挫败感。

理解这些挫败感的根源，有助于班主任们更好地应对挑战，寻找有效的解决策略，以提升家校合作的质量，共同促进学生的成长。面对这些困难，班主任需要调整心态，提升沟通技巧，同时寻求学校和社区的支持，通过多元化的方式加强与家长的联系，从而在挫败感中寻找前进的动力。

（三）挫败感的影响

班主任的挫败感，如同暗流涌动的潮汐，悄无声息地影响着他们的工作状态、心理健康以及与家长、学生的关系。这种情绪的累积，可能会对整个教育环境产生微妙却深远的影响。

挫败感会直接影响班主任的工作表现。当班主任面对家校沟通的困难，感到自己的努力得不到回应时，他们可能会降低工作积极性，对教学任务产生厌倦，甚至可能对教育事业产生怀疑。这种消极情绪的渗透，会削减他们对教学创新和改进的热情，使得教育方法和策略难以得到持续优化，从而影响到学生的学习体验和进步。例如，一个深受挫败感困扰的班主任可能会减少对学生个性化关注，转而采取更为机械、标准化的教学方式，这无疑会削弱教育的针对性和有效性。

挫败感会对班主任的心理健康造成威胁。长期的压力和不被理解的孤独感可能导致班主任情绪低落，甚至产生职业倦怠。班主任的心理健康状况直接影响到他们与学生的情感连接，如果班主任处于持续的负面情绪中，他们可能无法提供稳定、积极的心理支持，这对学生的心理健康和情绪发展同样不利。因此，挫败感的累积可能引发一系列的心理问题，如焦虑、抑郁，甚至可能导致职业倦怠，威胁到班主任的长期职业发展。

再者，班主任的挫败感会影响他们与家长之间的关系。当班主任在沟通中遭遇困难，他们可能会对家长产生误解和偏见，这反过来又会加剧家校之间的紧张关系。班主任对家长的负面情绪可能会传递给学生，让学生觉得自己在家庭和学校之间承受双重压力，不利于学生建立健康的自我认知。同时，这种紧张的家校关系也会阻碍家长对学校工作的支持，形成恶性循环，进一步削弱家校合作的成效。

班主任的挫败感还可能对学生的学业和品行产生间接影响。班主任作为学生的引导者，他们的挫败感可能会传递给学生，让学生感受到教育环境的不稳定，从而影响学生的学习动力和行为表现。一个感到挫败的班主任可能无法给予学生充分的鼓励和激励，这可能让学生在面对困难时缺乏坚韧的意志和解决问题的能力，对学生的长期发展构成潜在威胁。

班主任的挫败感犹如一颗潜在的炸弹，悄悄威胁着教育的多元化和个性化。认识到挫败感的影响，是改善家校关系、提升教育质量的重要一步。班主任需要学会管理和调适自己的情绪，同时寻求外界的帮助和支持，以更为积极的姿态面对挑战，从而塑造家校合作的和谐氛围，共同为学生的成长创造一个充满支持和理解的环境。

（四）应对挫败感的策略

班主任在处理家校关系时，面对种种挑战，若能掌握有效的应对策略，不仅可以缓解挫败感，还能提升双方合作的效率。以下是一些实用的建议，可以帮助班主任在挫败感中找到应对之道。

1. 提升沟通技巧

（1）倾听与同理心：班主任需要学会倾听家长的顾虑和需求，以同理心看待和理解家长的立场，这有助于家校之间建立信任，缓解冲突。例如，通过定期的家长会或者一对一的交谈，让家长感受到自己的声音被听见。

（2）明确与一致的沟通：班主任在向家长传达信息时，语言要保持明确、简洁，避免术语过多，确保家长能够充分理解。同时，保持教育理念和策略的一致性，避免家长产生困惑。

（3）利用多种沟通工具：结合现代科技，如家长微信群、家校沟通平台等，确保信息传递及时和便利。

2. 情绪管理与自我调适

（1）情绪识别与释放：班主任需学会识别自己的情绪，允许自己感到挫败，然后通过运动、冥想或与同事分享等方式来及时有效地释放负面情绪。

（2）寻求专业支持：如果持续受挫败感困扰，班主任可以寻求心理咨询师的帮助，通过专业指导来调整心态。

（3）职业成长与反思：定期参加专业培训，提升教育理念和教学技能，同时反思自己的工作方式，寻找改进空间。

3. 建立家长教育资源

（1）家长教育活动：定期举办家长研讨会，分享教育理念，增强家长对学校教育的理解和支持。

（2）家长参与机制：设立家长委员会，鼓励家长参与学校决策，让家长有机会在教育中发挥积极作用。

4. 寻求学校与社区支持

（1）内部协作：与其他教师、学校领导建立紧密的联系，共同解决问题，分享彼此的经验和成功案例。

（2）外部资源：与社区资源建立联系，如社区教育中心、心理咨询机构，寻求更多元化的支持。

（3）政策倡导：积极参与教育政策的讨论，推动家校合作政策的完善，为班主任的工作创造更好的环境。

5. 职业认同与自我激励

（1）职业价值认同：提醒自己作为班主任的重要角色，明确自己的贡献对学生成长的影响。

（2）设定个人目标：为自己设定短期和长期目标，不断挑战自我，激发工作热情。

（3）成就感积累：记录与家长合作的成功案例，定期回顾自己的进步，以肯定自己的工作成绩。

通过实施这些策略，班主任不仅能够应对挫败感，还能在挑战中寻找成长的机遇，从而更好地促进家校关系和谐，为学生的全面发展营造良好的教育环境。这些策略的实施，需要班主任的持续努力，同时也需要学校、家长和社会的共同支持，以确保教育的高品质发展和学生的最佳成长。

（五）案例分享与启示

案例一：李老师与家长的积极沟通

在一所小学，班主任李老师面临严重的挫败感，因为班里有一位家长经常质疑李老师的教育方法。这位家长坚持认为自己的教育方式更为有效，对李老师提出的建议持保留态度。李老师最初对此感到非常困扰，挫败感日益加剧。然而，李老师逐渐意识到，挫败感并不能解决问题，她决定采取积极的策略来应对。

李老师首先反思自己的沟通方式，决定调整到更有同理心的沟通模式。她决定先倾听这位家长的教育理念，试图理解他的担忧和期望。在一次家长会上，李老师主动邀请这位家长分享他的教育经验，并表示愿意借鉴和学习。她向家长表示，虽然学校有学校的教育规范，但每个孩子都是独特的，家校合作需要共享智慧。

李老师主动提议，他们可以一起制订一项个性化教育计划，结合学校教育大纲和这位家长的经验。通过多次沟通和尝试，他们找到了一个能满足双方需求的解决方案。这位家长也逐渐开始信任李老师，他们的关系因此得到了改善。

启示：这个案例展示了沟通的重要性，以及倾听和理解家长观点对于缓解班主任挫败感的价值。班主任在处理家校关系时，需要调整沟通策略，展现对家长观点的尊重和理解。通过倾听、合作和制订个性化教育计划，可以缓解与家长的冲突，让班主任在挫败中找到解决之道。

案例二：张老师与家长委员会的合力

张老师管理的班级家长参与度不高，这让张老师深感挫败。他意识到，家长的参与是提高教育质量的关键，于是决定采取行动。张老师开始着手建立家长委员会，并邀请热心家长参与。他定期与家长委员会成员沟通，让他们了解学校的教育目标和面临的挑战，同时听取他们的建议。

通过家长委员会，张老师成功组织了一系列家校互动活动，如学习分享会和亲子活动，让家长更深入地了解学校的教育方式。家长们的参与度有了显著提高，他们对学校的教育越来越支持。这种成功的实践让张老师认识到，家长的参与不仅能缓解班主任的挫败感，还能提升整个班级的教育效果。

启示：班主任可以通过建立家长委员会，促进家长与学校的紧密合作。通过定期的沟通和组织活动，班主任可以提高家长的参与度，从挫败中找到新的动力和方向。

案例三：王老师的职业成长与反思

王老师在处理家校关系时常感到挫败，尤其是面对家长的误解和不理解。为了应对这些挑战，王老师开始积极参加专业培训，提升自己的教育理念和沟通技巧。她反思自己的工作方式，尝试引入更贴近家长需求的沟通策略。

在学习新的教学策略后，王老师在家长会上分享了自己的学习成果，鼓励家长一起探索更有效的教育方法。她还开始使用家校沟通平台，确保信息能及时传递给家长。通过这些努力，王老师发现自己的挫败感逐渐减轻，与家长的关系也变得更加和谐。

启示：班主任需要持续学习和提升自我，以适应不断变化的教育环境。通过反思和职业成长，班主任能够找到应对挫败的新途径，从而更好地处理家校关系。

这些案例展示了班主任如何在挫败感中找到应对策略，通过倾听、合作、建立家长参与机制以及自我提升，成功地改善了家校关系，缓解了挫败感。这些实例能够为其他班主任提供宝贵的启示，提醒他们在面对挑战时，要学会调整心态，积极寻求解决问题的方法，以实现家校合作共赢。

面对家校关系的挑战，班主任们的挫败感是真实且普遍的。然而，理解这种挫败感，学会调整自己的期望，以及掌握有效的沟通技巧，将有助于我们更好地应对这些挑战。尽管道路并不总是平坦，但每一份努力都将为学生的成长和教育环境的和谐做出贡献。记住，每一次挫败都是班主任成长的契机，让我们一起在教育的道路上携手前行。

五　偶发事件起，挫败突然降临

在日常的教育教学中，班级里时常会发生一些偶发事件，这些事件往往出乎意料，给班主任的工作带来不同程度的挑战。班主任们不仅要面对学生的学业辅导，还要应对这些突发事件，处理学生间的人际关系，以及维护班级的正常秩序。偶发事件处理不当，不仅可能影响班级的和谐，也会让班主任深感挫败。本文将探讨这些偶发事件对班主任的挑战，并尝试提出一些应对策略，希望对班主任的日常工作带来一些启发。

（一）引言：偶发事件的冲击

在繁忙的校园生活中，班级管理并非一帆风顺，偶发事件如同突如其来的风暴，打破了日常的平静。这些事件，无论是学生间的冲突、学生的学习困扰，还是外部环境的干扰，都对班主任的日常工作构成了严峻的挑战。偶发事件的冲击，就像是一颗颗不定时炸弹，随时可能在班级中引发爆炸，带来一系列复杂而棘手的问题。

班主任，作为班级的领导者和指导者，他们的工作不仅是传授知识，还包括维护班级环境的和谐，引导学生健康成长。然而，面对偶发事件，班主任的权威可能会受到挑战，精心规划的班级管理计划可能会土崩瓦解。这些偶发事件的突发性和不可预见性，不仅考验班主任的应变能力，也带来了持续的心理压力，使得班主任在处理偶发事件的过程中常常感到力不从心，甚至产生深深的挫败感。

偶发事件的冲击，首先体现在班主任的心理状态上。学生间的矛盾冲突，可能会让班主任陷入道德判断和纠纷调解的困境中，而难以在短时间内找到妥善的解决方案。尤其是当偶发事件影响到班级的和谐氛围，如学生情绪的剧烈波动，甚至导致校园安全问题时，班主任的压力会倍增。他们既要尽快平息事态，又要照顾到每一位学生的感受，同时还要应对家长和社会的期待，压力之大可想而知。

偶发事件也可能会对班主任的教育理念产生冲击。在处理偶发事件的过程中，班主任有时可能会显得无能为力，因为他们发现传统的教育手段已经不足以解决新型的问题。这种认知和实践上的冲突，会让班主任自我反思，甚至怀疑自己的教育能力，产生职业倦怠感。

面对偶发事件的冲击，班主任需要有足够的情感韧性和心理承受力，他们必须迅速调整心态，从挫败中寻找成长的机会。下文将详细探讨偶发事件给班主任带来的挫败感来源，以及如何通过有效的应对策略，将挑战转化为提升自身专业能力和班级管理能力的契机。同时，我们还将通过具体的案例分析，展现班主任在挫败与成长中的坚韧与智慧，以期给广大教育工作者提供启示与建议。

（二）挫败感的来源

　　班主任在处理偶发事件时，挫败感的产生往往源于多个层面，这些层面如同多棱镜，折射出班主任所面临的复杂挑战。首先，是学生行为的不可预测性。每个学生都是独特的个体，他们的行为和情绪反应可能在短时间内发生剧烈变化，这就要求班主任具备敏锐的洞察力和极高的应变能力。当偶发事件超出了班主任的预期，或者学生的行为超出常规，他们可能会感到束手无策，进而产生挫败感。

　　其次，是道德判断与实际操作的冲突。在偶发事件中，班主任往往需要在短时间内做出道德决策，比如在处理学生间的冲突时，他们既要公正公平，又要考虑到每个学生的个性和背景。当决策结果未能得到所有人的认同，或者产生了意想不到的负面效果时，班主任可能会陷入自我怀疑，产生挫败感。

　　再者，是教育资源的有限性。班主任在面对偶发事件时，可能需要各种教育资源，包括心理咨询、家庭支持、学校政策等，但这些资源并非总是唾手可得。如果班主任在寻求帮助的过程中遭遇阻碍，或者资源无法满足实际需求，他们可能会感到力不从心，挫败感油然而生。

　　舆论压力也是一个不容忽视的因素。在信息化的现代社会中，偶发事件很容易迅速传播，引发家长、学校甚至社会的广泛关注。班主任在处理这些事件时，不仅要应对事件本身，还要面对各方的期待和批评，这无疑增加了他们的心理压力，使得挫败感更加显著。

　　还有教育理念的挑战。在处理偶发事件时，班主任可能会发现，传统的教育方法在应对新型问题时效果欠佳，这促使他们反思自己的教育理念和实践。这种认知上的冲突，可能会让他们对自己的教育能力产生质疑，从而产生深深的挫败感。

　　班主任在面对偶发事件时，挫败感的来源是多元而复杂的，它既源于事件本身的挑战，也源于班主任自身的心理和教育理念的冲突。理解这些挫败感的来源，是班主任们提升应对能力，从挫败中寻找成长机会的第一步。在下文中，我们将探讨班主任如何通过调整心态、改进方法，以及寻求外部支持，来克服这种挫败感，从而实现自我提升和班级管理的优化。

（三）挫败感的应对策略

面对偶发事件带来的挫败感，班主任需要采取一系列策略来调整心态，提升应对能力，这些策略如同一套防弹衣，帮助他们抵御心理压力，保持专业素养。

1. 情绪管理与自我调适

班主任首先要做的是学会控制和管理自己的情绪。在偶发事件发生时，保持冷静是至关重要的。他们可以运用深呼吸、短暂的休息等技巧来降低紧张感。此外，与同事或同行分享处理事件的经验，可以减轻他们的心理负担，让挫败感得到缓解。

2. 反思与学习

班主任需要把挫败看作是学习和成长的机会。每次处理偶发事件后，他们都应该进行反思，探讨哪些方法有效，哪些手段需要改进。通过记录和分析事件的处理过程，可以积累宝贵的实战经验，不断优化自己的应对策略。同时，阅读教育心理学、冲突解决等方面的书籍，也能拓宽视野，提高处理问题的能力。

3. 寻求支持与合作

班主任不是孤独的战士，他们可以寻求多方面的支持。与家长保持良好的沟通，让他们参与到事件的处理中来；与学校领导沟通，获得他们的理解与决策支持，共同为学生创造一个和谐的环境；与学校心理咨询室合作，获取专业建议，为学生提供心理援助。

4. 增强教育理念的灵活性

偶发事件常常挑战班主任的传统教育理念。他们需要认识到，教育不是一成不变的，而是需要与时俱进，适应学生的个性化需求。当遇到新型问题时，班主任应勇于尝试新的教育方法，如引入情境教学、同伴教育等，以更有效的方式解决冲突，预防和处理问题。

5. 设定合理的期望值

班主任要学会对偶发事件的处理结果设定合理的期望。他们应认识到，不是所有问题都能立即解决，也不是每个决策都能得到所有人的认同。接受失败，理解教育过程中必然存在的局限性，是他们克服挫败感的重要一步。班主任应该关注学生的成长过程，而非仅仅关注结果，这样有助于他们在挫败中保持积极的心态。

6. 持续的专业发展

班主任应该始终关注教育领域的新动态，不断更新教育知识与技能，参加专业培训，提升自己的专业素养。在学习过程中，他们可能会发现处理偶发事件的新视角和新策略，这些都能帮助他们在面对挫败时找到新的应对方法。

通过这些策略，班主任不仅可以降低挫败感，还能在挑战中寻求成长，提升班级管理效率。他们将变得更加从容，更有信心面对未来的偶发事件，为学生的全面发展创造一个更加稳定和谐的班级环境。

（四）案例分析：挫败与成长

在班主任的日常工作中，偶发事件如同一面镜子，映射出他们应对挑战的能力和成长的足迹。让我们通过一个具体的案例，来深入理解班主任如何在挫败与反思中找到成长的动力。

在某中学，班主任李老师在一次课间休息时，发现班级里发生了一起严重的偷窃事件。一名学生的钱包被偷，里面装着他的压岁钱和重要的个人证件。李老师立即启动了调查程序，他决定公开透明地处理此事，以维护班级的公正性。首先，李老师安抚了受害学生的情绪，让学生明白学校会尽快找到真相。接着，李老师通过询问目击者，查看监控录像，并进行集体讨论等方式，找出线索。

然而，尽管李老师付出了大量时间和精力，他对钱包的下落依然没有头绪。家长开始对学校的管理产生质疑，而学生之间的猜疑和不安情绪也日益加剧。李老师感到非常挫败，他开始质疑自己的管理能力和判断能力，甚至怀疑自己的教育理念是否需要改变。尽管如此，李老师并未选择放弃，他坚信每一次挫败都是成长的机会。

李老师决定跳出班主任的角色，从更宏观的角度反思班级管理。他开始考虑是否需要调整班级规则，以防止类似事件再次发生。此外，他还意识到应该加强学生的品德教育，培养他们诚实守信的品质。李老师积极与学校心理咨询室合作，为班级组织了一系列团队建设活动，旨在增强学生的责任感和同理心。同时，他也加强了与家长的沟通，让他们了解学校的处理过程，以期获得他们的理解和支持。

经过这次事件，尽管李老师的挫败感并未立即消失，但他逐渐从反思中找到了新的教育策略。在接下来的日子里，班级氛围得到了显著改善，学生之间的信任度提高，偶发事件的发生率也明显降低。李老师在挫败中找到了成长的契机，他的班级管理能力得到了显著提升。

这个案例充分展示了班主任如何从偶发事件的挫败感中汲取经验，调整策略，最终实现自我成长和班级管理的优化。李老师的经历告诉我们，面对挫败，班主任需要有勇气反思，勇于尝试新的方法，并积极寻求外部支持。只有这样，他们才能在挑战中找到出路，成为更出色的教育者。在教育的道路上，挫败和成长总是相伴相随，重要的是我们如何去面对和转化这些经历，使之成为推动我们前进的动力。

（五）启示与建议

偶发事件如同教育道路上的石子，虽然微小却有可能引起波澜。面对学生的性格难题、人际冲突、道德问题以及外部环境的波动，班主任们所承受的挫败感是深层次且多维度的。然而，这些挫败，正如黑暗中的火花，虽然短暂，却能点燃班主任们自我提升的火焰。在这里，我们根据前面的分析，提供一些建议，以帮助班主任们更好地应对偶发事件，减少挫败感，并在挑战中找寻成长的契机。

建议一：开展心理健康教育

学校应将心理健康教育纳入常规课程，帮助学生建立应对压力的健康机制，同时提供心理咨询服务，让班主任在处理偶发事件时能够及时得到专业的心理支持。

建议二：建立偶发事件处理机制

学校应该制订一套针对偶发事件的处理流程，包括信息收集、处理策略、家长沟通等环节，让班主任在面对突发事件时有章可循，减少处理过程中的不确定性和挫败感。

建议三：定期开展班主任培训

学校应该定期组织针对偶发事件处理的培训活动，分享成功的案例，以及处理策略，让班主任们有机会交流经验，共同提升应对能力。

偶发事件虽然给班主任带来了挑战，但通过接纳挫败、培养情绪调适和管理能力、建立支持网络、持续专业发展、灵活应对和合理期望等应对策略，班主任不仅能减少挫败感，还能借此机会寻求自我成长，成为更优秀的教育者。同时，学校的支持机制和培训活动，也是助力班主任应对偶发事件、提升班级管理效能的重要保障。

偶发事件是班主任工作中不可避免的一部分，它们既考验了班主任的应变能力，也对班主任的教育智慧提出了挑战。面对挫败感，班主任们需要保持冷静，学会反思，不断调整自己的教育策略。只有持续提升自己的教育素养，才能更好地应对各种偶发事件，为学生的健康成长提供稳定而有力的引导。记住，每一次挫败都是一次成长的机会，让班主任在教育的道路上更加成熟和坚定。

第三章
挫败影响与对策

一 **挫败深重，影响班主任工作**

    班主任，作为班级的灵魂人物，他们的身心健康、管理效率、教学质量，乃至职业发展和师生关系，都对整个班级的氛围和学生的学习生活有着深远的影响。然而，班主任在日常工作中难免会遇到各种挑战，挫败感是其中常见的一种情绪体验。深入探讨挫败感对班主任的多维度影响，旨在寻找应对策略，提升班主任的工作满意度和教育效果。

（一）身心健康的影响

    班主任的挫败感的最直接影响，往往体现在他们的身心健康上。当班主任面临学生行为问题、学业成绩不理想等挑战时，他们的情绪很容易受到影响，产生压力与焦虑。

    压力就像一只无形的巨手，紧紧地挤压着班主任的心。长期的挫败感会导致班主任的心理压力增大，这种压力不仅源自工作的挑战，还可能源自期待与现实之间的落差。研究显示，高达70%的班主任表示他们的工作压力远超其他职业，其中，学生行为问题和家长沟通问题是最主要的压力源。这种高压环境使他们容易陷入情绪低落的困境中，甚至可能引发焦虑症和抑郁症。

    另一方面，班主任的挫败感也可能转化为身体上的问题。研究表明，长期的精神压力可能引发一系列生理反应，如高血压、心脏病、免疫系统功能下降等。频繁的失眠、食欲不振、抵抗力减弱，都可能是班主任身心疲惫的体现。尤其是那种"无论怎么努力，似乎都无法改变现状"的无力感，更是对班主任身心健康的巨大消耗。

更为严重的是，身心的疲惫会进一步影响班主任的日常生活。他们可能变得易怒、注意力不集中，甚至对原本热爱的教学工作产生厌倦。这种状况如果持续下去，可能会导致他们选择离开教育行业，或在工作中消极怠工，对教育质量产生严重影响。

为了解决这一问题，学校和教育部门应该提供必要的心理支持，比如定期的心理健康讲座、心理咨询服务，帮助班主任学会压力管理和情绪调节。同时，班主任应该积极参加体育活动，保持良好的生活习惯，以维护身心健康。通过这些措施，班主任不仅能更好地应对工作中的挫败感，还能在压力之下保持积极的心态，从而更好地服务学生，促进教育事业的健康发展。

（二）班级管理效率的降低

面对学生行为问题和学习成绩的挑战，班主任的挫败感不仅影响了他们的身心健康，更深层次地看，还显著降低了他们的班级管理效率。挫败感犹如一层厚重的雾霾，模糊了班主任的视线，使得他们在面对班级事务时，决策能力与执行能力大打折扣。

挫败感会削弱班主任的决策能力。在挫败感的困扰下，班主任可能变得过于悲观，对未来失去信心，对学生的改变抱持消极态度。这种对问题的悲观解读，可能导致他们过度依赖惩罚性措施来应对不良行为，而非寻求更积极、更有建设性的解决途径。例如，面对班级纪律问题，班主任可能会选择立即严惩厉罚，而非尝试找出问题的根源，采取更长远的教育策略。这种单一的严厉应对方式，虽然短期内可能起到震慑效果，但从长远看，却可能会导致师生关系疏远，使学生对班主任失去信任、对规则失去尊重。

挫败感会影响班主任的执行能力。当班主任持续陷入挫败的漩涡中时，他们对于执行日常管理任务的热情和投入度会明显下降。他们可能对一些琐碎但重要的日常事务失去耐心，比如维持课堂纪律、组织课外活动、跟进学生作业，乃至及时与家长沟通等。这些看似微不足道的疏忽，却可能导致班级秩序混乱，影响学生的正常学习生活。

挫败感还可能降低班主任对突发情况的应对能力。在挫败感的影响下，班主任可能会对突发的课堂事件感到手足无措，无法迅速进行恰当的处理，这不仅可能会加剧事态，还可能会波及班级的整体氛围。比如，当有学生在课堂上闹事时，深感挫败的班主任可能会选择回避，而没有果断地进行干预，这会让课堂上的其他学生感到无所适从，班级秩序因此受损。

挫败感还可能使班主任对班级目标的追求变得模糊。他们可能不再积极设定和追求班级的进步目标，而是选择安于现状，这无疑会限制班集体的发展。原有的班集体激励措施可能会变得无力，班级的凝聚力和进取心也会随之下降。

班主任的挫败感如同一把无形的剑，直插班级管理的核心，影响了班主任的决策敏锐度，削弱了班主任的执行力度，破坏了班主任应对突发情况的灵活性，模糊了班主任对班级未来的愿景规划。因此，学校和教育部门应当关注班主任的挫败感，通过提供心理支持、培训和发展机会，帮助他们提升班级管理的效率，从而创造一个更有序、更积极的教育环境。

（三）教学质量的下滑

班主任的挫败感对教学质量的影响是深远的，它不仅会降低教师的教学热情，还可能会改变教师的教学策略，进而影响学生的学习动力。在教育这个微妙的生态系统中，班主任如同一名园丁，他们的挫败感就像病毒，悄无声息地侵袭着教育的果实。

挫败感会像一条冰冷的链条，紧锁住班主任的教学激情。曾经满怀教育理想的他们，面对学生学业成绩停滞不前，或者学生行为问题反复出现，内心的热情逐渐被失望和无奈所取代。教学不再是他们展示专业能力的舞台，而是似乎永无尽头的苦役。这种情绪的转变直接影响到课堂的气氛，原本生动有趣的课程可能会变得呆板教条、沉闷乏味，难以激发学生的学习兴趣。

挫败感可能导致班主任的教学策略发生偏离。在挫败感的驱使下，班主任可能放弃尝试新的教学方法，转而依赖传统的、看似更为安全的教育手段，如填鸭式教学。这样一来，教学不再是一种互动和启发，而变成了一种单向的传输，降低了学生主动学习的可能性，也阻碍了学生的创新思维和批判性思考的发展。

再者，班主任的挫败感对学生的心理影响不容忽视。学生会敏锐地捕捉到老师的消极情绪，这可能会让他们对学习产生消极预期，认为自己的努力无法得到应有的回报，从而降低学习动力。学生可能会变得被动、消极，对学习产生抵触情绪，甚至开始自我怀疑，影响自尊和自信，形成恶性循环。

班主任的挫败感对教学质量的影响还体现在对教学反馈的处理上。深感挫败的班主任可能会对学生的错误反应过度，或者对学生的进步视而不见。这不仅会影响学生对错误的正确认识和反思改正，还可能会导致学生逐步丧失成就感，进一步打击学生的学习积极性。

为了防止教学质量的下滑，学校和教育部门应积极关注班主任的挫败感，积极帮助班主任寻求新的教学方法，以应对教育变革的挑战。同时，定期的心理支持和交流活动也能帮助班主任从挫败中恢复，重新找回教书育人的热情。只有班主任的心灵得到了滋养，他们的教学才能像春天的雨露，滋润每一个学生的心田，让教学质量得以提升，让学生的学习动力得以激发。

（四）职业发展的阻碍

班主任的挫败感不仅仅是个体层面的困扰，更是深层次地阻碍了他们的职业发展，使得这些教育道路上的引领者在追求专业成长的道路上步履维艰。挫败感如同一条无形的绳索，束缚了他们的双手，阻挡了他们探索教育前沿的视线。

挫败感可能削弱了班主任对职业的认同感与归属感。当班主任在面对工作上的挑战感到无能为力时，他们可能会质疑自己是否适合教师这个职业，是否能胜任班主任的角色，甚至开始怀疑自己的教育理念。这种自我怀疑会导致班主任在职业道路上迷失方向，不愿意投入更多时间和精力去提升自我，进而影响班主任对工作的满意度，对教育事业的归属感，产生职业倦怠。

挫败感会限制班主任对专业发展的追求。在挫败感的笼罩下，他们可能会选择固守现状，不愿意尝试新的教学方法或参与专业研讨，这无疑阻碍了他们对新的教育知识的接纳和应用。同时，挫败感也可能导致他们在面对教育改革时表现出回避等消极抵抗的态度，不愿接受新的教育理念，这无疑限制了他们在专业道路上的成长与进步。

挫败感可能会影响班主任的领导能力。班主任是学校教育的关键角色，他们的领导风格和管理技巧对班级乃至整个学校的教育质量有着重要影响。然而，挫败感可能会使他们变得过于严苛或过于宽容，这两种极端的管理方式都不利于班级的和谐发展。此外，挫败感也可能导致教师队伍失去团队凝聚力，影响其他教师与班主任的协作，从而影响学校整个教育团队的专业提升。

挫败感可能会影响班主任的仕途晋升。在教育体系中，优秀的班主任往往被视为潜在的学校领导或教育管理者。然而，长期的挫败感可能导致他们对自己的能力产生怀疑，放弃晋升机会，这既是对班主任个人职业发展的一种自我限制，也是教育体系内人才流动的损失。

为了打破挫败感对班主任职业发展的枷锁，学校和教育部门应当提供持续的专业发展机会，如定期的研讨会、工作坊，帮助班主任提升教育技巧和管理能力。同时，建立一个开放的反馈机制，鼓励班主任分享他们在工作中面临的挑战与困惑，为他们提供解决问题的策略和心理支持。通过这些措施，让班主任感受到组织的关怀与支持，增强班主任对教育事业的信念，鼓励班主任在职业道路上继续前行，为教育事业的发展做出更大的贡献。

（五）师生关系的疏离

班主任的挫败感对师生关系的影响不容忽视。在日常教学过程中，班主任不仅是知识的传授者，更是学生心灵的引导者。然而，当班主任深陷挫败感的泥沼时，他们与学生的沟通方式和态度可能会发生微妙的变化，导致师生间原本亲密的关系变得疏离。

挫败感可能导致班主任在面对学生时变得冷漠或过于严厉。在挫败感的驱使下，班主任可能会因为无法改变个别学生的不良行为或因个别学生的学业进步缓慢而选择放弃，对学生的期望降低，对学生的错误过度批评。这样的态度传递给学生，会让学生感受到班主任对他们的不信任和失望，从而产生逆反心理，导致师生关系进一步恶化。

班主任的挫败感也可能使他们减少与学生的互动，避免遇到可能引发挫败的场景。他们可能选择对某些问题学生"睁一只眼闭一只眼"，不去触及，以减轻自己的压力。这种消极应对策略会使学生感到被忽视，认为老师不再关心他们的成长，从而产生孤独感，进一步拉开学生与班主任之间的距离。

挫败感还可能影响班主任对学生的表扬和鼓励。在挫败的阴影下，班主任可能难以发现学生的点滴进步，甚至怀疑表扬的有效性，从而减少或完全放弃对学生的正面反馈。缺乏表扬和鼓励的学生，会感到自己的努力不被认可，自尊心受损，对学习失去信心，师生间的信任也大打折扣。

班主任的挫败感还可能在无意中影响到学生对其他教师的看法。当学生看到班主任的挫败，他们可能会认为教育无效，或者认为老师已经对他们失去信心。这种负面情绪会蔓延到整个班级，使得学生对其他科任教师的尊重和信任逐渐瓦解，进一步破坏整个班级的学习氛围。

为了缓解挫败感对师生关系的负面影响，学校应提供导师制度，让经验丰富的教师给予新班主任或挫败感较重的教师指导和支持，帮助他们建立有效的沟通策略。同时，定期进行教学技巧培训，强调积极的师生互动和心理疏导在教学中的重要性，提醒班主任对每一个学生保持关注和耐心。

更为重要的是，教育部门和学校应建立教师心理支持系统，让班主任有机会在压力面前寻求帮助，得到理解和共情。通过定期的心理咨询和小组讨论，班主任可以分享他们的困扰，得到有效的应对策略，从而更好地保持与学生的情感联系，维护健康的师生关系。

总的来看，班主任的挫败感对师生关系的影响不容小觑，它会削弱教师的教育热情，改变他们的沟通方式，导致师生间的信任和亲近感下降。因此，关注班主任的内心世界，提供心理支持和教育策略的培训，是维护和谐师生关系，提升教育质量的必要措施。

面对挫败感，班主任需要学会自我调适，寻求支持，以及持续专业发展。只有当班主任保持良好的心理状态和积极的工作态度，他们才能更好地引领班级，提高教学质量，促进学生的全面发展，同时也有利于班主任个人职业的长远发展。记住，每一次挫败都是成长的阶梯，挫败感并非终点，而是通向更加强大的自我的起点。

二 心理调适，策略铭记在心中

心理弹性，也称为复原力或心理韧性，由美国心理学家安东尼提出，是指个体在面对逆境、创伤、悲剧、危险或其他重大压力时，自我适应的过程和摆脱危机的本领。心理弹性不仅是个体在面对逆境时的一种能力，更是一种积极的生活态度和成长的动力。它本质上是一套技能，而非一种性格。它不仅可以帮助人们度过困难时期，还有助于人们从困境中茁壮成长。

具有高心理弹性的人往往面对困境时，自身的调控和适应能力更强。如果班主任具有高心理弹性，那么他的乐观、积极和从容不仅能帮助自己远离精神内耗，更会潜移默化地将正能量传递给学生，影响学生的精神世界。

因此，面对挫败感，积极有效的心理调适，增强自我的心理弹性，主动为自己补充心理能量，显得十分重要。以下是一些可行的方法：

（一）正确认识自我，悦纳自我

1. 剖析自我

清楚地知道自己能做什么，不能做什么。遇到困难和挫折时，不要无休止地责怪自己，而要正确认识和接受现实。认识自己的能力，认识到每一个人都有可能遇到失败和挫折，这是生活的一部分，认识到经历失败并不意味着自己就是失败者。

积极心理学创始人马丁·塞利格曼发现，改变解释方法，重建认知，可以从三种途径进行：

从内到外——坏事不是我的错。

从全局到特殊——这件事情微不足道，并不会大到意味着我的生活出了岔子。

从永久到暂时——我可以改变现状，而不是认定它无法改变。

2. 接纳自我

作为班主任，首先我们要接纳自我，接纳自己的不足。班主任也是普通人，也有自己的喜怒哀乐，也会有生气的冲动。所以，要敢于接纳真实的自己。同时，接纳自己的不完美，哪怕自己是个冲动的人，也要敢于接纳自己性格的多样性，这样，才不会苛责自己。能首先接纳自我的人，才懂得推己及人。

3. 关怀自我

压力之下，班主任要学会对自己友善，在工作中适当地调整自己，实现自我关怀。研究结果表明，自我关怀水平高的个体，能体会到更高的幸福感，性格更乐观，对自己的生活更满意，也更能欣赏自己的身体，更不害怕失败。同时，自我关怀水平高的个体不倾向于反刍他们的消极想法和情绪，会有更好的情绪调节能力，包括能够从消极情绪中恢复过来，还能拥有质量更高的亲密关系。

心理学家提出，自我关怀包括以下三个方面：（1）觉察（这是受苦的时刻）；（2）与共同的人性相联结（苦难是我们所有人都会经历的）；（3）保持友善（愿我对自己好一点）。根据自我关怀的三个核心成分，在日常工作生活中，班主任可以做一些自我关怀小练习。

戴"自我关怀手环"。准备一个手环，或者就是你手上戴的链子或发圈。每当自己以严苛的方式批评自己或者对一些事感到悲伤的时候，将

"自我关怀手环"从一只手换到另一只手，这样有助于觉察自己的痛苦，帮助自己不陷入过度纠结中。

设计自我关怀短句。在日常生活中遇到困难的时候，可以对自己默念这些句子，比如：亲爱的，很多人跟你一样，面对这些困难都会有这样的无助感，这确实很难。

使用自我关怀台历。把自我关怀短句写在你的台历里，提醒自己，保持友善、自我关怀。

（二）忘掉"角色期待"，调整期望值

角色期待（role expectation）是群体或个人对某种角色应表现出某些特定行为的期待，表现为"希望他这样做而不是那样做"。当然，角色期待不是一份规范化了的"行为清单"，它是对角色的认知、情感、态度和行为倾向的总和，是形成人际关系与角色行为之间关系的桥梁。美国心理学家罗森塔尔研究了教师对学生抱有的期望与教育效果之间的关系问题，即教师对学生的期望，促使学生沿着期待中的路径发展。值得注意的是，良好的沟通和人际关系，是学生领会教师期望的前提。但是，对教师的期望，也会产生此类效果吗？研究表明，对当代教师众多的角色期待，不仅剥夺了教师基本的心理需要，也使得教师的责任边界无限扩大（家长向教师推卸家庭教育责任、文化传统泛化教师角色期待以及社会向教师转嫁教育责任等），尤其是一些不符合实际的期望，如"没有教不好的学生，只有教不好的老师"。这种把教师的"应然"期待转化为对教师的"实然"期待，导致教师因担心达不到他人或社会的期望，而出现人际退缩的现象，进而影响到教师与家长、学生、同事乃至领导之间的关系质量。集多重角色于一身的教师群体，几乎没有时间和精力调解角色间和角色内的冲突，容易出现人际障碍和适应不良等问题。

美国著名经济学家萨缪尔森提出了一个"幸福方程式"：幸福=效用÷期望值。把幸福交给不切实际的期待，并不能走向幸福人生。忘掉对自己的"角色期待"，降低对自己的期待，接受自己的局限，适当调整期望值，允许自己做个普通人，幸福之门定会为我们打开。

那么，班主任应该如何适当调整期望值？可以试着从以下几个方面入手：

1. 定期进行评估，设定合理目标

定期进行自我反思和评估，识别自己的优点和不足，根据实际情况设定合理的目标。对于设定的目标，班主任还可以将其分解为若干短期的、可实现的目标，并设定一定的计划和步骤，让目标变得更具体、更容易达成。同时还要合理安排工作任务和工作时间，制订任务优先级，有条不紊地进行工作，避免因负担过重引发焦虑和压力。

2. 期望层次化，认可小成就

期望目标具有多重性，我们可以设定不同层次的目标，例如生活目标、人生目标、短期目标、长期目标等。将长期目标分解为若干短期目标，认可并庆祝自己和学生的每一个小进步，逐步实现每一个短期目标，有助于班主任建立积极的自我形象，增强自信心。

（三）学习积极心理学，保持积极心态

时代阔步前进，班主任面对的教育对象总是最新的，班主任面临的教育问题也有很多是最新的，但即使新旧更替，班主任内心的坚定信念和积极情绪总是他们解决问题、推动发展、获得幸福感的坚实基石。有效地利用积极心理学，提升自己的积极心态，是班主任的必修课。

积极心理学的核心理念包括：关注个体的优点和长处，强调个体的内部力量和自我实现的能力；关注支持个体发掘长处的条件，如社交支持、

正向情感、健康饮食和锻炼、个人成长等方面；重视个体的主观感受和情感体验，强调个体的幸福感和积极情感。

清华大学心理学系教授彭凯平，在积极心理学领域有着深入的研究和丰富的成果。他将积极心理学引入中国，并致力于推广积极心理学在提升个人和社会幸福感方面的应用。彭凯平教授认为，通过"五施法"的实践，人们可以有效地提升自己的积极心态，增强幸福感和生活满意度。"五施法"是一种实用的培养积极心态的方法论，包括颜施、身施、言施、心施和眼施。

1. 颜施，就是要笑

人类天生会笑，笑是人的天性。即使是生来双目失明的儿童，从未见过任何笑脸，出生后第四个星期也会自发笑出来。生而为人，我们一定要把天生就有的本领和才华施展出来。班主任在与同事、学生和家长交流时，保持微笑和积极友好的面部表情，不仅能提升个人魅力，还有助于改善自己的心情，减轻工作压力。

不会笑怎么办？我们可以学笑，甚至装笑。美国著名情绪心理学家汤姆金斯教授提出一个方法，叫作面部表情反馈假设。人为表现某种面部表情，能导致相应情绪体验的产生或增强。如果一个人是悲伤的，他越是皱眉和噘嘴就越是悲伤。如果一个人做出微笑的表情，遇到积极的反馈时，他会感觉更快乐或更有趣。既然笑是人类天生的本领，如果我们装笑，大脑可能会认为我们是真笑，这叫作面部肌肉反馈。

2. 身施，就是要动

动是人的天性。人不能躺平，不能"宅"着，一定要动起来。因为运动会分泌大量神经递质，释放内啡肽，帮助缓解压力，提高精神状态。因此，要通过身体活动来调节情绪，如散步、做操、瑜伽或其他形式的运动，动起来有助于产生愉悦的心情。当班主任的身影除了出现在教室外，还经常出现在运动场上时，学生自然也会更多地参与运动、爱上运动。积极情绪和正能量就自然而然地流动、循环起来。

3. 言施，就是要说，要积极沟通

人是会说话的生物，所以很多情况下，我们的成功、快乐、幸福都是靠言语的表达来促成的。我们很多的不愉快、挫折、受打击、误解、失败可能是因为沟通不当造成的。人和人之间应该有积极的氛围、积极的力量、积极的感召和积极的对话，好好说话是最关键的因素。因此，在与他人的沟通中，要学会使用积极、鼓励性的语言，避免过度批评或过多负面言论，多给予他人正面的反馈和支持，这有助于建立积极的人际关系，同时也能改善自己的心情。

4. 心施，就是要悟

我们有感受，有体验，感悟能够让我们产生意义，而意义是让我们感到快乐和幸福的重要因素。心施有很多种，比如福流体验，当你做一件事情时，注意力高度集中，达到物我两忘的境界，此时你就会心无旁骛、沉浸其中。你的自我意识、空间意识、时间意识都会暂时消失，做起事来行云流水，知行合一，特别顺畅，这就是福流体验，也是最佳的心理体验之一。一静或一动都可以产生福流，关键要去做自己热爱的事。

5. 眼施，就是要观

眼睛不是简单地看，而是观。通过"观"，我们能够产生真正的大智慧。用心欣赏生活中那些细小而美丽的事物，这样慧眼禅心的修行，会让我们的生活充满乐趣，让我们的境界得到提升。在日常生活中，留意学生的进步、同事的帮助和自然环境的美好，有助于培养一颗感恩的心，提升个人的幸福感。

通过实践"五施法"，班主任可以有效地提升自己的积极心态，增强职业满足感，同时也能更好地应对工作中的挑战和压力，减轻挫败感。

（四）增强自我效能感

美国心理学家阿尔伯特·班杜拉于1977年提出自我效能（Self-Efficacy）理论。自我效能感指个人对自己是否能够成功完成某项任务的主观评估与信念。该理论认为，当一个人面对一项挑战性工作时是否全力以赴，取决于他对自我效能的评估。人总是愿意在自己有把握成功的事情上投入精力。当个体确信自己有能力进行某一活动时，他就会产生高度的自我效能感，并付诸行动，开展这一活动。（这里的自我效能感一定程度上可理解为自信心。）

拥有高度自我效能感的班主任，会在工作中信心十足，心情愉快，对教学活动及班级管理活动更投入，也更容易采取民主的方式。那么，提高班主任自我效能感的方法有哪些呢？

1. 不断尝试新的教学方法和班级管理策略，增强沟通技巧

进行教学教育创新实践的过程是教师获得自我效能感的一种最基本、最重要的途径。学习新的技能和知识，可以帮助班主任增强信心，同时也可以转移班主任对挫败感的注意力。另外，班主任通过增强自己的沟通技巧，能提升与学生、家长和同事之间的沟通质量，减少误解和冲突的产生。

2. 立足科研

实践证明，行动研究是促进教师专业成长的有效途径，也是提高教师自我效能感的有效途径。一方面，通过参与科研，教师可以不断学习或者建构新的教学管理和学习理论，提高自身对教育的理解能力；另一方面，又可以促使教师针对教学中出现的具体问题，灵活运用教与学的基本原理，成功解决教学中面临的实际问题，提高教师的自我效能感。

3. 实现客体分离，分清责任区

内耗的人，无法分清自己的事和别人的事。教育工作者有着强烈的使

命感和责任感，班主任更是一走马上任就立马自觉代入"班妈""班爸"的角色，这无可厚非且值得尊重。但是，如果班主任不能区分责任区，过度加大自己的管理权限，过度扩大自己的管理范围，活在家长的情绪、期待中，内心自然会受到影响和干扰，并随之产生挫败感和自我怀疑。班主任应该学会客体分离，调配认知资源，聚集心理能量，去克服班级管理、学生发展中最应该解决的问题，不宜过分干涉学生的家庭问题，让家长学会承担选择和行动的后果。

4. 调整生活方式

生理健康与心理健康有着密切的关系，定期锻炼和保证充足的休息，既可以提高精神状态，也有助于减少紧张和焦虑。保持健康的生活方式，如健康饮食、适当运动、充足睡眠等，这些都可以帮助班主任更好地应对挫败感，提高面对工作困难的能力。例如，每天晚上入睡前，总结"三件好事"——让你有成就感或者幸福感的三件小事，使其成为你当天的"峰终体验"，带着积极情绪入睡，这样每一个清晨，你都感觉更有活力和动力。

（五）坚持正念训练，锻造"大心脏"

正念是一种积极的心理品质，是一种将注意力指向当下目标的体验，是有意识地、不加评判地专注于当前的状态，可以通过练习获得。正念可以让人远离精神内耗，勇敢拥抱人生种种不确定。班主任可以在课堂、生活中自觉进行正念训练，做一个正念践行者。

正念训练可以帮助班主任学会更好地与自己的内心世界和平共处，找到应对生活挑战的新途径。通过正念练习，班主任能够提高注意力、情绪管理能力和自我认知能力。班主任可以尝试采取下面的步骤，利用正念训练，锻造自己的"大心脏"：

1. **基础正念练习**

每天抽出几分钟进行正念呼吸或冥想，专注于呼吸的感觉，当注意力飘走时，轻轻地将其引回呼吸上。

2. **正念走路**

在散步时，专注于脚步触地的感觉，观察周围的环境，感受空气的温度和风的轻拂。

3. **正念饮食**

在吃饭时，将注意力集中在食物的味道、口感和香气上，避免边吃边做其他事情。

4. **日常活动中的正念**

在日常活动中练习正念，如洗碗时感受水的温度和碗在手中的重量，或是在听音乐时完全沉浸在音乐的旋律和节奏中。

5. **参与正念训练课程**

参加学校或社区组织的正念训练课程，系统学习正念理论和实践。

6. **持续练习**

持之以恒的练习是提高正念水平和心理健康的关键。

由此可见，呼吸、走路、吃饭、运动、备课、交谈……无一不可进行正念训练。呼吸时感受鼻腔和体腔间的气息流动，吃饭时感受食物的口感和味道，运动时感受肌肉的收缩和血液循环，交谈时感受学生或家长喜怒哀乐的出现和消退。冥想、与感官经验保持联结、要事第一原则等等，都可以让班主任进行有效的正念训练，有助于班主任的内心慢慢增加力量。

通过这些正念练习，班主任可以提高自己的心理韧性，更好地应对工作中的压力和挑战，从而促进个人的职业发展。当班主任能够以非评价性的、指向当下的方式，而不是陷入思虑或者情绪焦虑的方式，来使用注意力时，就可以去觉察自然、学生、家长、同事、家人的细微变化，从而去觉察自己的内心世界。此外，正念训练还有助于班主任提升班级管理水平。正念能够让班主任将注意力更加集中于当下正在做的事情，提升工作效率。

三 支持网络，寻求援手不可缺

在教育的道路上，班主任常常会遭遇各种挑战，这些挑战有时会带来深深的挫败感。然而，挫败感并不是终点，它也可以成为成长的起点。面对挫败，班主任如何寻找支持，让自己的教育之路更加稳健呢？班主任要学会构建支持网络，借助同事、朋友、家人以及专业人士的力量，逐渐走出挫败感，重拾教育的热情与信心。

（一）引言：挫败感的挑战与班主任的角色

班主任，这个特殊的教育岗位，承载着无数期望与责任。他们不仅是知识的传播者，更是学生心灵的守护者、成长的引路人。然而，面对繁重的教学任务、学生的个性差异，以及学校、家长、社会的多重压力，班主任时常会感受到一股无形的挫败感。这种挫败感源自无法达成所有期待，面对学生的困难无法立即解决，或是教育效果的滞后，这些难题让班主任在教育的道路上步履维艰，有时甚至怀疑自我价值。

班主任的角色挑战主要体现在既要维持教学秩序，又要关注每一个学生的个体发展。他们需要在严格的教育规范与灵活的教育策略之间寻找平衡，既要保证课程进度，又要满足学生的个性化需求。在这样的夹缝中，班主任常常会被各种问题困扰，如学生的学习困难、行为问题，甚至是家长的过高期望和不理解。这些挑战可能会日复一日积聚成浓烈的挫败感，侵蚀他们的教育热情。

然而，正是在这样的挫败感中，班主任的角色显得尤为关键。他们不仅需要具备专业的教学知识，更需要有强大的心理韧性，以应对教育过程中的种种挑战。班主任需要学会从挫败中寻找成长的机会，反思与调整自己的教育方法，以适应每一个独特个体的成长需求。他们的角色更像是一位舵手，既要引导船只乘风破浪，也要在风暴中保持航向，带领船员们安全抵达彼岸。

在这样的背景下，构建一个强大的支持网络显得尤为重要。这个网络包括同事、朋友、家人，甚至是专业的心理咨询师。他们能为班主任提供情绪的出口，分享经验，给予建议，甚至提供专业的指导，帮助他们更好地应对挫败感，提升教育成效。接下来，我们将详细探讨班主任如何在这些不同维度的支持中，找到力量，走出挫败，继续在教育的道路上前行。

（二）寻求同事支持：共享经验与互助

班主任工作中的挫败感往往源于诸多压力，如教学压力、人际压力以及期望与现实的落差。在这样的环境下，班主任不应该孤军奋战，而是去寻找同事的支持，打造一个互助共享的工作环境。同事之间的交流和分享，不仅有助于增强团队凝聚力，也能提供宝贵的应对策略，让班主任在困境中找到出路。

班主任可以与其他教师定期组织小型会议，就教学中的挑战进行讨论。这些会议可以是正式的，也可以是轻松的非正式交流。在这些场合里，教师们可以互相分享各自的教学心得，探讨如何处理棘手的学生问题，或者如何调整教学策略以适应不同学生的学习风格。例如，一位班主任可能在处理班级纪律问题上感到挫败，而另一位同事可能已经成功地通过制订明确规则和奖惩制度解决了类似问题，这样的经验分享将为前者提供宝贵的参考。

同事之间的互助也是一个重要的支持机制。通过建立互助小组，班主任们可以相互支持，分担工作压力。比如，当一位班主任因病请假时，其他同事可以暂时接手其班级，确保教学工作的连贯性。这样不仅减少了教师因病缺课带来的教学影响，也能让请假的班主任感到安心，知道自己并不是孤军作战。

同事间的合作还可以扩展到教学资源的共享。例如，教师们可以联手制作课件、考试题库或组织教学活动，这样既可以提高工作效率，也能保证教育资源均衡分配，共同提升教学水平。这种资源共享不仅减轻了班主任的负担，也确保了学生可以在一致的教学标准下学习，减少了因教师个体差异带来的不公。

同事间的交流和互助，不仅限于教学层面，还应涵盖心理健康和职业发展。定期的教师心理健康培训，不仅可以帮助班主任识别和应对挫败感，还可以教授他们如何保持积极心态，有效管理压力。同时，分享职业发展路径和晋升经验，能够鼓励班主任设定个人职业目标，为职业成长提供动力。

寻求同事支持是班主任应对挫败感的重要策略。通过共享经验、互助合作，班主任之间能建立起一个有力的支持网络，共同应对挑战，提升教育质量。这样一来，班主任不仅能个人受益，整个教育团队也会因此变得更加坚实，更能为学生提供稳定而优质的教育。

（三）朋友与家人：生活中的情感支柱

班主任在教育的前线奋斗，面对的挑战和压力常常让他们倍感疲惫。在这样的时刻，朋友和家人就像坚实的港湾，为他们提供无条件的情感支持，帮助他们化解挫败感，重拾信心。与同事的互助和专业指导不同，朋友与家人的陪伴更多是基于亲情和友情的纯粹关爱，正是这种不带任何功利色彩的情感支持，让班主任在内心深处得到慰藉。

朋友是生活中的调味料，他们能以旁观者的角度看待班主任的工作，提供新鲜的视角和建议。和朋友聊天，班主任可以暂时放下教师的身份，分享生活中的点滴，无论是日常的琐事还是教育的趣闻，都能让他们暂时放松，找回生活中的乐趣。朋友间的轻松氛围有助于缓解工作压力，能让班主任在笑声中忘却暂时的挫败感。

家人则是班主任最坚实的后盾，他们的理解和接纳为班主任提供了最温暖的避风港。无论班主任在学校中经历了怎样的困难，回到家中，那份熟悉的温馨和关爱总能让他们感到安心。家人的支持不仅仅是物质上的，更重要的是精神上的，他们理解班主任在工作上的付出，鼓励班主任从工作的挫败中站起来，继续前行。家中一顿丰盛晚餐、一次深情的拥抱，或是一句简简单单的"辛苦了"，都能让班主任感受到慰藉与支持，重获对工作的力量与热情。

在家人和朋友的陪伴下，班主任可以安心放松地分享那些在工作场所中难以表露的脆弱和困惑。他们会倾听班主任的困扰，给出温暖的建议，甚至只是在班主任需要时默默陪伴。这些情感上的支持，有利于班主任释放心理压力，调整心态，从一个更健康的角度看待工作的挑战。

朋友与家人还为班主任提供了生活中的平衡，正是他们的存在提醒了班主任，生活不仅仅是工作，还有个人的爱好、休闲活动和家庭生活。在朋友的邀请下，班主任可以参与运动、旅行，或者是参加一些兴趣小组，这些活动能帮助班主任暂时离开教育的高压环境，让疲惫的身心得以恢复。而与家人共度的时光，如一起看电影、烹饪或者周末的户外活动，都能让班主任重新恢复对生活的真实感受，提醒班主任教育的最终目的是培养完整的人，而非一味追求学业成绩。

在面对挫败感时，班主任不应忽视身边亲友的力量。朋友和家人的情感支持如同一道屏障，保护班主任免受挫败感的侵蚀，让班主任在教育的道路上更加坚定。通过与亲友的交流，班主任不仅能获得情绪的释放，还能在他们的理解和鼓励中找到前行的动力，继续在教育的道路上完成使命。在朋友和家人的陪伴下，班主任逐渐把挫败转化为自我提升的契机，持续在教育的道路上破浪前行。

（四）专业人士的指导：心理咨询与专业培训

班主任在教育的道路上，犹如航海的船长，他们的决策和行动直接影响着船只的行驶方向。然而，面对汹涌的教育浪潮，船长也需要导航员的指引。专业人士的指导，尤其是心理咨询和专业发展课程，就像是为班主任配备了先进的航海仪器，帮助他们在挫败感的迷雾中找到清晰的方向。

心理咨询在班主任应对挫败感的过程中扮演着关键角色。当班主任在教学或管理中遭遇困难，感到力不从心时，心理咨询师可以提供专业的心理支持。心理咨询师通过倾听、理解班主任的困扰，帮助他们识别和接纳自己的情绪，学习如何调整心态，以便更好地应对压力。通过个体咨询或工作坊的形式，班主任都可以学习到实用的情绪管理技巧，如深呼吸、冥想，甚至是认知行为疗法，这些都能帮助他们处理挫败感，增强心理韧性。

专业发展课程则为班主任提供了系统性的理论和实践知识，使他们具备更科学的教育理念和策略。课程内容可能包括教育心理学、学生行为管理、课程设计与评估等，这些都能帮助班主任理解学生的行为模式，提高教学技巧，进而减少因误解或无效策略导致的挫败感。通过定期参加专业研讨会或在线课程，班主任能够跟上教育的最新趋势，学习其他优秀教师的成功案例，为自己的工作带来新的启示。

心理咨询和专业培训还能为班主任提供安全的环境，让他们有机会坦诚地讨论自己的困惑和挫折，而不必担心被评价或误解。这样的环境鼓励班主任反思自己的教育理念和实践，促使他们不断提升自我，更新教育观念。

专业人士的指导，无论是心理咨询还是专业培训，都能为班主任提供必要的工具和资源，帮助他们从专业角度理解挫败感，学会更有效地管理压力。这些支持让班主任有机会从挫败中学习，不再将其视为威胁，而是将其看作是个人成长和专业发展的机会。经过专业人士的引导，班主任不仅能提高自身的心理调适能力，也能提升教学质量，为学生的成长提供更有力的引导。

专业人士的指导是班主任应对挫败感的重要途径，它为班主任提供了一个认识自己、调整心态、提升专业素养的平台。通过心理咨询和专业发展课程，班主任不仅能学会如何处理日常的教育挑战，也会在遇到困难时保持冷静，勇敢地面对每一次挫败，最终在教育的航程中更加自信地掌舵前行。

（五）自我照顾与持续学习：走出挫败感的个人策略

班主任的角色是教育的践行者与心灵的引导者，然而在面对教育过程中层出不穷的挑战时，他们也难免会遭遇挫败感。在这样的情况下，自我照顾与持续学习成为班主任走出挫败感的关键个人策略。这些策略帮助班主任保持身心健康，不断更新教育理念，以更强大的姿态迎接教育的每一天。

自我照顾是班主任应对挫败感的基石。在日常工作中，班主任常常为学生、家长和学校事务忙碌奔波，往往忽视了自己的身心健康。因此，他们需要学会在忙碌中抽出时间，进行必要的自我照顾。这可以是简单的日常锻炼，如散步、瑜伽，以维持身体健康；也可以是定期的阅读、冥想，以滋养心灵。此外，保持良好的饮食习惯、充足的睡眠和适当的休闲活动，都是必不可少的自我照顾方式。通过这些日常的自我照顾，班主任可以缓解因工作压力而产生的紧张和疲劳，保持心境平和，更好地应对挫败感。

持续学习是班主任增强教育效能的重要手段。教育是一个不断演进的领域，新的理论、方法和技术不断涌现。班主任需要保持对新知识的渴望，通过参加专业培训、研讨会或阅读专业书籍，不断更新教育理念，学习更有效的教学策略。这不仅能帮助班主任应对教学上的挑战，还能提升他们的教学能力，从而增强应对挫败感的自信心。同时，学习也可以是一种放松方式，通过学习新知识，班主任可以暂时从日常工作的压力中抽离，找到内心的平静。

持续学习还包括反思和自我评估。班主任应该养成定期回顾自己的工作和教育决策的习惯，思考哪些方法有效、哪些方法需要改进。通过反思，班主任可以更好地理解自己的教学方式和学生的反应，从而调整教学策略，减少挫败感的产生。同时，自我评估能帮助班主任识别自身的优点和不足，为个人成长设定明确的目标，这在应对挫败时尤为重要。

自我关怀是班主任在挫败感面前保持持久动力的秘诀。自我关怀并不仅仅是关心自己的身体健康，更是对内心需求的关注。班主任需要学会接受自己的不完美，理解自己在面对复杂的教育情境时的局限。班主任要有勇气承认自己的错误，从中学习，而不是陷入自我怀疑。此外，班主任还要学会在挫败感来临时，对自己说一句"我做得不错，只是需要改进"，这样的心态调整，可以帮助他们从挫败中迅速恢复，以更积极的态度面对新的挑战。

班主任在应对挫败感的过程中，通过自我照顾来保持身心健康，通过持续学习来增强教育能力，通过自我关怀来建立强大的心理韧性。这些策略并非一蹴而就，而是需要在日常工作中逐渐实践和调整。只有这样，班主任才能在教育的道路上更加从容，无论遇到多大的挫折，都能坚定地前行，始终以微笑面对，为学生的成长提供最有力的支持。

在教育的征程中，班主任并不孤单。通过建立强大的支持网络，班主任不仅可以找到应对挫败的有效策略，还能在困难时期找到理解和慰藉。记住，每一次挫败都是一个学习的机会，每一次求助都能向更强大的自我迈进一步。无论挫败感有多么强烈，只要我们勇敢寻求支持，它就无法阻挡我们前进的步伐。让我们携手共进，用支持和理解照亮教育的每一段旅程，共同创造更美好的教育未来。

四 专业辅导，助力探寻学习田

挫败感是我们生活中常见的情绪体验，对于班主任们来说，这种感觉尤为强烈。每一次学生的失利，每一个管理的难题，都可能带来深深的挫败感，甚至让人陷入自我怀疑。然而，关键在于如何看待和利用这种痛苦。它就如同一把双刃剑，既可以刺痛我们，也能激发我们内在的学习动力，推动我们去适应、去成长、去提升。

（一）学会调整期望值

面对挫败感的挑战，我们需要学会调整期望值，接受成长是一个不断试错和修正的过程。同时，理解社会比较的局限性，专注于个人的进步，而非与他人的直接比较。此外，培养坚韧的意志和积极的心态，将每一次挫败视为学习的机会，而非终结的信号。在挫败中，我们可以发现自身的不足，从而明确改进的方向，进而提升自我。

挫败感的挑战在于如何将痛苦转换为力量。当我们能够理解挫败感的来源，接受并拥抱它，它就不再仅仅是一种痛苦，而是一种推动我们前进的驱动力。因此，正视挫败，从中学习，是我们成长旅程中不可或缺的部分。

（二）调整看待挫败感的态度

痛苦的转化，是挫败感赋予我们最宝贵的馈赠。当我们直面挫败，那刻骨铭心的痛感并非毫无意义，那是生命中难得的催化剂，促使我们深入反思。正如一句古老的谚语所说："每一次的挫败都是通往成功的阶梯。"理解如何转化这种痛苦，是成长的必经之路。

我们需要调整看待痛苦的态度。痛苦并非要我们屈服，而是召唤我们从舒适区走出来，去探索和超越自我。当我们遭遇挫败，不应将其视为终点，而是把它看作起点，一个重新审视自我、更新认知的起点。通过痛苦，我们有机会认识到自身的局限，这正是自我提升的契机。不经历风雨，怎能见彩虹？痛苦让我们意识到，只有通过蜕变，才能从旧的自我中脱胎换骨，成长得更为强大。

挫败的痛苦可以激发我们的创新思维。困于逆境，往往会激发我们内在的求知欲和创造力，迫使我们寻找新的解决方案，打破旧有的思维模式。例如，一个科学家在实验中遭遇失败，他可能因此发现一种新的实验方法，或者揭示更深层次的科学原理。这种痛苦的转化，往往会带来意想不到的突破。

挫败的痛苦可以强化我们的同理心。亲身经历挫败后，我们更懂得理解和接纳他人，更能体谅他人的挣扎。这种同理心不仅有助于建立更深厚的人际关系，也使我们成为更有同理心的领导者或教育者，能够更有效地引导他人，激发他们的潜能。

挫败的痛苦可以锻炼我们的心理韧性。每一次从失败中站起来，都是一次心理的锻炼。我们学会了在压力和困难面前保持冷静，学会了从失败中吸取教训，不被其压垮。这种心理韧性，是我们在面临挑战时的盔甲，也是我们在人生道路上走得更远的基石。

痛苦的转化是一个过程，它需要时间、耐心，甚至一些痛苦的重复，但正是这个过程，让我们学会了如何在挫败中找到价值，如何从每一次倒下中站起来，走得更远。记住，没有痛苦就没有真正的成长。所以，当挫败感来临，不要逃避，而是勇敢地拥抱它，让它引领你走向更深层次的学习。痛苦是我们生命中无声的导师。

（三）将痛苦转化为学习的机会和成长的动力

班主任，作为学生们日常学习和生活的重要引导者，他们的态度和行动会对学生产生深远的影响。当班主任面对挫败时，他们的应对方式无疑为学生们提供了一个宝贵的现实模板，展示了如何将痛苦转化为学习的机会和成长的动力。

班主任们应该以开放的心态接纳挫败，将其视为成长的必经阶段。他们可以分享自己的挫败经历，让学生明白每个人都会遇到困难，关键在于如何对待和处理这些困难。通过真实的故事，学生们能够感同身受，理解挫败感并非只有负面影响，也是通向成功与成熟的一扇门。

班主任们需要展现面对挫败时积极应对的策略。他们可以展示如何分析失败的原因，从中吸取教训，为下一次尝试做好准备。例如，当班级的集体活动没有达到预期效果，班主任可以与学生们一起讨论失败的原因，然后共同制订改进措施，引导学生将挫败转化为改进的动力。

再者，班主任们可以通过自身的挫败经历，教育学生如何调整期望，接纳自己的不完美。他们可以告诉学生，每个人都有自己的优点和不足，重要的是学会欣赏自己的优点，同时不断努力提升自己的不足。通过这样的教育，学生们能够建立起健康的人生观，明白挫败并不代表失败，而是提醒我们仍需努力的信号。

更重要的是，班主任要以身作则，展示如何在挫败中保持坚韧不拔的精神。他们可以与学生们分享自己如何在面对挫折时保持乐观，如何通过持续学习和改进来克服困难。这种坚韧的品质，将潜移默化地影响学生，使他们学会在面对困难时保持积极的态度，不轻易放弃。

班主任还可以借助挫败的时刻，培养学生的同理心。当学生遭遇挫败时，班主任需要提供支持，同时引导他们去理解别人的困难，通过共情来促进团队凝聚力，帮助学生们在挫折中学会互相扶持、共同成长。

在班主任的启示下，学生们将逐渐理解挫败并非终点，而是通向更深层次的学习的起点。他们将从班主任的行动中学习到如何在挫败中寻找机会，如何将痛苦转化为动力，从而更加从容面对生活中的挑战。班主任的示范作用，就像一座灯塔，照亮了学生们在挫败中学习和成长的道路，引导他们走向更广阔的自我。

（四）多角度学习

在挫败感的推动下，我们能够学会从多个角度学习，从而更全面地理解自我，挖掘潜在的成长机会。这种多角度学习不仅包括对知识的深入探究，还包括对自我认知的提升，以及对人际交往和情绪管理能力的锻炼。理解挫败感的多种面向，有助于我们更好地应对挑战，将困境转化为成长的跳板。

从知识的角度，挫败感促使我们反思学习方法和策略，从而找到更适合自己的学习路径。当我们遇到困难，比如解不开的难题或者理解不了的概念，挫败感会驱使我们去探索新的解题思路，或者寻找额外的学习资源。例如，如果一个学生在数学考试中表现不佳，他可能会意识到需要改变学习方法，如增加练习量、寻求辅导，或者采用不同的学习工具。这些调整能够将挫败感转化为改进学习的推动力，帮助我们提升知识技能。

从自我认知的角度，挫败感让我们更深入地了解自己的优点和不足。当我们遭遇挫败，它就像一面镜子，反映出可能被我们所忽视的现实。比如，一个在团队项目中遭遇失败的学生，可能会意识到自己的沟通能力需要加强。这种自我认知的提升，有助于我们设定更实际的目标，以及做出更有针对性的努力，从而在未来的挑战中更有可能取得成功。

再者，挫败感为我们提供了人际交往和情绪管理的实践机会。在面对困难时，我们需要与他人合作，共同解决问题，这将锻炼我们的团队协作能力和人际沟通技巧。同时，挫败感带来的负面情绪，如失落、焦虑等，也是我们学习情绪管理的重要契机。通过学习如何恰当处理这些情绪，我们可以更好地控制自己，保持冷静，从而在面对未来挫败时更加从容。

挫败感可以促进我们的人生观和价值观的形成。当我们经历失败，我们可能会重新审视自我价值观，或者改变对生活的看法。这可能意味着我们更加珍视努力的过程，而非仅仅关注结果，或者认识到成功与失败并不是衡量人生价值的唯一标准。这种对生活的深入理解，有助于我们建立更健康、更全面的人生观，使我们在未来的道路上更加坚定，更能应对各种挑战。

多角度学习的过程是一个自我更新和深化理解的过程。通过学习如何从挫败感中提取有价值的信息，班主任能够更全面地提升自我，将挫败感转化为职业成长的宝贵资源。每一次挫败都是一次深入学习的机会，它让班主任更深入地了解自己的角色和工作，提升学习和工作能力，塑造更强大的内心。因此，挫败感不再仅仅是痛苦，而是通向更全面成长的途径。

（五）成长的旅程

在生活的旅程中，挫败感就像是一个苛刻的导师，它以痛苦的形式提醒我们：成长，从来不会轻松。在挫败感的推动下，我们踏上了一段充满挑战的学习旅程，在这段旅程中，我们从痛苦中汲取养分，从失败中提炼智慧，逐步塑造更完善的自我。

在成长的旅程中，挫败感首先教会我们审视自我。它迫使我们跳出舒适区，重新审视自己的信念、价值观和能力。每当我们遭遇挫折，都是一次对自我认知的深度挖掘。我们开始质疑那些曾经看似有力的假设，发现自己的盲点，从而有机会修正方向，找到更适合自己发展的道路。正如陈吉宁校长在清华大学开学典礼上的忠告，"大学迎接你们的不仅有梦想、荣誉、激情和浪漫，大学生活更重要的是经历挫折、经历失败。""挫败感是走向虚空沉沦或者迎接成功希望的分水岭。经历挫败，从挫败中学习，是一个人成长成熟的必经之路……"

挫败感推动我们超越自我。它让我们明白，每一次失败都是一次尝试，每一次倒下都是为了再次站起。在挫败的阴影下，我们学会了坚韧，学会了在压力下保持冷静，学会了从失败中吸取教训。我们开始懂得，成长并非一帆风顺，而是不断经历起伏跌宕，从每一次挫败中找到新的力量。比如贝多芬在失聪的痛苦中，创作出了不朽的旋律，诺贝尔在实验的无数次失败中，最终点燃了科学的火种。

再者，挫败感也拓展了我们的视野。当我们不再仅仅关注个人的得失，而是学会站在他人的角度去理解挫败，同理心油然而生。这种共情能力让我们更懂得关心他人，更能够理解他人在挫折中的挣扎，从而在人际交往中建立更深的连接。同时，对于挫败的共情，也使我们成为更富有同情心和理解力的教育者，能够引导他人从失败中汲取力量，共同成长。

在挫败感的推动下，我们学会了多角度思考，挖掘问题的根源，而非仅仅停留在表面现象。我们不再期待成功一蹴而就，而是愿意接受失败，珍视挫败给我们带来的教训与经验。每一次挫败都是一次重新审视问题的机会，使我们能够从不同角度去探索解决方案，从而提升我们的适应能力和创新思维。

挫败感锤炼了我们的心理韧性。在一次次的挫败与挑战中，我们学会如何在压力下坚持，如何将负面情绪转化为前进的动力。这种韧性，如同经历了风雨洗礼的树林，更能抵挡未来的风暴。它让我们明白，痛苦和挫败并不是终点，而是通向更强大的内心的必经之路。

成长的旅程，注定充满挫折与挑战，正是这些挫败感，让我们在痛苦中找到了成长的种子，用每一次挫败滋养着我们的心灵，塑造出更坚韧、更包容、更智慧的自我。所以，让我们拥抱挫败，那是生活给予我们最宝贵的馈赠，是我们成长的旅程中不可或缺的向导。在挫败感的推动下，我们能够从多角度学习，不断进化，最终成为更好的自己。

让我们拥抱挫败，视其为通向卓越的阶梯。每一次挫败都是一个宝贵的机会，让我们更深入地理解学生，更有效地改进教育方法，更坚定地追求专业成长。班主任的角色本身就要求我们有坚韧的内心和不断学习的勇气，挫败感正是这份勇气的试金石。只有经过挫败的历练，我们才能磨砺出更强大的教育智慧，更好地引导学生成长，实现自我价值与教育理想的双重提升。

五 角色重塑，自我成长新篇章

班主任的角色如同花园里的园丁，照料着每一株逐渐成长的幼苗。然而，即使是经验丰富的园丁，也难免会在风雨中遇到棘手的问题，甚至感到无从下手。挫败感，这种看似负面的情绪，对于班主任来说，却可能是一次宝贵的成长机遇。它不仅是对班主任现有教育理念和方法的挑战，更是驱动班主任自我提升的催化剂。

（一）挫败感的启示

挫败感的出现，就像生活中的警报，提示班主任需要停下来，回望自己的教育实践，从中寻找可能存在的问题。这并不是说班主任的教育理念或技能一无是处，而是意味着需要进行反思，探索更有效的方法。这种自我反思的过程，能帮助班主任从不同角度审视教育问题，挖掘潜在的解决之道。

在挫败感的启示下，班主任可以通过以下步骤来进行自我角色的重塑：

1. 承认感受

首先，班主任需要接受挫败感的存在，而不是逃避或否认。认识到自己在教育实践中的挑战，是成长的第一步。

2. 深究原因

班主任需要深入分析挫败感的来源，是对学生个体理解不足？还是教学方法的局限？或是与家长沟通的技巧问题？明确问题的根源，才能有针对性地进行改进。

3. 学习借鉴

班主任可以向同行请教，分享经验，寻找创新的教育策略。同时，班主任也可以阅读教育理论和教育心理学书籍，获取新的教育理念，丰富自己的教育"工具箱"。

4. 实践调整

将所学知识应用到实际教学中，不断尝试新的教育方法，观察效果，根据反馈进行调整。教育是一个实践性极强的过程，不断的实践和反馈是教师进步的关键。

5. **自我激励**

面对挫败，保持正面的心态至关重要。班主任需要提醒自己，挫败是成长的一部分，每一次失败都是向成功迈进的一步。

通过这样的过程，班主任不仅能克服眼前的困难，还能实现角色的升华，从一个面临挑战的教育者，转变为一个善于反思、勇于创新的教育实践者；同样，挫败感，从一种看似消极的体验，转变为推动班主任自我成长的强大动力，让他们的教育之路更加宽广。

（二）角色认知的转变

班主任的角色认知，常常在日常的教育教学工作中固化，形成一种习惯性的行为模式。然而，当挫败感悄然袭来，挑战着这些习以为常的教学策略和教育方法时，班主任开始反思自己的角色定位，从新的角度认识自己在学生教育中的作用。这种转变不仅仅是对自身职责的理解加深，更是一次对教育本质的重新认识。

从"管理者"转变为"引导者"。在挫败感的冲击下，班主任可能会意识到，传统的管理模式已经不能完全适应学生个性化的需要。他们开始尝试从严格管控转向引导学生自我管理，鼓励学生自主学习，培养他们的批判性思维和解决问题的能力。这样的角色转变，让班主任不再是课堂的"铁腕"，而是成为引导学生探索知识、发现自我价值的伙伴。

从"知识传授者"转变为"学习伙伴"。在面对教学效果不理想时，班主任可能开始反思自己是否过于重视知识的灌输，而忽视了与学生的互动与合作。他们开始意识到，自己应该是学生学习过程中的参与者和合作者，重在激发学生的学习兴趣，引导学生主动学习，而不是一味地将知识塞进学生的脑海。这种角色调整，让班主任更贴近学生，成为学生学习成长旅程中的同行者。

从"问题解决者"转变为"问题发现者"。挫败感常常源于班主任试图解决所有学生的问题，而忽视了培养学生独立思考和解决问题的能力。角色认知的转变让班主任学会放手，鼓励学生面对挑战，培养学生的抗挫能力。作为教育者，班主任越来越看重培养学生面对问题、分析问题和解决问题的能力，而非单方面地提供解决方案。

在情感管理上，班主任经历了从"权威者"到"同理心的传递者"的角色转变。挫败感可能源于和家长沟通困难，班主任开始意识到，与家长建立基于理解和尊重的沟通桥梁十分重要。班主任不再只是单方面传达信息，而是倾听家长的关切，理解家长对孩子的期望，共同为学生的成长制定策略。这种转变让班主任在处理家校关系时，更加关注情感的交流和共鸣，而非简单地传达指令。

这种角色认知的转变，并非一蹴而就，而是一个渐进的过程。它源于对挫败感的深刻理解，对自我局限的清醒认识，以及对教育真谛的不断探索。班主任在挫败的阵痛中，愈发明确自己的教育使命，从一个被动应对问题的角色，转变为一个主动引导学生、促进学生全面发展的教育者。这种转变，让班主任的角色更加立体，也让他们在教育的道路上更加坚定和自信。

（三）教学策略的创新

班主任在面临教学中的挫败感时，往往发现传统的教学策略不再适应变化的学生需求。这时，他们开始意识到创新教学方法的重要性，通过实践和学习，采用多元化的教学手段，提高教育成效。教学策略的创新不仅能够为班主任解决眼前的问题，更能成为激发学生成长的内在动力，为学生未来的学习打下坚实的基础。

班主任可以尝试以学生为中心的教学模式。在传统的教学中，老师往往是信息的传递者，而在当代教育中，班主任逐渐转变为引导者和协助者。他们鼓励学生主动探索知识，通过小组讨论、项目式学习等方式，让学生在互动中学习，提高合作和解决问题的能力。这种模式不仅有助于培养学生的批判性思维，还能增强他们的自我学习能力。

班主任可以利用科技手段增强教学的趣味性和互动性。比如，使用电子白板、互动软件或是在线教育资源，将枯燥的知识点转化为生动的互动游戏或情境模拟，让课堂变得更加活泼，让学习过程充满乐趣，从而提高学生的学习积极性。同时，这些科技工具也能帮助班主任更好地跟踪学生的进度，及时调整教学策略。

再者，班主任可以引入个性化教学，关注每个学生的独特需求和兴趣。他们可以根据学生的兴趣和学习风格来定制教学内容，设计个性化的学习路径，确保每个学生都能在自己感兴趣的领域深入学习，这不仅能够提高学习效率，还能培养学生的自信心和对学习的热爱。

在创新教学策略的过程中，班主任也需要注意与家长的沟通，让他们了解并支持这些新方法。通过家长会、电子邮件或家长微信群等方式，分享教育理念的转变，解释新教学策略的实施过程和预期效果，构建家校教育的共识，共同为学生的成长助力。

班主任要持续学习，跟踪教育界的最新动态，参加专业发展活动，如研讨会、工作坊，与同行交流经验，不断更新自己的教育"工具箱"。通过不断的知识更新和技能提升，班主任能够更好地应对教学中的挑战，保持与时俱进，为学生提供最优质的教育。

教学策略的创新是班主任角色重塑的关键环节，它反映了一个教育者的开放心态和对教育的深深热忱。通过这种创新，班主任不仅能够提高自己的教学效果，也能引领学生探索更广阔的知识世界，为他们的未来发展奠定坚实的基础。在挫败感的驱使下，班主任的角色正在逐步从传统的知识传授者，转变为一个善于创新、富有创意的教育实践者，以适应不断变化的教育环境和学生的需求。

（四）情感管理与沟通艺术

班主任在教育生涯中，面对各种挑战和挫败，常常需要具备强大的情感管理能力，以维持积极的教学态度，同时建立有效的沟通渠道，与学生、家长形成良好的互动。在挫败感的推动下，班主任的角色重塑也体现在情感管理与沟通艺术的提升上。

班主任需要学会自我调适，将挫败感转化为成长的动力。遇到困难时，他们可以试着将情绪与思考分离，不让负面情绪影响教学决策。通过深呼吸、冥想、运动等方式，释放压力，保持心理平衡。同时，他们可以寻找情绪的出口，向同事倾诉或向专业的心理咨询师寻求帮助，以获得情感支持。

班主任需要强化情绪理解能力，识别并接纳学生的情绪。在挫败感下，教师可能发现原有的行为管理方法不再奏效，此时，他们需要学会理解并接纳学生的各种情绪反应，认识到情绪是人类的自然反应，并非需要压制的威胁。通过观察、询问、倾听，班主任可以了解学生的内心世界，从而更好地引导他们处理情绪，培养健全的情感表达和管理能力。

沟通艺术是班主任情感管理的关键。在挫败感的冲击下，班主任可能意识到与家长的沟通需要掌握更有效的技巧。例如，采用以"我"为主体来表达亲身感受，寻求理解和共鸣，而不是指责，这有助于建立互信的家校沟通氛围。同时，班主任要倾听家长的担忧和期待，给予理解和尊重，而不是单方面传递信息。通过定期的家长会、个别访谈或是建立家长微信群，班主任可以与家长保持持续的联系，与他们共建教育共识。

　　班主任还要注重非语言沟通，如肢体语言、面部表情和眼神交流等。这些无声的信号可以传递信任、关心和接纳的情绪，对于建立和谐的师生关系和家校关系至关重要。在与学生交流时，班主任需要展示耐心和同情，让学生感受到被理解和支持，从而增强他们的自尊和归属感。

　　班主任可以在挫败感中学习将情感智慧融入教学中。可以通过设计情感教育活动，如情绪日记、情绪角色扮演等，帮助学生识别和表达不同的情绪，引导他们学会处理与同伴、教师和家长之间的情感冲突。在课堂上，班主任可以利用情境模拟，让学生体验和讨论情感，培养他们的情商，这对他们的终身发展有着深远影响。

　　在情感管理与沟通艺术的提升过程中，班主任逐渐成为学生情绪健康的守护者、家长信任的合作伙伴。他们将挫败感转化为提升自我、服务他人的动力，通过情感的微妙平衡和有效的沟通，班主任不仅重塑了自我成长的路径，也为学生们铺架了一条通向成熟与理解的桥梁。在教育的道路上，班主任以理解和尊重为基础，以沟通为桥梁，将挫败感转化为促进学生与家长情感连结的催化剂。

（五）持续学习与专业成长

　　班主任在教育的道路上，如同在知识的海洋中航行，需要不断提升自身的导航技能，以应对不断变化的海洋环境。挫败感犹如海上的风暴，尽管猛烈，却也带来了新知的种子，促使班主任在反思中寻求专业成长。持续学习，是班主任角色重塑的重要一环，它不同于学校教育中的学习，这是一种更深层次、更具有针对性的自我更新。

　　正如科学家从失败的实验中提炼出新的理论，班主任可以从教学的挫败中发现自己的知识盲点或技能短板。通过反思，他们可以更清晰地认识到在教育理念、教学方法或沟通技巧上的不足，从而为自我提升提供明确的导向。

班主任应积极参与专业发展活动，如参加教育研讨会、工作坊或在线课程，持续更新教育理论知识，学习最新的教学方法。这些活动不仅提供了宝贵的学习资源，还为班主任提供了交流和分享经验的平台，帮助他们借鉴他人的成功经验，避免重复他人曾经的挫败。

同时，班主任要紧跟教育研究的前沿动态，养成阅读教育类书籍和研究文献的习惯。这些阅读材料能够提供新的教育视角，启发班主任思考如何改进现有的教学策略，以满足学生多样的学习需求。

在日常工作中，班主任可以将课堂视为实验室，学生则是研究的主体，通过实践来检验新的教育理念是否有效，再根据反馈进行调整，使得教学方法更加符合实际，更有针对性。

班主任还可以通过集体备课、教学观摩和互助小组等方式，与同行分享彼此的经验和教训，共同探讨应对挫败的策略。这种互动不仅能提升个人的专业素养，也能增强团队凝聚力，形成互助学习的教育氛围。

班主任应当建立自我评估和反思的机制，定期对自己的教学效果进行评估，明确自己的成长方向。他们可以邀请同事、专家或家长参与反馈，从不同的角度了解自己的教学优劣，以便更有针对性地进行改进。

通过持续学习和专业成长，将挫败感转化为自我提升的燃料，班主任从失败中汲取养分，可以丰富自己的教育智慧。在班主任角色重塑的过程中，他们不再是仅凭经验和直觉教学的教育者，而成为善于学习、敢于创新的教育实践者，他们的教育之路因此更加宽广，他们的教育实践因此更加富有成效。

面对挫败，班主任的角色重塑并不仅仅是为了个人的成长，更是为了更好地引导学生。他们需要学会从挫败中汲取力量，调整教学策略，增强与学生沟通的能力，以期在新的角色定位中，更好地履行教育者的职责。挫败感并非终点，而是通向更高层次的教育智慧的起点。让我们在挫败感的驱动下，一同进行角色重塑，开启自我成长的新篇章，为教育事业注入更多热情与智慧。

　　年轻班主任，有的是精力，就要学会规划。年轻班主任，有的是活力，就要学会行动。年轻班主任，有的是实力，就要学会创新。亲爱的年轻班主任们，我们在专业成长路上，只要正确面对痛点，精准找到破点，智慧创新亮点，就会是一位精力充沛、活力无限、实力雄厚的班主任，你就会是一位懂规划、肯行动、悦创新的班主任，你就会是一个兼具人格魅力和学术魅力的班主任。

第四章
实际案例话挫败

今天，我们集结全国各地40名班主任，他们之中有初出茅庐的年轻班主任，有经验丰富的成长型班主任，也有功成名就的名班主任。听他们讲述自己在担任班主任的职业历程中所遇到过的触动心灵的苦恼、困境、挫折……，听他们讲述一段段曲折的故事、痛彻心扉的教训，听他们讲述做班主任时的所思所想、所作所为，以期为班主任的成长带来行动上和心灵上的启发。

一　理想现实差距，情绪挫败显无疑

允许自己是孩子

从小到大，我一直是一个很自信的人。这份自信来源于父母一直以来对我的肯定、鼓励，来源于每个成长阶段都有幸得到别人的欣赏、喜欢，也来源于我对自己的追求所付出的努力，当然更重要的是来源于我的幸运——我所追求的事总有回报和结果。所有的因素加起来，让我觉得只要自己下定决心，就没有什么事情是做不好的，我可以所向披靡。带着这份自信，我走向了教师这条路，我以为凭自己的能力可以成为一个成功的老师，甚至觉得教师对我来说不只是一份工作，而是让我大放光彩的事业，所以我憧憬、兴奋、期待。但是，我从来没有想到，刚入职的我根本无法达到我所认为的"成功"老师的标准——"学生喜欢、课堂出色、管理得当、同事佩服"，因此我经历了一段漫长的内心挣扎和煎熬。

彩色泡沫

我带着期待和自信为新工作做着各种准备，一边想着该怎样让孩子们更喜欢我，一边想着该怎样把他们管得服服帖帖。我看了很多有关班级管理的文章，跟有经验的教师聊了几次天、取了一些经。于是，我自信地觉得自己应该可以轻轻松松把这些小孩子拿捏住，也可以轻轻松松成为一个受孩子们喜爱的老师。

开学第一天，我起了个大早，专门为迎接新生化了精致的妆，穿了漂亮的旗袍。我故作镇定地坐在校门口等着迎新仪式，脑袋却忍不住翘起来向门外看去——可是校门外的学生不是我想象中排成队安静站着的样子，而是叽叽喳喳聚成一团，像是集市上成群待售的小鸡。还没等我细想，规定的时间一到，孩子们一窝蜂地跑进来，到了迎新桌子前又突然停住了脚步，仔细打量到底哪个位置才是自己的班级。看着他们虎头虎脑的样子，我忍俊不禁，于是温柔又有耐心地引导每一个走错的小朋友找到自己的班级。我看着这些稚嫩的小朋友天真地问我各种问题，在我回答完他们的问题之后，又奶声奶气地跟我说"谢谢老师"，甚至还有几个大胆的小朋友围到我身边说"老师你好像公主"，我感觉心都快化了。"当老师可真美好啊！"我心里想，嘴上也乐开了花。

现在回想起开学第一天，我忍不住嘲笑自己的天真，但是当时我正沉浸在期待和兴奋中，眼里看到的都是彩色的泡沫。

黑暗时刻

事实证明，开学之初我所看到的确实是彩色的泡沫，从孩子们参加完迎新仪式进入教室的那一刻起，那些泡沫每天都在以飞快的速度破裂，我开始逐渐看到彩色泡沫下荒凉无助的世界。

我想过教学管理可能会有很多困难。比如，我在课堂上讲的知识有的同学听不懂，有些没有自制力的小朋友会不完成作业，同学之间可能会闹矛盾甚至起冲突，这些我都设想过，也做好了心理准备。可是，没想到开学之后，真正让我头疼的是，居然还有同学会上着课就莫名其妙站起来，还有同学把鞋脱下来。一开始看到这些，我还觉得好笑，一遍又一遍耐心地提醒，"上着课不要随便站起来""上课可不能随便脱鞋哦""不要盘腿，对你们发育不好啊""我说话的时候，小嘴巴要闭严"。这些话我每天都在班上重复，可是在一次次叮嘱教导无果后，我从一开始的温柔耐心逐渐变得不耐烦。在各种旧问题还没解决又出了新问题的时候，我反复建立的信心和权威会轰然崩塌，我的不耐烦甚至发展成大喊大叫，一开始的轻言细语变成了"说了多少次了，不要随便站起来""为什么又把鞋子脱下来了""能不能在我说话的时候保持安静"。每当我很生气地训斥他们的时候，孩子们有的放下手里一直在玩的橡皮，迷茫地看着我，不知道发生了什么；有的瞪着眼睛面无表情地看着我，像是没有感情、没有思维的幼兽；有的像被吓到的小鹿，眼睛里都是恐惧。刚开学时围着我说我像公主的那几个小朋友，后来在走廊里遇见我都低着头绕过去。

每当发怒之后，我都会感到极其沮丧，一是我觉得自己除了无能狂怒好像并不知道该怎么做，二是我变成了自己不喜欢的样子。除此之外，那段时间我手上还有非常多棘手的琐事，我时常觉得自己不被学生喜欢、不被家长信任、不被领导看好。由于短时间内高强度的用嗓和工作，我的嗓子隔几天就会发一次炎，身体隔几天就会生一次病，常年健身、早睡早起的我好像那段时间中了什么奇怪的魔咒。我还记得在一次和家长掰扯完关于座位安排的事情之后，身心俱疲的我终于情绪爆发了，躲在校园里一个安静的角落哭着给父亲打了电话："我不想干了，我可能不太适合当老师，干不好。"

那段时间，在情绪的消耗和身体的折磨下，一向骄傲自信的我陷入了无限的沮丧、迷茫和自我怀疑之中。关于工作的一切仿佛都是黑色的，我在黑暗里徘徊，不知道该往哪里走。人都有自我保护机制，我记得在那段黑暗的时间里，连续几天我曾有过"当一天和尚撞一天钟"的想法，我不停地告诉自己这只是一份工作、一份糊口的营生而已，为什么非要做得那么好呢，努力做完就可以了。我就在这种想法中获得了短暂的轻松，对于家长反馈给我的各种问题，我不再耐心地解释、回复；对于学生调皮捣蛋、违反纪律，我会在怒气上来之后马上提醒自己注意身体，于是轻飘飘地提醒过后不再理会；对于学校安排的各种杂事，我也不再费心琢磨，而是草草了事。轻松吗？很轻松。开心吗？不开心。

当初的信念

在一个百无聊赖的下午，我无所事事地打开手机翻看曾经的QQ空间，我突然看到自己在2020年发的一条说说，文案是"有幸能为师"，配图是一个老师发给我的一句话："骆老师，您给他的信，他一直留着，视作珍宝。"这位老师是我参加支教活动时教过的一个小男孩的课外补习老师。2017年，我曾参加大学支教活动，去到一个村庄，担任短期支教老师。那里的孩子都是留守儿童，每次上课做小组活动时，总有一个小男孩特别不合群，与其说他不合群，还不如说他是被孤立了。因为每次分组的时候，其他小朋友仿佛有一种默契一样，会整齐划一地提出不要和他一组，我问原因，他们就回答："连老师都不喜欢他呢，而且他连老师都敢骂。"每次别人这样说，还没等我说什么，那个小男孩都会气势汹汹地冲他们大叫："你们以为我想和你们一组吗？"于是，为了防止冲突和矛盾，我们几个支教老师都会安排他自己一组。但是在后来的手工课上，我发现这个小男孩很聪明，动手能力极强，别人用一节课才能拼出来的东西他几分钟就摆好了，别人左思右想回答不出来的问题他能马上反应过来。我对于他的才华和动手能力都感到吃惊。支教活动周期非常短，我一直想找机会跟他聊一聊，但最后因故被耽搁了，于是我只好给他写了一封信，那封信具体写的是什么内容由于时间久远我已经记不清了，大概无外乎鼓励和劝勉吧，依稀记得告诉了他让自己强大的方法，而不是让自己像刺猬一样跟别人抗衡，通过努力让自己变得更优秀，让别人刮目相看。可惜最后一节课他没来，我只得托其他同学将那封信转交给他，除此之外，我还准备了一个盒子，里面装着给他的棒棒糖、文具，还有我本人的联系方式，嘱咐他有任何困惑都可以来找我。后来我并不知道那封信是否交到他手上了，也不知道他对我那封信会是什么态度，因为他从来没联系过我，这件事很快就被我淡忘了。

但是三年后也就是2020年，一位陌生人突然联系我，告诉我她是那个男孩的课外补习老师，因为她和孩子比较交心，所以那个男孩跟她说了这件事，并托她通过我留下的联系方式联系上我，转告我，他一直留着我的信，还让那位老师代为表示谢意，谢谢我当年的鼓励和关心，现在他学习已经有了起色，不再是差生了。收到这些信息的时候，我的内心充满惊讶和震撼，那是我第一次体会到教育的力量，也是第一次体会到一个老师对孩子的影响是多么大，也是通过这件事我决定要成为一名真正的教师。

就在那个平常得不能再平常的下午，我的信念好像突然被唤醒了，我恍惚间想起自己当初想成为一名教师的原因。我问自己："当初想走这条路只是因为这是一份可以糊口的营生吗？当初仅仅是立志做一名所谓的'成功'教师吗？"不是的，那时候的我，心中想的是温暖人、教育人、改变人、成就人。当时抱着如此抱负的我，如今却在琐事的折磨中自我否定、麻木度日、无所作为。当初我站在教育这条路之外，觉得教育神圣不可亵渎，如今我真的成为了一名教师，体会了教育的平凡琐碎，却全然忘了教育的神圣。教育的神圣寓于教育的平凡之中，把教育看得过分神圣会忽视它的平凡，远离教育的真实；把教育看得过分平凡又会忘记它的神圣，丢弃教育的使命。我想，那时候我正处于第二种状态中。

重新开始

那天下午，我坐在座位上想了很多，反思了很多。几个月高强度的工作任务和各种棘手琐事让我完全忘记当初想成为教师的理由，我急着去证明自己，我的出发点也是证明自己。当我无法取得预期的成果时，我变得沮丧；当我发现不知道该从哪里入手时，我开始迷茫。我曾经在自己的小圈子里披荆斩棘，各种荣誉、认可和赞扬从不间断，我觉得无论什么都应该干好，其实我最应该知道教育之路的漫长，这是一条以十年为单位的路，急不得。目前有太多问题处理不好，是常态，我应该静下心来了。

学生还是各种问题层出不穷，可是我发现真正涉及原则和底线的事几乎没有，真的有那么棘手吗？好像也没有。我以前是太着急了。我作为一年级的班主任，首先要保证学生们的生命安全，其次要教育学生有正确的三观，最后要培养学生良好的学习习惯，其实核心就是这最基本的三点，先把基本的做好，其他有几分力出几分力，静待花开。于是我真的沉下心来了，抱着从零开始的心态，我找来各种班级管理方面的专业书籍汲取营养，遇到问题不再焦虑而是虚心向各位老师请教。我开始蹲下来看学生，允许他们犯错。

当我真的允许孩子犯错，并用孩子的心态去和他们沟通时，好像很多问题都迎刃而解了。比如，孩子们总是改不了在走廊里奔跑的习惯，我天天说时时说仍然没有效果。那次距离午休还有两分钟，我让他们先去上厕所然后准备睡觉，不出意外肯定又是一次"大型跑步比赛"，为了防止孩子们一起上厕所跑撞发生意外，也为了让他们尽快回来抓紧午休，我跟小朋友们说："我们来做一个游戏，看看谁能不跑但以最快的速度上完厕所回到教室，挑战成功者会获得奖励橘子一个。"于是小朋友们都不想犯规，全都扭着屁股快走，看到那幅场景我笑得前仰后合，孩子们也乐在其中。有时候需要他们安静下来，静心阅读，我会说："接下来，我们一起来建造一个'无声教室'，看看我们到底能不能成功。"孩子们的胜负欲一上来，教室里果然鸦雀无声。有时候孩子们上课走神，我会说："这节课谁认真听，就能获得下课和我一起做游戏的奖励。"孩子们总觉得和老师一起做游戏是一件很酷的事情，于是都认真听课，积极回答。我下课会和他们一起做游戏，好像成了他们的"大朋友"。我也明白了严厉不是压制，规则也不一定是束缚。从那以后，孩子们在走廊里看见我，又会笑着跟我打招呼，还会在厕所跟其他班的小朋友炫耀："那是我们班的骆老师，好看吧，像公主。"我想，我应该在孩子们心里完成了从"巫婆"到"公主"的转变，我甚是欣慰。

当我允许自己是孩子的时候，我也能在各个角度理解他们，真正体会到什么是"提领而顿，百毛皆顺"。当班上的男孩子在外面的花坛里齐心协力打死一只螳螂并向我炫耀时，我没有批评也没有发怒，也没有给他们大讲爱护生命、爱护动物的道理，而是利用那天的道德和法治课，和他们玩了一个游戏。由男孩子们来扮演螳螂家族，教室是他们的家。女孩子们扮演强盗，可以冲进教室肆意烧杀抢夺。男孩子们可以躲，但是速度和力量都要降低和减弱。孩子们总是很容易入戏，我看见男孩子们逐渐变得慌张、无助，于是我及时叫停了游戏。我对那群男孩子说，对于你们打死的那只螳螂来说，你们就是冲进它们家园的强盗。如果它出现在教室或者你们的家里，吓到你们或者伤害到你们，你们把它打死，那是无可厚非的，因为自然界就是这样弱肉强食，人类就是比较强大，可以利用自己的力量保护自己。但是螳螂在花坛里，离我们的教室很远，你们一群人冲过去把它打死，那你们是什么呢？孩子们都沉默了，脸上也很严肃，我的目的达到了。后来教室里出现过一只小蜘蛛，男孩子们只是好奇地围着，激动地叫喊，不知道哪个小朋友说了一句"别大声叫了，吓到蜘蛛宝宝了"，于是他们又安静下来并给蜘蛛让出了一条路让它爬出教室。我在讲台上看着这一幕，再一次感受到教育的力量，孩子们内心是温暖柔软的，其中有一部分是因为我及时的指导而长成的，我感受到了一种成就感和使命感。

我一直都梦想并且在找寻方法成为一个伟大且成功的老师，但是经历了一年的工作，我发现在儿童的世界里，"伟大"不是大海而是溪流，在孩子们的眼里，老师的一份宽容和善待，一声同情和劝慰，便是伟大。我也曾经试图找到一种属于自己的教学风格，苦苦寻找试验无果，后来却发现老师心中的爱意和善意的自然流露，就是一种非常简洁的教学风格，一种令学生感动的教学艺术。身为一名年轻教师，不管之前有多少荣誉的赞美，当我们走上教师这条路时，应该允许自己只是蹒跚学步的孩童。一是应该蹲下来，用孩子的心态和眼光去看待世界，多一些理解和尊重；二是应该允许自己暂时做不好，也应该允许自己犯错，就像我们应该允许学生犯错一样，学生和我们都会长大，给彼此时间，静待花开。

行到水穷处，坐看云起时
——记我的班主任工作

2022年8月19日，我很荣幸地被安排担任高一班级的班主任。我深知高一对于学生来说是一个关键的学年，这关系到初高中的衔接问题。作为新任老师与新手班主任，我将要面临不少挑战。从迎接新生到组建班委，从军训的陪伴到班级的管理，许多成功的、感人的、令人欣喜的故事，在此我不赘述。回首2022年9月到2023年3月这段我当班主任的日子，接下来我想撷取几段主要的"苦闷"经历，作为总结。

一、学生校内失踪——紧急搜寻的下午

学校严格管理手机，有的孩子是不带手机上学的。周五放学时，经常有家长联系不上孩子的情况，于是我总会在校园和宿舍来回跑动，在学生群询问，寻找学生，最后确保学生安全回家。

最难忘的是在2022年12月下旬，新冠肺炎疫情逐渐严重，班里陆陆续续有学生发烧。一天中午，H同学发烧，在校医室测温39℃，需要等待家长来接他回家。我忙着上课，当下午5点家长到达学校门口联系我时，我才发现找不到H同学。我去校医室，校医说他应该是回宿舍了，可是宿舍、教室都没有他的身影。这时家长很着急，我一边安抚家长焦急的心情，一边发动同学们去找他。校园不大，班上的男生们兵分两路，四处搜寻。

"老师，他经常去五楼的机房，我去看看。"

"老师，他不在机房。"

"老师，他也不在操场。"

"老师，我在食堂没看到他。"

…………

他会不会在厕所里晕过去了？H同学平日非常腼腆安静，会不会有什么心事，躲起来了？会不会因为担心自己"阳"了，做出什么傻事？

这时，我真的慌了，我立马跑到德育处，请求领导进行校园广播，搜寻H同学。领导察觉我的惊慌，说："没事，现在的孩子不会想不开的。"但我仍旧十分担忧，就在领导准备联系老师广播时，我接到一个电话，班长借用其他老师的手机打给我说，他找到H同学了，就在校医室屏风后面的小床上睡着了，他睡了一下午，刚醒。

幸好！幸好！虚惊一场。我护送H同学收拾完东西到校门口，家长终于放心地接回去了。

这件事也让我反思班主任工作的危机意识。在此之前，我了解到其他年级有因为心理问题在校内失踪的学生，老师们到处寻找，结果发现学生躲在了报告厅的角落里。许多社会新闻也警醒我们，不能对学生在校园的安全问题掉以轻心。作为班主任，遇到这样的情况不可能不慌，但也不能乱了阵脚，更重要的是保持冷静、解决问题。

二、"红码事件"——疫情时期的考验

2022年10月24日晚11点，班上有学生的健康码被判为"红码"，因为周末的时候她和同学外出聚餐。当晚，学校要求学生家长来接孩子，但家长凌晨才能到达。我将学生的手机送到她所在的隔离宿舍，又将学生在教室的书本也搬到隔离宿舍，在办公室待到近凌晨1点，确认学生已安全到家。

10月25日上午，根据当时疫情防控政策，学校安排我们班全体学生居家健康监测，按年级要求，我马上紧急召开家长会，说明情况，并在学校领导与同事的协助下，将学生从宿舍转移至隔离教室，与其他班级学生错峰，安排午饭，等待家长们陆陆续续将孩子接回家。

一天后，那名学生的"红码"转为"绿码"，全体学生按要求返校。在我按学校要求给学生和家长发布返校通知后，学生群里出现了较为极端的言论。

"××，什么××学校，贱不贱啊。"一位学生发出这样的消息，两分钟内撤回了。

接着，许多学生接二连三发出消息：

"是呢，我最热爱学校了，感谢学校为防疫做出的巨大贡献。"

"感谢学校为防疫做出的巨大贡献。"

"守护最好的学校。"

随后是一连串阴阳怪气的刷屏信息。

在这之后，有学生跟我说，同学们都非常不满，一早醒来宿舍被隔离，不知道发生了什么事，大家极度恐慌，为什么学校不在前一夜通知？为什么在宿舍被隔离了一上午，早餐是残羹冷炙，一瓶水都不给我们？还有呆在隔离教室的那个中午，学校食堂将近下午1点才送上盒饭，事后还要收费，同学们还发朋友圈吐槽"三十一顿的牢饭"。学生们怨气很重，我也理解。

这次"红码"事件让我陷入焦虑，那一夜我彻夜未眠，我担心自己哪里做得不好。学生短时间内离校，又被要求返校，朝令夕改，反反复复，心中有不满，这也情有可原。不过，遇到困境，不但不能理解背后许多人的付出，反而立马在网络平台发泄不满，许多辛苦奔波的老师都还在微信群里，这未免有些不妥。我想，当我班上的学生对学校产生了极度抗拒的情绪后，他们很难拥有一个健康的心理状态与良好的学习状态。

虽然这件事造成了部分学生对疫情管理工作的不理解，但也恰好成为班级管理的契机。此后，我召开了"耐心"主题班会，动之以情，晓之以理，把事件中学校、老师们的付出都一一说明，学生们很受触动，那个最先在群里讲粗口的学生，也主动向我道歉，也有学生说，他不认同一部分同学的说话方式，他会尽自己的力量让班级团结。

这次事件让我意识到班级舆论给班主任带来的挑战不容小觑。

三、心有千千结——哭诉的学生

"老师，我不想来学校，我只要一来学校就想哭。"

"老师，没什么事，我就是很想哭。"

"老师……"话还没说完，学生就哭了起来。

"我家孩子今天打电话来，情绪低落还哭了，麻烦老师和他聊聊。"

"我家孩子不愿意去学校，怎么说都不听。"

以上内容来自不同的学生与家长。学生的心理问题，一直是我十分关注的，然而，打开学生的心扉不是一件容易的事。

为了更好地了解学生们的心理状况，我开始与他们进行深入的交流和心理辅导。在临近期末的阶段，学生的厌学情绪尤其严重。通过与学生们的谈话，我发现厌学的原因多种多样。有些学生感觉学习任务繁重，压力过大，导致他们对学习失去了兴趣；有些学生在学习中遇到了挫折和困难，产生了自卑和灰心的情绪；还有些学生对自己的未来规划感到迷茫和无助，不知道学习的意义和目标在哪里。

对此，我与他们一对一地谈心，曾经休学又复学的X同学，心里承受着巨大的压力；Z同学因为微信头像碰巧跟一个男同学的头像看起来像情侣头像，被同学们调侃得不敢来学校；F同学因为考试成绩不理想，难以面对和接受，一蹶不振……学生的心理问题源源不断，层出不穷，需要我持续关注。

四、你太温柔了——我该如何是好

在分班之际，我给学生们下发了一些彩色卡纸，让学生们写上一些感言，赠给各位科任老师，希望学生们在适应聚散离别之时，学会感恩，懂得珍视情感的意义。当我收到属于语文学科的卡纸时，在许多令我感动的留言中，看到了其中几句学生的话：

"老师，你太温柔了，甚至有的时候我都希望你再凶一点。"

"老师给我的感觉有时候不像是班主任，更像是一位学姐。"

似乎在这里，"温柔"并不是一句褒赏，而是对班主任形象的"不满"。

对此，我心情复杂，我并不想成为一个整天在班上大吼大叫、怒不可遏的班主任，也不想让学生们乃至家长们觉得自己没有管理班级的威严和魄力。我只能在两者间寻找平衡。

五、路途坎坷——身心俱疲的困境

作为一名高中班主任，我无法回避工作的辛苦，每天都在不同的挑战和任务中度过。

早晨，当闹钟响起，天还未亮，我就开始了新一天的工作准备。到班检查，作为语文老师，每天都有早读课，如果赶上第一二节课，可能还没有时间吃早餐或吃不下早餐。在无课时，我也要整理课堂教学材料和备课，确保课堂内容准备充分。此外，我需要检查学生的作业完成情况，批改作业，给予反馈和建议。这个过程需要花费大量的时间和精力，尤其是批改作文时，工作量非常庞大。

在课堂上，面对一群充满朝气和活力的学生。我需要保持专注和耐心，确保每个学生都能跟上教学进度，并尽力激发和提高他们的学习兴趣和参与度。在课堂上，我需要保持活跃，引导讨论，让学生们参与其中，这对我的嗓子和体力都是一种考验。下午1点55分，我要到班"盯班"。那段时间，我很少能午休，在那之前我会在办公室处理一些事务，比如与学生家长沟通、整理班级文件、规划班级活动安排等等。此外，我还要处理一些突发事件和学生问题，像处理学生之间的冲突矛盾、安抚情绪不稳定的学生等等。这些额外的任务让我感到压力巨大，事事需要快速决策和适时应对。晚自习时，我时不时要对个别学生进行辅导。有些学生可能需要额外的关注和帮助，我会尽量在学校时满足他们的需求，为他们提供一对一的指导，许多时候，一节晚自习的时间就这样过去。这个过程尤其需要我耐心和细心，不仅要关注他们的学业进展，还要关注他们的心理状态和成长需求。

虽然已经到了下班的时间，但我的工作并没有结束。我需要回顾当天的课堂教学，梳理学生的表现和需要改进的地方。我也要准备明天的教学内容和活动，以保证课堂的连贯性和有效性。此外，我时不时还要与家长进行电话沟通，解答他们的疑惑，反馈学生的情况。有时候，我还要参加一些学校会议。

整个过程中，我要面对的不仅仅是工作和体力上的压力，还有心理和情绪上的压力。我需要处理学生的情绪问题、班级的纷争、家长的期望等等。在面对这些挑战时，我需要保持冷静和坚韧，努力寻找解决问题的方法和途径。

学校对班主任要求"六到岗"，在许多时间节点都要求班主任随时到班。同事在吃饭时曾吐槽："高中生又不是小学生，需要我们几乎24小时站岗吗？班主任一不在教室就被问，不如扎个稻草人放班里得了。"我们都被这句话逗笑了。

在那段担任班主任的时间里，我几乎随身携带速效救心丸，这真的不是玩笑。每天睡眠不足，在一些由于过度劳累而引起心慌的时刻，我因为害怕自己倒下而吃下了许多速效救心丸。我跟家人、朋友说，我真的很担心自己倒下。当我后知后觉发现自己压力过大的时候，眼泪早已止不住。

当好新手班主任与新手主科老师，这真的是不小的挑战。

六、行到水穷处——坐看云起时

我记得在一篇主题为"教师行业"的微信推文上，看到了阐述高中教育工作者尤其是班主任的工作有多么辛苦的内容，评论里还有网友说："班主任应该由专门人员担任，处理各种班级杂务，沟通学生、联络家长与科任教师。任课老师只要专心上课，做好教学。不然，既要当班主任，又要做好教学，自古难两全。而教学被影响，拖垮的是千千万万的学生……"

评论区有许多网友表示赞同，这引起了我对班主任工作意义的思考。在我看完这句话的时候，第一反应居然是赞同，我想到当下如此激烈的就业市场，一边是多少找不到工作的青年人在苦苦挣扎，而另一边是许多班主任在超负荷工作，这样两极分化的情况，为什么不能得到改善？

那句培训讲座上常说的"只有班主任可以走进班级学生的内心"顿时涌入我的脑海，只有班主任可以将学科教学与学生情感融通起来。这确实有道理。站在人生的长远意义上看，只有奉献与真心，才能收获真正的成长。

总的来说，我作为班主任是幸运的，在这一个学期中，孩子们总体上平稳度过，家长们通情达理。在分班后写给高一（15）班孩子们的信里，我写下了许多感想，同学们纷纷泪目。

尽管高中班主任的工作辛苦，但我深知它的重要性和意义。每一个学生的成长和进步，都会让我觉得自己的付出是值得的。虽然我需要承担巨大的工作压力和耗费大量的个人时间，但我愿意为了学生的未来，尽我所能去付出和努力。

我想用"行到水穷处，坐看云起时"来描述这段经历，希望我们与孩子们都能在"山重水复疑无路"时，发现"柳暗花明又一村"的风景。往前走，看云卷云舒，让我们在未来遇见更好的彼此。

行笔仓促，是为记。

这真是一个矛盾的工作

作为一名新老师，在刚进入学校的时候，我就听到过两种声音，一些人对我说"新老师一定要当班主任,当班主任能帮助自己快速成长",也有人对我说"千万不要当班主任,这是个费力不讨好的工作"。最后,由于年级缺少人手,我还是被指派担任了一个学期的高一班主任,做过班主任以后,我终于切实体会到为什么大家的说法这么两极分化,接下来我就跟大家分享一下我的体验和感悟。

首先,当班主任需要极大的工作热情。这段班主任经历给我最大的感受就是"累"!不管是身体上还是心理上都疲惫不堪,这真的是一个非常需要工作热情和充沛精力的工作。新学期刚开始的时候,学校领导对高一年级的学生比较关注,就想让班主任多看着他们,给他们打好一个学习基础,那段时间我基本上每天六点半起床,晚上十点钟下班,有时候深夜下班前都没能备好课,回家还要备一段时间的课,这样的生活一直持续了两三个月,身体实在是吃不消。除了身体劳累以外,心理上同样也很受累。开学前,我做完班级的中考成绩调研之后,深感震惊,我们班里成绩最好的同学比实力最好的班级里成绩最差的同学还要差,班级的平均成绩更是低了一大截。因此,开学后,我也想过好好努力,争取让班级的成绩逆袭,但现实是一次次考试给我浇了一盆盆冷水,渐渐地我也越来越麻木,越来越懈怠,我意识到想要让班级的成绩稳步提升到更高的层次几乎是不可能的,是我再怎么努力也难以做到的。而且在我最开始的设想中,我觉得学生们会是很配合的,我的工作就是传授给他们好的思维习惯、学习方法,提升他们的思维能力,但在实际的工作中,我的工作是催促他们完成作业,反复跟那些爱说话、爱迟到、爱发呆、爱玩手机、不爱写作业的学生谈心、谈人生、谈未来,然而收效甚微,一切都不是轻易能改变的。所以,我最大的感悟就是班主任真的是一个非常消耗工作热情的工作,它需要无限的耐心和热情去慢慢地影响和带动学生,需要善于发现生活中的小惊喜给自己补充能量。

我还有一个很大的收获,就是说话做事之前一定要慎重,特别是在班级刚刚组建起来的时候，班主任的一句话、一个行为都可能会给班级创造一个不一样的氛围。开学后的第一次月考，我们班当时是倒数第一，成绩出来以后有学生找我问成绩，问完又顺便问了我们班整体考得怎么样，我也顺嘴就告诉他了，想着激励他们一下，让他们"绝地反击"努努力，很快这个成绩就在班里传开了，班里却慢慢有了一种"摆烂"的氛围。这是我整个班主任经历中最后悔的一件事情。我在管理班级的时候，时常会回忆以前自己读高中的时候都在想些什么，当时我们班级考差了，老师都会在课堂上直言，借此激励我们。但对于现在的学生来说，他们的感受是认定自己很差劲，努力也改变不了什么，变得更加无所谓，甚至觉得从此以后考得差都是理所当然。期中考试的时候，我们班一开始还是年级垫底，但后面我发现班里有几个借读生的成绩在大型考试中会被剔除在班级总成绩外，这样调整过之后班级的成绩一下子好了很多。所以其实班级的第一次月考成绩在全年级里还算不错，只因为我随意的一句话，班里的学生们就认为自己是最差的。虽然我后面好几次表扬了他们的进步，说了我们班的名次提高了不少，还是没能完全消除班里消沉的氛围。所以，班主任一定要仔细思考自己做的事、说的话是不是合理，一定要好好了解一下学生们的性格。像我们班很多同学其实心理比较脆弱，对抗挫折的能力相对较弱，我就尽量减少批评，尤其避免在班里公开批评，否则很容易影响他们的学习生活节奏，甚至可能造成更加严重的后果。

在班主任工作中，还有一个很困难的任务，就是要与形形色色的家长们沟通和交流。我的运气还是比较好的，没有遇到很麻烦的家长，我们班的家长基本上都比较配合，不会给我的工作带来太多阻碍，但作为家长和学生沟通的纽带，各种琐事也无法避免。像是之前新冠肺炎疫情反复的时期，有时周末前学校会突然通知学生可以自愿选择是否留校，这时学生和家长意见往往就完全不同，家长想让学生留校，但学生想回家。时常已经周五中午了，我紧赶慢赶，耗费好大的精力去统计家长的意见，再让学生挨个给家长打电话，最后确保不会有学生想回去但家长没来接的情况。后来我也渐渐意识到，这种事情交给学生和家长协商解决就好了，我不需要过分投入，我只要从旁协助，确保学生的安全即可。日常的生活中，时常也有家长让班主任帮忙签收寄给学生的快递或给学生带话什么的，这些突如其来的额外的琐事其实还是很让人烦躁的，但总体来说我们的家长还是挺友善、挺配合的，这一方面我还算幸运。

总体来说，这一段班主任经历对我来说是一段挣扎和迷茫的经历，学生们的一次次迟到、不写作业、破坏纪律在一点点消磨我的工作热情，但有时候学生们的一点点暖心之举也会让我觉得付出都是值得的。还记得临近学期末的时候，一次晚自习结束时，年级主任突然给我打了个电话，说我们班纪律差被校长批评了，当时我一下子心情差到了极点。第二天，我去找主任、找校长、找同学了解情况，把学生们批评了一顿，最后查监控发现也不能完全怪他们，是因为有老师在快放学的时候进去讲题给他们开了个话头，并且校长也是记错了班级，以为上周刚批评过我们班，所以这次才会这么生气。当天批评他们之后，自习课变得很安静，后面听别的老师说学生们都觉得很对不起我，所以这几天都很听话，那一刻我觉得学生们真是挺可爱的。最终，学期末的时候，我好好审视了这一学期的工作，发觉自己做的还是不够的，威严没有立住，和同学们的关系过于亲近了；习惯也没有养好，很多同学迟到或者宿舍扣分我都没有惩罚。我认为班主任是需要很多想法和很强的执行力的，而我却很少给学生们设计班会或者班级活动，很多教学以外的事情我也是能拖就拖。因此，我在第二学期初分班的时候就去辞掉了班主任的工作，其中也包含了我为自己的身体和休息时间的考量。回看这个学期，这些杂乱的工作确实让我成长了很多，相对于任课老师，班主任与同学们熟悉得更快，熟悉以后上课也更加得心应手，但更多的是，班主任工作也带来了很多烦恼，耗费了我大部分的热情和精力。果然就如开学时其他老师说的那样，班主任真是一个矛盾的工作。

做班主任真是难上加难

我在还没入职之前就知道，做老师是一件非常不容易的事情，做班主任更是难上加难，要和各种家长打交道，要和各种学生处理好关系，这是一件没有上限且会面临职业风险的工作。

学校第一次问新老师谁愿意做班主任的时候，我身边一个毕业于清华大学的同事就说他天生是做班主任的料，当时我想做班主任这么累，要付出这么多精力，他却能够勇于承担，我也抱着试一试的态度跟着报名了，就此踏上了班主任之路，却没想到"一入此门深似海"。

记得第一次班主任培训是深圳外国语学校的名师李兴梅给我们上的培训课，李老师培训的主题是"班级管理中的'道'和'术'"，她将自己的管理理念和具体的实践方法全部无私地传授给我们。初入职场时，我尚不明白"道"的重要性，觉得"术"可以解决很多问题。诚然，"术"在一定程度上解决了表层的问题，解决了短期的问题，但没有"道"的支持，所谓的班主任工作岌岌可危，建立的大厦随时会倾倒。

苏格拉底曾说过"未经审视的人生是不值得过的"，做班主任何尝不是如此？空有一腔热情，不讲究方法，没有智慧，行的很可能不是善，而可能会给自己带来毁灭。未经深思熟虑、仔细推敲，很多工作可能会面临各种问题，会面对各种磨难，人生不易，每一步都如履薄冰，除了尽自己全力做到最好，也要思考自己的所作所为会带来什么后果。

那究竟什么是教育的"道"呢？以前我觉得是"爱"，可是空有一番热情，尽心尽责管好学生就是爱吗？谁希望被一个陌生人以爱的名义约束呢？初入职场时，我对"道"的层面思考得太少，走了很多弯路。曾有这样一句名言："生命诚可贵，爱情价更高，若为自由故，两者皆可抛。"作为一个老师，难道你所谓的"爱"比学生的生命更重要吗？新时代的老师，还是要和学生处理好关系，先解决学生的情绪再去解决问题，可能会取得更加意想不到的收获。

做班主任的第一个学期，我带了一群整体学风非常好的孩子，特别调皮的几乎没有，也可能是一开始我管理得比较严厉，导致一些问题被掩盖了，也就没有意识到做班主任有多难。每天晚上，我都到教室守班，经常熬夜备课。虽然身体时常比较疲惫，但是我还是觉得这份工作很有意义，看着班级每一次考试都有进步，我万分开心。这个过程最难的就是工作比较劳累，但可能我初生牛犊不怕虎吧。这是我人生带的第一个班，有一件事情让我特别刻骨铭心。学校时常会临时下达很多通知，我也总喜欢放学后再到班里和学生们说，有一次，班里一个学生对此非常反感："老师，你有通知不能早点说吗？为什么总要等到放学再说？"这个学生那周因为一些扣分要放学后留下大扫除。后来开家长会的时候，这位学生的家长同我说孩子有问题不应该这样教育，孩子那个周末在家整个人非常伤心，到了车上还在哭，这种教育方式肯定是不对的。这是一位非常明事理的家长，他当时并没有找我的麻烦，还是私下里和我沟通的。若是遇到执拗且严肃的家长，可能我已经被严重投诉了吧。当然这也说明班主任这份工作远没有一般人想象的那么轻松。你得极有耐心，无论遇到什么情况都要泰然处之，你得善于和人打交道，还得拥有教育的智慧。

我带的第二个班是在物理历史分科之后，这是一个完全新的班，只有一个学生来自原来的班级。这个班的学生都是选物化生组合的，整体成绩并不是特别拔尖，有小聪明的学生特别多，还有不少其它班主任都认为很难管理的学生。

在这个新的班级，我遇到的第一件难事，就是有一个叛逆的学生违纪情况严重。只要班主任说不能做的事情，他一定要全部违反一遍，无论是学校下达的通知，还是班级的规章制度。这个学生之前曾因为打架被记过，宿舍内务也扣分比较严重。不过还算幸运的是，刚开始接手这个班级的时候，年级主任每次遇到我都说："要是需要我帮忙管理班级的话，记得喊我。"这个学生也是在年级和学校的帮助下逐渐情况好转，起码是管住了，不再像以前违纪那么多。这可能只是班级管理工作的开始吧，也是后续生活的开始。

在这个新的班级中，我还想沿用以前的"成功经验"来管理，却发现这完全是"痴人说梦"。我面对的是一群全新的孩子，他们都有着自己的个性与特点，对很多事情都有自己的看法，个性也完全不同，用旧的经验模式来管理新的班级，很多问题就逐渐暴露出来了。有的学生非常喜欢说话，只要你不在班里守着，他们就和班里的其他孩子聊起来了。上课的时候、自习的时候，班里说小话的现象比较多。有一些学生只要你敢当众说他的问题，他就一定会和你顶撞起来；有一些学生爱迟到、自习课跑出去打篮球、在宿舍打牌等等；当然还有一些学生心理状态不好。各种小事汇聚起来形成一股强大的破坏力，导致整个班级的氛围变得不太好。

很多时候所谓的批评教育可能要以比较委婉的方式进行，需要尊重孩子们的感受。金无足赤，人无完人。你管得太严，有时会适得其反，甚至导致学生的怨恨。对于现代社会，和学生处理好关系可能是真正的"道"，正所谓"亲其师，信其道"。教育学归根结底可能是一门"关系学"，良好的师生关系有助于很多棘手的问题迎刃而解。

作为一个普通人，作为一个普通的老师，我们能做的极其有限，但也许这极其有限的温暖可以点燃一个孩子的心灵。作为一个班主任，无论面对怎样的风雨，但求问心无愧，泰山崩于前而色不变，在工作的苦海中找到一叶自渡亦渡人的扁舟，保持冷静的内心，沉着面对工作中的狂风暴雨。

停下是为了更好的开始

其实一直以来对于梳理担任班主任期间遇到的苦恼、挫败，我内心是抗拒的。直到今天，手上的工作任务已经全部完成，为了梳理挫折，我还是不得不坐在电脑屏幕前，屏气凝神，却迟迟打不出半个字来。

我本不应该是这样。曾经的我是那么的热情开朗，像个小太阳一样，不知疲倦，"成为一代名师"的誓言还在耳边不断回响，内心却分明感受到有一股力量已经一点点蚕食了那份坚持与执着，令我感到恐慌。"是什么时候开始有这种感觉的呢……"我重新打开过去两年写得密密麻麻的工作笔记，迫切地想要找到答案。

尽是一些"真心付出，次次落空"的委屈啊！

"温柔"是学生对我最初的印象。我的母亲是一位非常温柔、善解人意的女性，从小我便在她雨露般的呵护下成长，受她的影响，再加上天生声线轻柔，让我给人感觉总是不够严厉。求职之初，不少人和我说过我很适合做幼师，我也曾一度怀疑过自己，是否真的可以管好高中生，我担心自己不够"凶"，甚至想过放弃。后来还是一个朋友开导了我：征服学生就一定要凶吗？你也可以有其他的魅力啊。他的话醍醐灌顶，是啊，想想自己读书那会儿，不也喜欢温柔的老师吗？于是，我暗暗下定决心，要成为一个温柔的老师，把学生放在心尖尖上，尽可能对他们好。

可是这条路并不好走。

新生入学军训时，家委会还没有组建起来，我便自费购买防中暑的药物、创可贴以及巧克力等补充能量的小零食，每天背着满满一书包，在操场、教室来回奔波。孩子军训没水喝了，我毫不犹豫地把自己的水杯递了上去；孩子们在大太阳底下站军姿，我生怕孩子受不住倒下，也陪在孩子们一旁……所有事情我都为孩子们想好了，总以为真心相待、尽心尽力就能管好班级，到头来只是感动了自己。"陆老师，今天×××宿舍被扣分了。""陆老师，你们班×××今天又迟到了。""高一（11）班集合速度不够快。"明明做了很多事情，却从来没有得到表扬，反而总是天天这这那那被扣分，我心里很委屈。班上有几个很调皮的男生，站军姿时嘻嘻哈哈，集合时也总是迟到。我害怕孩子的自尊心受到伤害，每次总是单独找孩子谈话，用尽量温和的语气与学生进行沟通，学生也都耷拉着脑袋，看似认错了，一切表象都让我以为自己把班级管理得不错。却不承想，孩子忘性最大，一转身就忘了，该犯错还是犯错。此时的高一（11）班就像一盘散沙，学校组织合唱比赛，只能利用空闲时间训练，而那几个孩子贪玩，平时的练习从不参加，即使参加也不开嗓子唱歌。我实在头疼、无奈，想对他们发火，又不知道如何把握好这个度。

明明对孩子的每一件事情我都真心对待，明明每次我都站在孩子的角度分析问题，明明我花了自己所有的时间陪伴及管理孩子，真心付出却次次落空。"早六晚十"的生活忙忙碌碌，却把自己弄得"遍体鳞伤"。夜深人静时，我躲在被窝里偷偷啜泣，满肚子的委屈。

尽是一些"念念不忘，没有回响"的失落啊！

看到分班名单上H、T、Z的名字，我感到一阵眩晕，这三个男孩子分班前也在一个班级，也都是年级里"赫赫有名"的"坏孩子"：H无视宿舍纪律，屡教屡犯，开学之初就收到了停宿的警告；T敏感爱哭，和父母关系不好，甚至半夜摔门离家出走；Z高一时就因为使用不正当手段逃避食堂刷卡而被记过处分……"三座大山"一起压下，我顿时就感觉喘不过气了。但我从来不是一个轻言放弃的人，片刻之后我就重燃斗志。或许他们只是一直被用错误的方式对待，才走了歪路，没有一个孩子天生就是"坏孩子"。我要用我的温柔教导他们，让他们步入正轨，天真的我就这么天真地想着。

于是，在分班后第一次见面的晚自习，我便在班上着重强调了班级纪律，通过分享"如何擦好黑板"这件小事，告诉孩子们看似简单的事情也和用心程度有关，而只要我们用心，事情就一定能做好。我以为只要从一开始就强调好纪律，孩子们就会像火车步入轨道一样顺畅前行。

我一直告诉自己：孩子之所以是孩子，就是因为经历的事情太少，懂得的道理太少，所以总是出现很多问题，而老师的职责之一就是帮助这些孩子发现问题、解决问题。我也一直是这么做的，遇到问题第一反应是思考为什么学生会这么做，并不总是批评与责骂。这样的理念和方法，让我成功地感化了Z和H。分班之初，长达三个小时的畅聊，让我深入了解到这两个孩子内心深处的想法，张扬性格的包装下是一颗脆弱的心，初中成绩优异的他们到了高中也可以继续成为"风云人物"，可残酷的事实与冰冷的成绩将他们的热情一次次的浇灭，在内心深处他们十分渴望找回曾经的自我。了解到这些后，我便给孩子安排了相关的班委工作，并告诉他们"之前的事情都已经成为过去，你们不缺能力，缺的是机会，老师相信你们能够做好"，于是班上的体育活动以及生活卫生，就再也不用我担心了。

尝到甜头后，我便信心满满地想要复制相同的办法对待T，然而这次却没有这么顺利。

这是关于T的故事。

我开始关注T是因为他爸爸总是打电话给我："陆老师，T周末回到家都不写作业的，总是拿着一个手机玩到深夜。""陆老师，T今晚不愿意返校，你说怎么办啊。""陆老师，昨晚我和他吵了一架，他半夜离家出走了。"……一连串的问题，让我渐渐对孩子有了"刻板"的认识：这个孩子不好对付。为了体现我的关爱，也为了证明我可以用温柔感化他，他爸爸给我打一次电话，我就会找孩子谈一次话，以为这样可以让孩子感受到老师很重视他，希望他可以变好。殊不知正是这种做法，却让我们之间产生了深深的误会。

一次，有一节数学课，我悄悄走到教室后门，想要观察孩子们的上课情况，便一眼看到了本该自己坐在最后一排的T，旁边的空位上坐着另一个同学，他俩在底下说话聊天，并没有听课。其实那会儿我并没有生气，在我看来这并不全是T的责任，班里43个孩子，却有45张桌椅，自然有可能出现孩子窜座的现象，我也有责任。因此在数学课下课后，我便走到T身边，小声和他说"老师看到上数学课的时候，××过来你旁边，你俩上课聊天了，所以这个空位不能留了，你利用大课间的时间把这套桌椅移到326教室去吧"，说完便离开了教室，我认为这只是小事一桩。可一直到下午第一节课下课，我发现那套桌椅还在，并没有被移走，我猜想可能是大课间的时间被其他事情耽误了，没有来得及移走，所以我再次走到T身边，吩咐他自习课前把桌椅移走。出乎我意料的是，自习课时我仍然在教室里见到了那套桌椅，这时我内心冒起了一丝火气，心想：这孩子是在挑战我的权威吗？这次我径直走到T身边，用命令的语气对他说道："你现在先不要写作业，叫几个同学帮忙把这套桌椅移走。"T纹丝不动，我的火气瞬间就被点燃了，继续说道："班长，你过来帮老师把这套桌椅移走。"更想不到的是，他竟然把男班长推开了，死死护住桌子就是不让移走，看到他如此不听话，我直接提高音量，当着全班同学的面呵斥他，并直接上手想要移走桌椅，结果也被T狠狠推开了。我诧异万分，不明白他为什么如此抗拒，可当时我被怒火冲昏了头脑，没能及时冷静下来分析原因，留下了一句话："今天这套桌椅必须移走，我管不了你，就让德育处来管你吧……"说完便走出了教室，寻求其他老师帮忙。

后来，在年级主任的调解下，我听到了孩子的真实想法，他之所以不肯搬走空桌椅，并非不知道空桌椅的存在会影响他学习，只是单纯地想和我对着干，他认为我总是在针对他。我十分不理解，学生在年级主任面前继续慢慢说道："上数学课的时候，另一个空位上明明也有人在，而且他们也一直在说话，老师怎么就只叫我搬走？"原来是我的疏忽，当时站在后门的角落，并没有注意到另一个空位上也坐着学生。"还有一次晚自习的时候，我太累了，趴在桌子上眯了一会儿，老师进来看到了就直接叫我到办公室去，我就只眯睡了这么一次，别的同学都睡着多少次了，你也只是教训一下，为什么我第一次眯睡就要被罚？"其实，那次晚自习上班里一共有三个孩子在睡觉，我把他们都叫到了办公室，T确实是第一次睡觉被我抓到。"还有我忘记穿校服了，你也一定会说我。""我在家玩手机，你也要管。"……轰炸机般的语言把我说得一愣一愣的，我诧异自己在T心中的形象竟然是这样的，像一个蛮不讲理的老妈子。我十分失落，我自认为那些是关注、重视，实际上却被认为是针对，可是我的初衷分明不是如此，我明明是心心念念想要他变好的呀。难道被老师重视不好吗？难道失误时被提醒不好吗？难道……我感到迷茫与失落。

这是关于成绩的故事。

分班后，我担任了一个物化政班级的班主任。刚接班的时候，便有老教师语重心长地告诫我："你要做好心理准备啊，这个班不好带。"我心中十分不解，明明这个班的晚自习比我以前带过的班安静多了，家委也都非常配合，哪里不好带呢？老教师笑笑说，过段时间你就明白了。

果然，不出半个月，我便领悟到了老教师说"不好带"的意思。"陆老师，这次周测成绩出来了，你们班最后一名。""陆老师，你看看这是你们班今天的作业量，我一只手就能数过来。""陆老师，班上死气沉沉的，我问问题都没有人回答，我都快上不下去了。"……各个科任老师接连不断的问题反馈，已经让我对班级成绩不敢再抱一丝丝的希望。当我看到化学成绩，平均分比其他班差了十几分，我再也绷不住了，在办公室顿时落泪：成绩怎么能这么差啊，最后一名也就算了，怎么还能相差十几分这么多呢，所有科目都是如此，我真是好难过……

我一直是个争强好胜的人，不轻易认输，也不想认输。冷静下来后，我便认真分析其中的原因：学生基础薄弱，上课不敢回答老师的问题，导致上课氛围沉闷；物理、政治需要两套截然不同的思维进行学习，学生无法很好地同时兼顾……我作为他们的班主任，必须采取一些行动来帮助他们。于是，我先鼓励孩子们不要放弃，勤能补拙，只要大家不放弃，慢慢就能找到适合自己的方法。九门科目，对孩子们来说压力太大，那就先着重其中几科，学考科目可以暂时往后放一放。上午的碎片时间较多，可以用来让学生完成文科类的抄写作业，或者做一做比较拿手的科目的选择题；下午及晚自习的大块时间可以用来系统复习当天的数学和物理，形成"课本—笔记—做题"的良好循环；笨鸟要先飞，高一时落下的知识点很多，那就一点点捡起来，老师是最好的学习伙伴，遇到不会的题目做好标记，找个时间集中问，多问多记多理解；针对作业总是交不上来的情况，我重新制订了作业提交名单，叮嘱各科代表每天按时收发作业，把未交名单汇总到学习委员处，每周五我统一和家长反馈情况，让家长也参与到孩子的学习情况中；我还利用自己的休息时间，将未写完作业的孩子留下，陪伴他们完成作业再走……

我把能想到的能做到的都做了，心心念念想要帮助孩子提高成绩，可总是事与愿违。当我看到成绩还是未有起色，当我看到还是有孩子上课时无法专心听课，当我看到交上来的作业还是零零星星的几本，当我看到孩子嘻嘻哈哈追逐打闹却从没有人来问问题……我好不容易燃起的信心又一次次被现实的冷水浇灭，我很不理解，我到底还能做些什么才能帮助这些孩子，不是"念念不忘，必有回响"吗，怎么到我这儿却一点儿响声都没有呢？

尽是一些"无话可说，不知所措"的迷茫啊！

做班主任的这两年里，我几乎每周都会开一次班会，也经常会在某些节点和孩子们说一些具有教育意义的话。班会及每次谈话的内容大都离不开我的求学经历和大学生活，我一直认为与其和孩子们讲一些老掉牙的大道理，还不如分享一下身边人的亲身经历更吸引人。

刚开始的时候，这一招还很受用，孩子们听得都很认真。可是有一次周五准备班会课的时候，我打开PPT却找不到任何思路。是啊，我的求学经历、大学故事都已经分享完了呀，我还能说一些什么呢？我立刻拿起手机查阅我关注的公众号和教育博主，看看他们是怎么开班会的……虽然那次班会课我顺利找到了主题并顺利地上完了，但是一颗不安的种子已经在心中生根发芽。

我，有多久没有完整地看完一本书了呢？有多久没有外出旅游拓展视野了呢？有多久没能安安静静地写一写我心爱的文章了呢？……一连串的问题让我陷入沉思。担任班主任的这两年时间里，我很忙，忙着每天处理宿舍扣分、学生上课睡觉、不交作业这些鸡毛蒜皮的小事；很累，累于在科任老师和班主任的角色中来回切换，很多次都备课到深夜；很苦，苦于真心付出却没有成效的失望与难过。到了寒暑假，好不容易有了可以充电的时间，整个人却像绷紧了的弹簧触底反弹一样，"报复性"地睡觉与放空，做好的假期规划也总是明日复明日，但明日何其多。

是我的心静不下来。我掌握的许多教育方面的知识、技巧，其实是在网上碎片化学习而来的，很多时候在网上看到一段有意义的话，就拿到班上和学生分享，不系统，也不是很科学。渐渐地，我发现和学生谈心或者教育学生时，我好像"无话可说"了，因为话已经说过好多次，除了"你不能再迟到""上课睡觉会影响你的学习""只要我们不放弃，坚持用心学习，成绩总会提高"……我再也不知道能和学生说些什么了，想不出更多别具一格的方式，也讲不出更多的"金句"让学生印象深刻。每次和学生聊天谈话后，我都会反问自己：通过这次谈话，学生真的能得到实质性的帮助吗？我真的很怀疑。现在我很害怕和学生谈话谈心，因为我总感觉自己给不了他们任何帮助，而没有了和学生的深入交流，我发现自己和学生之间的关系似乎也没有这么亲近了。总是眼红于下课时别的班主任被学生围着聊天分享开心的事情，眼红于别的班主任分享的朋友圈总是有很多学生点赞互动，眼红于别的班主任如果嗓子不舒服了办公桌上总会有贴心的学生送来的润喉糖……我也想拥有这些体验啊，我既希望孩子来找我又不希望孩子来找我，我不知所措……

一页一页翻着过去两年写得密密麻麻的工作笔记，情绪千回百转，十分复杂。经过这些天的回忆与梳理，我好像找到了答案。班主任工作有委屈有失落，我十分清楚，这根本无法阻止我对班主任工作的热爱，我很快就能自我消化，第二天依然活力满满，让我感到真正害怕的是"被掏空"的感觉。我依然热爱教育，我喜欢照亮别人，但因此更加无比确定，我需要先按下暂停键，现在的我还不够强大，要学习的东西还有太多太多。停下是为了更好的开始，我的目标从未如此清晰过。

真是受不了！

从"受不了了，我真的受不了了"到"没事，我还能再忍忍"——刚刚送走了第一届学生，我才有时间回顾和总结这白驹过隙般的三年班主任生涯。在旁观者的眼中，这三年我最大的变化，就是脾气柔和了许多。以前，我的脾气大，路上遇到一只朝我狂吠的狗，我都会吼回去；现在，我已经被工作和生活磨平了棱角。

成长在一个教师家庭，我从小就真切地见识到家里的长辈如何在学校这个职场上风生水起，和学生建立一种健康持久的关系，这也是我从事教师行业的初心。直到真正进入这个行业，我才发现，每天需要强行忍耐大量我无法忍耐的事情。

一、受不了的朝令夕改

没有完整且正式的制度框架、做事标准和办公流程可能是每一所新建学校的通病。尤其我们学校的老师来自天南海北，每个老师带着原生地区和学校的特点、带着自己多年养成的行事逻辑和风格，如此一来，上述的"通病"在我们学校被无限放大，朝令夕改更是其中最显眼的毛病。老师们戏谑道，在我们学校"等等党"会永远获得胜利。简单来说就是，不论学校下达什么通知，只要老师们别着急动手去做，等一等，通知就会撤回，事情就会过去。当然，这一生存法则都是老师们的血泪教训！

　　高一下学期一个周末，学校突然通知全年级周末留校自习。学校不给任何解释说明就要求班主任们传达命令。当时我还是年轻，天知道我是做了多久的心理建设才敢告诉孩子们这个"噩耗"。两个小时后，学校的加码要求来了：班主任把好关，绝对不允许学生请假。我一边对孩子们手足无措的情绪感同身受，一边还得做学校残忍的"刽子手"，不惜牺牲我的个人魅力，施以威严强行镇压，坚决不给批假。转折点出现在放学前半小时，可能是因为承受不了家长和学生的抗议，学校突然给班主任们下达"秘密"通知——学生实在想回去就开个假条，不强留！这条通知甚至不敢在群里公开发！得，我们一下午的努力和违心，一句话就推翻了，啥也不是。我和另外两名菜鸟班主任在办公室爆哭，效果却出奇地好——不少想请假的学生被我们吓出办公室，不敢提请假这茬了。

　　班里学生在我的强权之下，成为全校唯一一个全员留校的班级。事已至此，骂骂咧咧也解决不了问题。为了抚慰学生的心灵、修复师生关系，我立马准备了一些团建游戏，联系家委会买了一些零食。那天晚上，我们进行了许多别开生面的团建活动：学科版你画我猜、校园歌曲接歌比赛等等。当然也有走心的环节，比如班级建设建言献策、排球比赛观看分享、未来规划交流。那天晚上，那个周末是我们班第一次那么快乐地玩耍、那么坦诚地沟通，那么紧密地联系在一起。我感受到班级凝聚力和认同感明显增强，孩子们的团结意识和责任意识明显更足了，他们也更加依赖和信任我这个班主任了。

　　每一次危机都是一次契机。这次突如其来的危机成了我促进班级成长进步的契机，这是我第一次感受到作为班主任的成就感。但我认为这样的"教育契机"可以有但没必要，朝令夕改对于学校管理和班级管理都是重创。这也给我自己提了个醒：一定要充分了解学生，对孩子们的言语和行为做好预判、想好对策。

二、受不了的挑三拣四

"刘老师，我家孩子反映物理老师上课讲不清楚。"

"刘老师，学校应该为高三学生提供专门的运动场所。"

"刘老师，我们学校应该为孩子们配备智能学习设备。"

…………

这些都是我教高中三年听到的来自家长的建议或者意见。两年前的我是真的受不了这些"挑三拣四"，很多时候内心独白都是"你行你上啊"。随着和家长的接触越来越多，我越来越能体会到家长们的爱子心切和关心则乱。很多时候，他们极度想给予孩子支持和帮助，但他们找不到合适的路径和方法，于是他们只好通过一些看似"找茬"的方式给自己一点安慰。

让家长们少提意见最有效的方法就是，把他们想说的话先说了。火眼金睛一般的我发现哪个孩子某一学科吃力，不等家长找我，我便主动和家长沟通该孩子在学校的学习情况、询问孩子在家的学习情况，并且联合科任老师给出学习建议。家长们感受到自己的孩子在学校得到了关注和重视，他们的心理需求得到了极大程度的满足，想要宣之于口的抱怨也就无形中被卸了力。

当然，我也碰到过让人哭笑不得的事。小刘一次月考成绩退步得厉害，我跟家长电话沟通，表现出了极大的关心，也给出了可靠的建议。家长听得漫不经心，一句话把我堵得无话可说："我不要求我家孩子成绩多好，只要他开心快乐、身体健康就好了，其他的我不在乎。"好吧，我为小刘拥有这样开明的家长和温馨的家庭环境感到欣慰。然而，小刘在下一次月考中退步得更加厉害，家长沉不住气给我打了电话："刘老师，这孩子天天都在干什么啊？您说说，这成绩可该怎么办啊？"

班级管理层面的挑三拣四我已经基本可以解决，但学校建设我不敢指手画脚，最行之有效的方法就是由家委出面做好家长需求和学校对策的沟通，这也是家校合作的一部分。

其实，在和家长的相处中，问题不是关键，情绪才是。很多时候只要平息了家长了情绪，家长也能理解老师的难处，不会刻意为难老师。我们班的家长年纪都比我大不少，但是他们基本也都是第一次做高中学生的家长，很多事情他们也不是很清楚，他们也没有安全感。家校沟通的确是我这三年心有余而力不足的方面，吸取这三年的经验教训，我觉得可以在下一轮班主任工作中落实好以下内容：第一，定期举行家长讲堂，引导家长关注具体阶段孩子的问题和解决方法；第二，定期组织不同层次、不同问题的小型家长会；第三，多和家长沟通孩子的在校情况，多挖掘和展示孩子们的优势和长处。

三、受不了的屡教不改

择业时，在小学、初中和高中三个学段中，我毅然决然地选择了高中，原因是高中生的认知能力已经趋于成熟，他们不会像小学生一样撒泼打滚，也不会像初中生一样叛逆难驯，他们已经成长到一个可以讲道理的年龄了。我也曾设想，我可以成为学生成长路上的明灯，当他们走歪路时，只需我稍加提点便可扭转乾坤、点石成金。

回想起来，带高一时，学生的当面顶撞或阳奉阴违让我恼羞成怒很多次、深感无力很多次。那时候我的常规动作就是深呼吸，口头禅就是"事不过三"。印象深刻的是有一次，一个学生在挨训的时候对我说："老师，每次我们犯事，你就是板着脸，说着一样的话，一点意思都没有。"学生居然对老师的教育方式指手画脚，真是令我感到五雷轰顶。

为了解决这个问题，我请教了很多资深班主任，也看了很多教育心理学的书籍。了解得越多，我就越能看到自己的无知，慢慢我就放弃了"痴心妄想"。我的话又不是什么金科玉律，凭什么学生就会听从、改变、遵守？我开始学习说话的艺术，怎样把一个道理从不同的角度讲、循序渐进地讲。一时之间，似乎有了些成效。可是，时间一长，这些大道理就像老太婆的裹脚布，又臭又长。

教育难道就只是谈话吗？那么班主任的工作未免太简单了。我开始把班级德育工作放在前面，而不是总任由事情发展到不得不解决的地步。我利用班会课进行思想品德教育、规则意识教育、励志教育，领先一步在学生群体中树正气、扬新风。当问题发生的时候，我不再莽撞地采取谈话的方式，而是思索一下有没有其他"润物细无声"的方式能够巧妙地化解问题。事后，由点及面，考察问题存在的普遍性，杜绝让错误思想占据班级的舆论。

虽然我不停在思考、不停在进步，但对于学生管教，我还是存在着大量的困惑。学生问题的复杂性推动着我不停地思考和摸索，但我决不让它们打击我前进的自信心。

班主任要学会抓大放小、放过自己。班主任不是圣人，也不要自以为是圣人。很多时候学生毛病的养成，是日复一日、年复一年在社会、家庭、学校和个人共同作用下形成的结果。在经过长时间的不懈努力还未见成效的情况下，班主任一定要停止精神内耗，做到尊重他人命运、放下助人情结，把时间和精力放在真正有意义的人和事上。真的受不了了，就不要再承受了。

班主任工作是与人打交道的艺术，而人的复杂性就决定了班主任在这个过程中会遇到大量不可控的情况，时刻都会面临崩溃的风险。这三年，尽管受尽了委屈和打击，我也还是感受到了教育的魅力。即使我不能恣意发挥，不能点石成金，但戴着镣铐跳舞，同样也能精彩。此外，在这个过程中，我还看见了自我的成长、品格的养成、性情的磨炼等等，我遇到了一个更好的自己。以后，我也将不断提升自我，把育人这个终身课题一点点吃透。

职初困境，我这样破局

2015年大学毕业后，我应聘到了成都市区一所优质小学做代课老师。在学校领导的安排下，新学期里我将担任五年级（2）班的语文老师和班主任。

为了对所带班级有更全面的了解，我提前向多方进行了打听。从同事那里我得知原班主任是一位拥有十多年教龄的教师，这个班级她带了四年，由于怀上二胎后身体频繁出状况，不得不提前回家休息待产。学校教务处告诉我这个班的语文成绩起伏较大，四年级下学期调研考试的成绩很不理想，处于垫底位置。我又在原班主任那里了解到班上的学生很活跃，生源结构比较复杂，一部分家长教育期望很高。家长们满怀期待，希望五年级时学校能安排一位资深的优秀教师出任班主任，做好小升初的衔接……听到这些信息后，我心中无比忐忑：初出茅庐的我只在职高有过半年顶岗的实习经历，对小学教育青涩得如同一张白纸，经历了三轮面试好不容易应聘成功，如今要面对难以管理的学生和期望极高的家长，我该怎么办呢？

（一）

开弓没有回头箭，硬着头皮也要上。报道那天，为了给学生和家长留下一个好印象，个子矮小的我踩上了十厘米的高跟鞋，穿上了特意购买的显得干练的服装，化了淡淡的职业妆，让自己看起来更成熟一些，符合家长们的期望。面对家长们的上下打量，我故作镇定地和他们交流。被问及工作经验时，我如实告知了家长和学生自己大学刚毕业，只有一学期的顶岗实习经历。

然而我"表面上"的努力和坦诚相待并没有获得家长的认同，开学一周后我就被校长约谈了。校长将班上家长们的"联名上书"拿给我看，全班三分之二的家长联名请求更换我这名过于年轻的班主任，他们认为在小升初这关键的两年里需要一名经验丰富的老师来引领孩子们更好地学习和成长，而不是我这样大学刚毕业的愣头青。面对这封印满红手印的联名申请，我心里就像打翻了五味瓶，恐惧、委屈、伤心、焦虑、难堪的情绪一时萦绕心间，我不知所措地望着校长，等待着他接下来的"判决"。

出乎意料的是校长并没有任何指责之词，而是轻轻地拍了拍我的肩膀，笃定地说："你是我亲自面试招进来的老师。十三个代课老师我只把你安排在了高段，因为我相信你可以带好这个班。虽然你没有丰富的教学经验，但是我从你成长的经历和学习能力中感觉到你能够很快成长起来，所以我会坚定地告诉家长不会换老师，如果他们不满意可以选择换学校！接下来你只管安心工作，用心学习带好班级就是了，其他的事情不用管！"校长的这番话就像一颗定心丸，让我心中的大石一下子落了地。我感激地看着校长，用力地点了点头。

（二）

为了不辜负校长的期望，让家长们能尽快信服我，我暗自下决心要尽快成长起来。我追着办公室的老教师们听课。每次上新课前，先去听其他老教师们上一遍，做好重点笔记，再回到自己班里给学生上，还见缝插针地去网上听名师优课，学习提问和评价。每个周末我都去图书馆如饥似渴地阅读教育类书籍，《做一个老练的新班主任》《做一个家长喜欢的班主任》《做一个学生喜欢的老师》《爱心与教育》等等优秀的书籍给了我很大的帮助，让我学到了许多管理班级的好方法。

我将在书本上学到的方法用在了班级管理中，在班上开展了小组积分评比抽奖活动；以身作则为班级捐书筹建了班级图书角，并请学生进行借阅管理；班上有一群爱踢足球的男生，我帮助他们成立了班级足球队；还学着中央电视台《朗读者》栏目，开展了"班级朗读者"活动，并评选出了许多优秀的朗读者；我每天下课后大部分时间都和学生泡在一起，听他们聊天，甚至和他们一起玩游戏……

（三）

功夫不负有心人，通过大半学期的努力，班上的学生和家长不再集体排斥我了，甚至有些学生开始喜欢我了，下课主动来找我聊天，分享他们的故事。正当我以为情况开始好转时，又发生了一件事情。

一天早上，我刚进办公室就看见我们班小玮的爸爸带着小玮走了进来。还没等我开口，小玮爸爸就怒气冲冲地质问我："听我女儿说你是农村来的，怪不得教学方法土里土气。每天都让我女儿背课文，这极大地挫伤了她学习语文的兴趣，以前她语文成绩很好，这学期她的语文成绩都下降了，我要找你讨个说法！"面对盛气凌人的小玮爸爸，还有站在一旁直摇头紧张得快要哭出来的小玮，我既生气又心疼。

小玮是一个很乖巧又有点胆小的女生。她从小学习跳舞，舞蹈已经过了十级，父母希望她能考个好初中，但是她信心不足。学习上一直不温不火，平时上课从来不敢举手发言，偶尔被抽到回答问题还会紧张得说不出话来。最近一次月考她的语文没能考上九十分，我拿着试卷和她认真分析后发现她在默写这一块丢分严重，我就要求她接下来要多读多背，这估计成了事件的导火索。

好心被当成了驴肝肺，想到这里我眼泪差点忍不住落下来。我正思索着该怎么给小玮爸爸解释这件事时，办公室里的苏老师上前替我解了围。她对小玮爸爸说："语文学习离不开听说读写背，胡老师让您家孩子注重积累背诵这是很正确很科学的做法，有利于她巩固基础，提升语文成绩，怎么会导致语文成绩下降呢？当然背诵也要讲究方法，不可死记硬背，作为家长，可以和孩子一起想办法科学记忆，而不是来指责老师，胡老师经常辅导您女儿学习，您这样说太不负责任了……"

听到苏老师这样说后，小玮爸爸的气焰一下子消了很多，不好意思地对我说："原来是这样啊，胡老师，我错怪你了哈，你莫往心里去，我就是个直性子。"获得苏老师的帮助和认可，小玮爸爸又转变了态度，我心中涌起一股暖流，调整情绪后又耐心地和小玮爸爸聊起了小玮在学校的表现，最后在愉快的氛围中结束了谈话。

事后，我向苏老师深深地表达了谢意，并向她请教了有利于提高学生语文学习成绩的方法，后来又通过阅读书籍学习了更多科学的学习方法，利用班会课时间介绍给班上的学生。

（四）

经过一学期的不懈努力，我所带的五年（2）班的班风和学风都得到了很大的改善。语文期末考试成绩破天荒地从原来的倒数第一上升到了年级第三，德育常规考核也上升了两个名次。更令人欣慰的是越来越多的孩子们喜欢上我和我的语文课，家长们也开始转变观念，逐渐认可我。

后来的两年里，我一直任教该班，家长们变得越来越支持我的工作，学生们也积极向上不断进步。小学毕业时，通过全体师生和家长的共同努力，大多数孩子也都升入理想的初中，最终我们的班级还意外获得区"先进班集体"。

著名班主任于洁老师曾说："成长路上要带上四个人，拼命努力的自己，然后会遇到高人指路，贵人相助，有时候也会有小人监督。"入职之初的这段教育经历何尝不是如此？工作八年来，我也逐渐认识到工作中的每一个挑战都是一次成长的契机，每一次困难都是一份精心设计的成长礼物，需要用汗水和智慧去获得。"山重水复疑无路，柳暗花明又一村。"教育之路艰难又美好，所有的坎坎坷坷都会蜿蜒前行至风景秀丽处！

二　学生不良行为，屡遭挫败挑战大

穿透迷茫的教育之光

"谁说现在是冬天呢？当你们在我身边时，我感到春暖花开，鸟唱蝉鸣。"我已经陪着许多孩子走过了春夏秋冬，也从那个稚嫩的会被孩子气哭的小姑娘，成长为一个颇为成熟的班主任。回首十年教育生涯，遇见的一切，都成为点亮我教育之路的一束亮光。

遇见让教育的梦想启航

"教师是太阳底下最光辉的职业。"怀着这样的崇敬心情和美好的憧憬，我踏上了三尺教育讲台，毕业第一年我回到了海滨小城的一所中学任教。学校没有气势磅礴的教学楼，没有让莘莘学子足不出户就可以神游天下的互联网，甚至课桌椅子都年久未换。"阳光向上的少年，求知若渴的眼神，活跃的课堂气氛，友好的人际关系"这是我理想中初三学生的模样。

2013年9月1日，我遇见了人生中第一批学生。在学习生活的朝夕相伴里，现实给理想回击了一个狠狠的"耳光"。课堂内外，目光所至，都能时刻发现班级里的"积极分子"，上课铃声响起，姗姗来迟的同学义正词严地提出上厕所的要求，久久未归的男生还在球场慢悠悠地走回来，教室里同学的课前准备、课前纪律都一言难尽。作为初三的学生，该有的学习态度和学习品质，在他们身上是连个影子也找不着的。带着认真备好的课，怀着满腔的热情站在讲台上，看着学生们课堂上无精打采的样子，我感受到的是无尽的挫败。新手教师遇见新同学，注定会有许多曲折的故事发生。

每天进班，我都能看见班上有一位默默努力的男孩，个子不高，小小的脸蛋上似乎藏着许多心事，言行举止犹如刺猬，时刻警惕别人的靠近，稍有不慎就引起他的不悦。细心观察之下，我发现课堂上老师的情绪也无法引起他的起伏。课堂上"活跃的气氛"他从不参与，只是在位置上捧着自己的书，静观其变。他对待作业的态度一丝不苟，每次都是班级展示的模范。课外活动，默默坐在场外，看到精彩之处时，他会用掌声表达自己。课余时间，我尝试多种方法去打开男孩的心扉。以小卡片的形式给男孩写贺卡，语言上的积极鼓励，日常利用课余时间耐心给男孩辅导……尝试了很多种方式，我们之间的距离依旧疏远。

在一次闲聊时，男孩把他深埋心间的心事慢慢倾诉给我听。原来男孩的原生家庭是渔民之家，祖辈都是靠出海捕鱼为生。小时候他的爸爸因为痛风，出海和养家的重担就落在了妈妈的肩上。爸爸整日在家打麻将喝酒，每次喝醉就开始抱怨生活的各种不如意，把气撒在他们两兄弟身上，妈妈即便劳累不堪，也时常遭遇爸爸的拳脚相向。生活的窘迫让男孩过早地懂事和体谅妈妈的艰辛劳累。每个周末他都和妈妈去赶海赚取一周的生活费。

在日常的教育教学中，我也遇见过许多的困惑和挫败。但每次看到男孩那拼搏向上的身影，我的消极情绪就会慢慢消散。记得一个星期五放学，家长们都在校门口翘首以待，等孩子们走出校门，而班里只有男孩一个人默默在写作业。我走到他身边关切地问："怎么还不回家？"男孩眼眶湿润，转身对我说："老师，看着同学开开心心地回家，我好羡慕。我在家感受不到开心与幸福，迎面而来的总是莫名奇妙的打骂。我在家的那些夜晚，无数时刻有过无数种终结生命的想法。我想不明白活着的意义，那看不见光亮的未来让我时常感到绝望。在集体里，我的存在犹如空气，很少有人关心我，我也习惯被忽略。但是这学期老师您的到来，让我看到了微光，您眼里的关心犹如阳光，带给我些许的信心。您课堂上的感染力和新元素，让我知道自己知识面狭窄。我会慢慢努力，勤奋向上，变得越来越好。"听完男孩吐露自己的心声，我给男孩安慰鼓气并等他收拾好书包陪他慢慢走出校门。那一刻，唯愿男孩有一个愉快的周末，也希望我能在烦琐的教学生活中给这样的孩子带去多一点亮光，驱散他们心中的阴霾，但更多时候我还是有心无力。

时间在指缝间匆匆而过，小军依然有他的烦恼和心事，即将到来的中考给他带来压力，犹如泰山压顶，这也是他走出原生家庭困境的重要途径。而我也常被教学生活的琐事烦扰。我每天与"积极分子"较量，势均力敌，不分上下。迟到、逃课、口角矛盾、拖交作业，问题层出不穷，而我也在这些旋涡中无法抽身。课余时间，看到男孩犹如定海神针般津津有味地捧读我送给他的《童年》，我的愁眉也会在顷刻间舒展。情感的同频共振，书中高尔基对苦难的认识，对社会人生的独特见解以及字里行间涌动的一股生生不息的热望与坚强，相信一定能带给男孩力量和心灵的洗涤。

中考前夕，我还在为处理学生打架事件而焦头烂额，失落的心情久久未平复，正好男孩晚自习下课经过我的办公室，看见灯还亮着，他鼓起勇气走进办公室，来到我的办公桌前，张着小嘴怯生生地说道："老师，您还没有下班吗？最近班上同学的情绪躁动，各种违纪行为一定让您劳神费心。以前教我们的老师也早已习以为常，对我们都不抱任何期待了。老师您也以平常心来对待我们就好。"我积压的消极情绪在听完男孩的一番话后差点爆发，突然很想大哭一场。我也深知这将近一年的工作困境，由许多因素造成，但关键还是在于自己：没有丰富的教育经验、未能拉近与学生心灵的距离，大环境的教育局面以及学生自身的因素⋯⋯一些事是我还不能胜任的，需要磨炼；一些事是我既无力改变也无法释怀的。除了安慰，男孩还给我带来了好消息，他仰起头自信地说道："老师，我不会因为任何艰难困苦而自我放弃的，我会努力避免原生家庭对我的影响，我要追求自己的梦想，读市高、上大学，将来成为一个能散发微光、照亮他人的人。谢谢您的教导，我一定会努力成为更好的自己。"

我们都暗自下决心，全力以赴对待中考。一个月之后，男孩得偿所愿收到了市高的录取通知书。这一年的教学生活，学生与老师都在互相适应、成长。学生没有达到我预想之中的优秀标准，我也没能成为学生心目中的理想老师。但是感谢生活中的一切遇见，磨炼了我的意志，也引发了我对教育更深层次的思考。尤其是感谢男孩的蜕变与成长带给我力量。

一个孩子都有勇于改变自己现状的勇气，心无旁骛地追逐自己的梦想。于我而言，对目前教育生活的现状不满意，为何不勇敢地走出去寻找更加理想的教育生活呢？

选择让教育的初心更坚定

年轻的心，对于教育的理解是"诗与远方"，它应该是一场向美而行的遇见，所有的相遇都是为了拓展出一个更为广阔的世界，成就更好的自己。再三思量后，我放弃了在海滨小城安稳的岗位，前往深圳这座美丽且包容的城市，寻找更加美好幸福的教育。

转身一变，我成为一名四年级的班主任。起点很辛苦，大小事很多，经常忙到晚上是常态。但总有一些感情经历，从遇见的那一天起，便能让人刻骨铭心；总有一些人，从相逢的那一刻起，就会令人难以忘怀。

崭新的面孔，一张张可爱的小脸庞，让人心生喜悦。小孩自有小孩的单纯，时刻都可以造出无限"惊喜"。我正在给同学们上班会课，树立班规，讲解日常行为规范时，靠窗而坐的小男孩突然翻越窗台，跳出走廊然后又昂首阔步地走到前门，用响亮地童音打报告："报告老师，我要上厕所。"话音未落就不见人影，没过多久又看见他浑身湿答答地跑回教室求助，一脸无辜地解释是厕所水龙头的水太大了，洗手时不小心溅湿了。我哭笑不得，只好致电孩子的父母，告知情况并让孩子的妈妈送衣服过来换。闲聊之际，孩子妈妈除了致歉，言语里流露的是对孩子的安全以及我这新班主任能不能"拿捏"住她家小顽童的担忧。家长的话外之音不断提醒我要勤于向之前的班主任认真求教，学学如何应付这班"小精灵"。当时，对这样善意的提醒我仍有所抵触，每个老师的教育理念和教育方式不同，孩子与新班主任都在共同成长，应该要学会适应不同形式的教育方法，而不是一以贯之。我看见的是孩子调皮和扰乱课堂，而孩子父母关注的是孩子的安全和了解孩子的内心想法。

世界有多少种颜色，学生就能制造出多少种"惊喜"。天气渐凉的时候，班上的一名学生就开始给班里的绿植和仙人掌浇温水。在他看来，植物也需要温暖，只是这一举动从来没有被班上的其他同学觉察，直到有一天天气骤然降温，这名同学把保温杯里的开水往仙人掌上浇。当天中午，我发现那几株仙人掌奄奄一息，转身问班上的同学是谁的杰作？这名同学勇敢地站起来，满脸疑惑地说："老师，我只是想给它们一点温暖。我平时都给它们浇温水，今天太冷了，所以我给它们浇开水。"这样的回答令全班哭笑不得。我压住心中的怒火，冷静地与学生们交流常识。在随后与家长的交流中，家长很淡定地说："我家孩子比较单纯有爱心，这样的"傻事"辛苦您在学校多帮忙教育引导。"这明明是孩子的常识认知问题，怎能归结为孩子单纯有爱心的体现呢？作为学生的班主任，凡事都希望学生能有正确的判断力和思考能力。但没有考虑到学生的成长规律和心智发展，只按照班主任心中的愿景和纯粹的教育理论而执教，势必要遇见很多烦恼。

学生松散的课堂纪律，在校车候车点追逐打闹，室外课犹如一群小麻雀吱吱喳喳说不停，作业完成不理想等一系列问题又成了我教学生活中的大困扰。家校合力共育是我坚守的教育原则，但是交流的方式成为家校沟通的瓶颈。每次和家长交流，我犹如法官判案，对电话那头的家长不断地细数孩子犯下的各种错误和不良的行为表现。所以每次家长们遇到什么事情还是会去找孩子之前的班主任帮忙处理解决；每次交流孩子的表现，家长们依旧建议我要多多请教孩子们的前班主任；每次与孩子们交流，他们也总会谈到以前老师们对他们的各种好。每当遇到这样的时刻，我心里就像打翻了醋坛子。我起早贪黑，心心念念的都是学生们，家长们和孩子们记住的都是之前老师的好。

付出与回报的落差，还是让人陷入失落。但离开小城的那份坚毅和不服输的信念，还是激励我悦纳了家长们的建议，多请教孩子们之前的班主任，学习优秀的经验。年轻的心如大海，任何事情都可以容得下。在与前班主任讨教的过程中，梁老师的许多教育方法和理论都使我受益匪浅。回望自己短短的教育之路，我还是没有站在学生的角度看待和思考问题，与学生之间共情不足，以致我们没有培养起默契，与家长之间没有打开心灵沟通的话匣子。教育之路并不像我所想象的那么顺畅，但经历过的所有困难都将变成我教育路上的亮光，给我指明方向。在教育之田耕耘，我才渐渐明白，这间教室，不是要培养出老师们心目中的理想学生，而是让每一个孩子在学习成长过程中拥有他们专属的故事。老师要做的是坚守教育的初心和使命，用最真挚的努力，助力学生开启属于他们的幸福之旅，扬起他们生命的风帆，助他们乘风破浪，驶向他们梦想的彼岸。

踏上讲台的这些年，我经历过无数个失落的夜晚，也拥有过许多发光的时刻。这十年，看着学生们奋发向上，从高中到大学到硕士毕业，他们自强不息的精神带给我无限的力量。这十年见证着自己在教育之路上从迷茫走向从容，这成长的内驱力得益于我所遇见的学生们、同事们，得益于我所遇见的困境。第一个十年用来积累沉淀，第二个十年用来触类旁通。向美而行，步履不停，相信穿透迷茫与困境的那束教育之光，会照亮我前行的教育路，所有教育的美好终将如约而至。

班主任的"修心藏绪"之路

"老师你好，请原谅没用尊称，是希望关系上亲近自然一些。家长会跟你见了匆匆的一面，在与你握手那一刻我内心是激动且感恩的。特别是先前你和我通话，让我感觉你亲和力特别强，我也放下了自己的防备，与你有了交心的沟通。

从子越回学校到现在，我看见他一天天在变化，脸上越来越多笑容，特别是有事会主动去找老师，敢于面对问题、解决问题。今天回来还说他理解老师辛苦，老师也理解他累，同意他不参加月考，他一回到家马上告诉我，我能感受到他不仅是为老师的同意而开心，还有被理解的喜悦，他在你那里得到了理解、允许、接纳还有难能可贵的信任。

其实子越想上进，但是内心一直有一些挣扎，他表达过想做一些作业，又担心做了作业或者有了一点进步后，老师和家长会开始对他有越来越高的要求，在这方面他有一些回避，特别感谢老师一直让他按着自己的节奏成长。还有你提到子越以后的规划，我也跟他聊了一下，原来他有自己的打算。老师有机会可以找他聊聊，他喜欢跟你说话。

子越的成绩给老师班级带来影响，但老师你拯救了一个孩子，那也是你的成就，比成绩更重要。

有如此懂青春期孩子的老师是多么重要，有你是学生和家长的幸运。

感恩！"

收到这个消息的时候，我正在班里看晚自习，看完消息的那一刻，身体上忙了一天的劳累、深藏于心底的委屈突然得到了抚慰，可能这就是班主任工作虽然又劳累又麻烦，但是还是有很多老师在坚持的原因吧。

回顾这一年来的新手班主任时光，总的来说，就是比想象中更累，麻烦事更多，更受委屈，但是也总能在某些时刻看到一些闪光，获得一些温暖、收获。

作为一名新手班主任，不知道是幸运还是不幸，第一年就遇到了一个非常棘手的"问题学生"A。这位A同学情绪非常极端，稍微遇到一点事情都会崩溃大哭，即使是像"洗衣液用完了""衣柜里有一只蟑螂""因为迟到找不到同学们上体育课的地方"这一系列小事，都会触碰她敏感的神经，进而崩溃大哭。刚开学两周，安抚和解决她的情绪问题就占据了我绝大多数的精力，加上备课、开会、班主任的日常工作，这些事情全部堆在一起，使我一度疲惫不堪、痛哭流涕。班主任的成长之路，第一站就给了我迎头痛击，似乎所有人对班主任都有要求，从学校、年级到学生、家长，班主任夹在中间左右为难，还要面对特殊学生突如其来的问题，令人心力交瘁。

经过不懈努力，慢慢地我对这位同学的情绪问题有了一定的心得，但是随着时间的推进，其他问题也展现了出来。这位A同学经常有一些怪异的举动，导致班里的同学投去异样的眼光，这种异样的眼光往往又加剧了她内心的不安和敏感，进一步导致她出现行为上的问题，例如在课上突然发出怪异的声音、莫名其妙接老师的话等。因此，到了学期中，除了她的极端情绪问题之外，我还面临着两个主要的班级管理问题：一是上课接话扰乱课堂节奏，二是没有人愿意跟她做同桌。带着这两个问题，我在学校老教师的指导下，一方面跟学生多次沟通，另一方面从家长入手，深入了解学生。经过与家长多次沟通，最后我发现学生们的问题大多数情况下是家庭带来的问题，这样一个敏感的同学，背后一定是一个不融洽的家庭。父母关系不好，经常吵架，父亲有暴力倾向，母亲性格冲动又一个人要照顾两个孩子和一大家子，妹妹的出生导致父母精力和重心的转移，这些都给A同学带来了心理上的伤害。然而，找到源头并不代表可以解决问题，家家有本难念的经，婚姻关系和家庭问题更不是一个小小的班主任可以解决的，这也使我认识到了自身力量的局限性。我们很多时候把教师比作园丁，但是影响植物生长的因素有很多，园丁有时候能做的可能只是修剪小枝小叶，无法改变这颗植物的品种和土壤。

A同学的问题在于极端外放的情绪，而通常情况下班主任面对的更多是内敛的对学生有着很大伤害的情绪。我接触过一名B学生，他因为抑郁症休学了两年，重新回到校园来到了我的班，跟前一位A同学不同，B同学在班级中永远闷不吭声，无论上下课，基本不与同学交流。对于学习，他对于自己的期待是拿到高中毕业证就好，因此他对于作业和学习相关任务的自我要求较低。对于班主任来说，这样的同学无疑是重点关注的对象，首先要关注他的情绪问题，希望他可以尽量融入集体，另一方面他的成绩问题也是班主任要关注的问题，毕竟无论如何，在学校班级之间总会有成绩的对比。我为此压力颇大，有时候班主任不仅仅是任课老师，不仅仅是管理者，还是心理老师、生活老师，承受着来自各方面的压力。所幸，经过长期的沟通与交流，我慢慢看到这位同学的脸上逐渐出现了笑容，他慢慢打开了心扉，愿意跟我多进行一些交流，虽然只是小小的进步，但是对他来说，这已经十分不容易了。

已经有心理准备的问题尚且还能承受，逐渐显露的难题有时候让人猝不及防。一直表现乖巧开朗的学生突然表现出了抑郁和自残倾向，学生早恋被德育处抓到，家长还同学校纠缠，家长对学生表现出强烈的控制欲，等等，一系列情况接踵而至，在这个过程中，班主任要面对学生的借口和情绪、家长的质疑和不理解，委屈是不可避免的，痛苦也是时常要承受的。中学生正处于身心发展的重要时期，他们的生理特征决定了他们情绪起伏较大、易冲动。因此，做班主任的过程，也是一个修心的过程。班主任首先要修炼自己的心胸，能够以一个更客观的视角去看待学生的情绪问题，不轻易陷入学生的情绪中去。其次，在与学生交流的过程中，要学会隐藏自己的真实情绪，有时候即使很生气也要努力劝慰自己，用平和的语气跟同学们进行沟通，才会达到想要的效果。所谓修心藏绪，即修炼心胸、隐藏情绪，在我看来，这是作为班主任的"不得已而为之"，也是走向成熟的过程。也许有一天，我们面对学生的任何情绪，都可以做到淡然处之，这也算是人生的功德。

教育的温度，班级的温暖
——我与问题学生的"邂逅"

"教育是一棵树摇动另一棵树，一朵云推动另一朵云，一个灵魂唤醒另一个灵魂。"教育本就是心与心的互动与共鸣的过程，是以爱为底色的一场心灵契约。在担任高三年级的班主任以来，面临着繁重的升学任务和教学压力以及学生的抵触和家长的质疑，我时常在思考"教育的本质意义是什么？"教育是单方面传授知识吗？教育是将学生培养成"考试机器"

吗？很显然答案是否定的。教育是洗涤精神和净化灵魂的过程，教育是丰满心灵和唤醒个性的过程，教育是传道授业和诲人不倦的过程。

"千教万教，教人求真"是身为人类灵魂工程师的教师身上应当担负的责任；"千学万学，学做真人"是身为祖国未来希望的学生身上应当承担的使命。教与学是一个双向互动的过程，更是一门深奥的学问。作为教师，在多年来的实践和探索中，我得到了教书育人的真谛，那就是要追求有温度的教育。

每个班级中总有一些问题学生，正是这些问题学生教会了我在处理问题的过程中站在他人的角度去思考，以耐心和爱心进行有温度的教育。我自身正是受到了授业恩师的影响，坚定地选择了教师这一职业。自执教开始我就决心用自己丰富的专业知识去教化新一代的学生，让他们在求学的道路上少走一些弯路。然而实际情况却并非如我所愿，他们可能会对我的谆谆教诲视而不见，可能会在课堂上公然顶撞我，可能同我始终保持心理上的疏远，可能在课下与我打闹导致我失去教师的威严……我也时常在寂静的夜里自省，寻求与学生的相处之道。

担任班主任以来，我遇到过几名问题学生，正是他们带给我的苦恼和挫折磨炼了我的心灵，启发了我谋求更加温暖和更有深度的育人方法，在这个过程中我仿佛也真正寻求到了与学生的正确相处之道。

我教的班级中有一名问题学生，他的问题主要表现在心高气傲，不愿意与同学们友好相处，只要别人稍有妨碍，他就会对同学大打出手，与此同时，他经常夜不归宿，打架斗殴，染上了一些不良习惯。班级中的许多同学都害怕他，各个任课老师也对他无可奈何、放任自流。最令我感到难过的是这名同学从小成长在单亲家庭，虽然家境富裕，但是从小跟随爸爸生活使他很少感受到来自女性的关怀，从而养成了封闭的性格。在为数不多的家访以及家长会中，我与这名同学的爸爸进行了简单的谈话，但是令我意想不到的是，他的父亲却用短短的一句话将我的千言万语堵在了口中："老师，他要是不听话你就狠狠地打他，他就是欠管教。"说完这句话他就匆匆忙忙赶飞机去了。

那天晚上我在查寝时，正好遇到了匆匆翻越学校栏杆满身烟味的他。在见到我后，他的第一反应是撒腿就跑，我及时叫住了他："再跑我就叫家长了。"他虽然满脸不屑，但还是停下了脚步，吊儿郎当地站在原地。虽然各个任课老师已经对他撒手不管，但是我作为一名班主任，即便看不到一丝向上的希望，也要在学生们这个迷茫的年纪拉他们一把。其实我对这名男同学的第一印象还是很好的，他为人仗义且洒脱，对于自己犯过的任何错误都主动承认。正是发现了他身上这一难得的品质，我才觉得虽然他"劣迹斑斑"，但是仍然没有失去本心，仍然有迷途知返的希望。我像之前千百次一样对他苦口婆心地进行劝导和教育，软硬兼施，但是他的心里仿佛装了一扇铁门，对于班主任的教导毫不在意，破罐子破摔。

有一次数学课堂上，数学老师由于他上课开小差而对他加以训斥："你要是再在课上开小差、不服管教，就不要听我的课了！"我正好经过，透过班级的窗户看到了这样的一幕：他无所谓地从椅子上站起来，态度散漫地说："那正好，反正我也不喜欢学数学，可以在教室里安心睡觉了。"这句话一下子把数学老师气得无话可说，数学老师一下课便到我的办公室告状。还有一次在我的课堂上，他又一次迟到了，我看着他大摇大摆地走到座位上就心头火起，朝他吼道："你还知道把班级纪律和班主任放在眼里吗？"当时我由于实在生气，在全班同学的面前就吼了他，下课回想起来，我又害怕这件事情伤害他的自尊心，就把他单独叫到我的办公室，苦口婆心地劝诫他。但在我的意料之中，他对我的劝诫无动于衷，不耐烦地说："老师，你还有事情吗，没事的话我回教室补觉了。"他的态度再度令我感到十分寒心。他翻墙逃学的那天晚上，我让他在宿舍楼前罚站到了深夜11点，我也在一旁盯到了11点。我思绪杂乱，不知道该如何劝诫这个深陷迷途的孩子，更不知道该如何让他对我放下戒心，引导他向上向善。

过了一段时间，自习课我途经班级时看到教室后排角落上的座位空着，我意识到他又逃课了。学校附近的网吧常常是一些问题学生逃课的聚集地点，我试着碰碰运气，果不其然在最里面的一台电脑前看到了边抽烟边打游戏的他。我气愤地摘下了他头上的耳机，大声说道："你要是再这样执迷不悟，谁都救不了你！"他先是无所谓地笑了一下，然后平静地说了一句："老师你就别管我了，连我的家长都不管我，你管什么？"他的这句话虽然声音不大，却像锤子一般在我的心里狠狠地砸了一下。在这一刻我明白了，他顽劣的表象背后隐藏着他对自己的放弃，隐藏着对那个冷漠家庭的"报复"。对于一个成年人且经历较多的我来说，这种想法在一定程度上是幼稚和可笑的，但对于正处于最需要关怀的青春期的他来说，这件事情却又变得合情合理。

这件事情过后，我首先在心里进行了自我反思，十分懊悔我没有早一些透过他的表象去看清他复杂的内心，同时也在思考该用怎样的方式让他感受到来自除父母以外的他人的关怀和温暖，认识到自己不能因为他人的过失而随意放弃自己的人生，无论他人如何看待，也要自己活得精彩。恰逢学校的春季运动会，在我的软磨硬泡之下他同意了报名男子长跑。在他以最快的速度冲向终点的那一刻，在全班人激动地欢呼和呐喊之中，我真真切切地看到了他脸上露出久违的笑容。在终点旁，班里一些热心的同学拿着水等他，待他跑过终点时，急忙给他递水，并询问："你感觉怎么样？先不要坐下，小口地慢慢喝水。"还有些同学向他投去崇拜的目光，说："你太棒了，真是为我们班争光，你刚才跑过去像箭一样快！"在拿到全校男子长跑冠军之后，我顺理成章地将班级体育委员的职位给了他。他虽然嘴上说着不会管这些鸡毛蒜皮的小事，但是仍然将班级里的大小体育事项安排得井井有条。这一段时间他发生的改变全班同学有目共睹，也不再同从前那样不敢与他说话，许多比较活泼爱动的男同学在课下也愿意同他打趣开玩笑。临近月考时，学委和各任课老师都有意识地帮助和指导他。学委将自己在课堂上记的重点笔记分享给他，同时主动询问他有哪些不会的问题；各个任课教师单独把他叫到办公室勾画重难点。但是我深知周围的老师和同学对他的关怀和温暖仅仅起着很小的助力作用，真正能够改变他的还是他家人的态度。

后来我专门跟他父亲要到了他母亲的电话号码，并与他的母亲约定了来校谈话的时间。他的母亲一看就是一个坚强且温柔的女性，面对我说出了自己的心里话："老师，很感激你始终没有放弃他。我知道他一直对我和他爸离婚的事情耿耿于怀，但我多次想和他好好谈谈心，他都对我极其冷漠，可能这是他的心病吧。我由于自身的工作原因，不能一直陪在他身边，但也很希望他能够健康快乐地成长。"从她的话语之中，我感受到了她的隐忍以及无奈，同为母亲的我感同身受，太明白孩子的成长和幸福是母亲生活中多么大的一部分祈愿，即使因为各种原因不在孩子身边但自己的心里无时无刻还是牵挂着孩子。我给他的母亲讲了他在学校的生活点滴以及近期的改变和状况，同时表达了自己希望她能够在生活中留出一部分时间向孩子表达自己内心的牵挂，学会与长期不在自己身边的儿子进行正确的交流，让自己的儿子感受到来自一名母亲的关怀和温暖。他的母亲听完我的一番话之后潸然泪下，决定平时多去看看儿子，同时与儿子在手机上进行谈心。

很幸运，经过了一段时间的努力，这名同学改正了不良的习惯，不仅获得了班里同学们的帮助和热情对待，同时也找到了自己与父母的正确相处方式，认识到了自己的人生应当自己把握。当时已经是高三的下半学期了，虽然他在多方面都取得了显著的提升和进步，但是离令人满意的高考成绩仍然有着很大的差距。在高考十天前的一个课间，他敲响了我的办公室门，我刚想针对他这两个月以来的表现进行表扬，再在高考之前为他加油打气，但是我的话还没说出口，他便说了："老师，我想复读一年。"

在他说出这一句话之后，我知道他已经改变了，我看到了他眼神中的坚定，看到了他的决心和勇气。这时候我意识到只有给予他无条件的支持，才是作为一名班主任应该做的事情。说实话，对于这一结果我并不意外，反而在内心充满了欣慰和成就感。我知道他心中的风雨停了，心中的那方沃土在经过温暖的滋润之后悄然开出了希望之花、上进之花。

在这个本该一心拼搏的十八岁花季中，他可能经历了许多风雨，走了许多弯路，但是幸好他没有被风雨所摧毁，而这些风雨将是他以后顽强成长的养分。

知己知彼，百战百胜
——问题学生的应对策略

我是一名高中班主任，和多数同行一样，也遇到过不爱学习的学生，甚至是问题学生，当然更多的是遵守纪律、认真学习的学生，在这一过程中，有过开心、感动、收获、成长，也有过苦恼、抓狂、委屈、挫败。开心的是，学生们认真学习，取得好成绩，受到老师表扬，主动和我分享他们的快乐，我看到他们的成长，看到他们努力为自己的理想拼搏，十分感动，我也收获了友情。苦恼的是，有些学生确实不爱学习，经常违反纪律，无视学校规章制度，行为不规范；还有些同学心理压力大，容易产生消极情绪，加上学习焦虑，导致心理问题，这既影响了学生的身心健康和成长，也使班主任工作和班级管理多了些挑战。不过和他们慢慢相处下来，施以恰当的疏导和引导，看到他们在学习和生活中不断改进和完善自己，也算是另一种收获。

多年前，我担任高二级文科班（历史班）的班主任，在我班里就有过一小批颇令人苦恼的问题学生——开学初，他们就表现得我行我素、吊儿郎当，一副不想学习的样子，迟到早退，上课睡觉或开小差，课堂走动，不按时交作业，不参加集体活动；在宿舍不按时休息，甚至吵闹，影响同学休息，不打扫卫生，导致扣分；班里的同学和家长都很有意见，反应强烈；而且他们形成了小团体，行动上几乎是一致的，我当时确实有些抓狂。每次科任老师或班干部或其他同学向我反映，又或是被我发现他们出现问题，我都会找他们谈话、谈心，每次都是语重心长、苦口婆心的，甚至罚过他们背书抄书，一律收效甚微，不出两天，他们就"打回原形"，先前的保证承诺早已抛诸脑后，根本听不进去老师的教导，一来二往，屡教屡犯的他们便不以为然，甚至觉得理所当然了。

该做的工作都做了，该说的话也说了许多遍，该尽的教育责任也尽了，也跟家长多次反馈沟通，可他们始终不听教诲，我心想：是否可以考虑放弃了呢？身为班主任，在我心中，好像始终有一个声音在跟我说，这些孩子暂时有些学习态度和纪律上的问题，都还是可以教育、改进的，只要再想些办法，改进教育方式，或者转变引导思路，结果可能就会不同。如果真的不管了，这些学生只会更加糟糕，整个班风也会更差。转念一想，我也开始跟自己较真起来，难道还真有我教不了的学生吗？如果换作其他老师，可能早教育好了，难道是我不行？思考再三，我决定重新调整思路，继续做些工作，先做好充分的台账记录，同时充分了解这些学生身上的优缺点，尽可能了解每个学生的生活经历、家庭背景，走进每个学生的内心，了解他们的真实想法、人生观、价值观，改变以前和学生谈话时泛泛而谈的做法，争取在以后的师生谈话中，多让学生倾诉，多听学生的心声，或许只有彼此了解，知己知彼，才是取胜的法宝；只有了解问题的症结所在，方能有针对性地解决问题，找出帮助他们改进、成长的最好途径。

第一步，调查记录。根据各个科任老师、班干部和其他同学反映的问题，我多方取证，跟踪调查，一一核实并登记在册，给每个学生建立个人档案，专门记录他们的日常表现，包括表现好和不好的方面，所有记录都尽量详细，包括具体的时间、地点、事项等。

第二步，谈话了解。我先是逐个谈话，将调查核实的问题全部展示给他们看，让他们红红脸、出出汗，全面审视自己，全面认识自己的优点和不足，让他们做自我评价，给自己在学校的表现和学习态度评分，追问评分是否满意，今后如何改进，并让他们每人回去深刻反省，按要求写好反思报告。此外我还通过筹备班级活动、作业检查、考试分析总结会、家长会等有利时机，进行集体谈话和教育，创造机会让他们展示自己。

第三步，追根溯源。通过和学生敞开心扉的交流，我根据了解到的每个学生的生活经历、家庭背景，和学生一起回忆成长的历程，追忆在学习的道路上有过哪些刻骨铭心的经历，小学、初中、高一学习成绩如何，是什么原因让自己不爱学习了，想不想努力学习考取好成绩，看到自己成绩不理想时心里在想什么。如果学生愿意谈，我们还可以追问，父母及其他家人还有老师对自己有过哪些期望、提供过哪些帮助，自己获得过哪些奖励，有多少知心的学习小伙伴，现在的学习与过去有哪些不同，有什么困惑，对学习是否仍有兴趣，是否有信心。通过交流和追问，增进师生的了解，培养师生感情，这样我们就能知道学生的成长历程和对学习的真实态度，从而了解学生现在不爱学习的原因，思索恰当的教育方法，比如学生若自小对学习没有兴趣，那就需要从培养学习兴趣入手。

经过摸底溯源和调查谈话后发现，学生不爱学习甚至抵触学习，原因各不相同。一些人是因为学科基础差，学习跟不上，没有信心，产生了放弃的念头，自认为就算再努力，学习成绩也很难提高，这恰恰说明他们是愿意学习的。从谈话中，我了解到一些学生对学习仍抱有兴趣，只是一身力气不知道如何使在学习上，没有高效的学习方法，也得不到有益的指导。一些人是因为学习成绩不好，心里有压力，很焦虑，在很多师生眼中，他们属于差生，所以他们我行我素，玩世不恭，以此来消解周围人的眼光。还有一些人是因为对学校不满意：学校离家远，他们之所以到这个学校来念书，是父母的安排，并非出自他们的意愿，他们成绩一般，学习跟不上，而且我们学校管理严格，他们觉得压抑，一旦违反纪律，连带家长也要一起面对校领导、老师的教育，压力很大。经过沟通，家长们也坦白，每次学生回到家里都带着情绪，埋怨父母送他们到这所学校读书，压力很大。这确实让我吃惊，难道能来重点中学读书不是一件高兴和自豪的事吗？有此提醒，我对同学有了更多角度的了解，知道问题的症结所在，有助于今后工作的开展。

同时我也发现他们并非一无是处，至少他们没有沾染不良的行为习惯，他们带手机来学校，也愿意交给班主任代为保管。最重要的是，他们都不存在心理障碍的问题，不需要特别进行心理疏导，心态比较阳光健康。还有许多其他值得肯定的地方，例如，他们无论对班主任还是科任教师，都比较尊重，课堂上打瞌睡，被老师提醒后都比较配合，没有抵抗或者无视；对待班级里举手之劳的工作，诸如搬东西等，也愿意帮忙，很少推托；他们都比较好动，平常也热爱体育运动，所以学校组织开展各类体育运动和比赛时，总能见到他们的身影，而且每次也都能取得不错的成绩，有时他们还是比较受班里同学欢迎的。

总的来说，我采取的做法是因人而异，因材施教。针对前两类学生，我从帮助他们树立信心和培养学习兴趣开始：首先，充分肯定他们的优点，其将优点转化成亮点，优点越多，亮点越多，就越受同学和老师的喜欢。一个人的优点不止在学习上，还有为人处事、心理素质、性格态度、思想品格等，都可以展示优点和亮点。其次，通过回顾学生的成长历程和求学经历，有一些人曾经也是师生和长辈眼中品学兼优的学生，这证明他们也是有智力、能力和潜力的。再次，教导学生从基础相对较好的科目入手，从最基础的知识点入手，一点一滴坚持反复"啃"，学习的信心很大程度上就从会做题、做对题、想做题上来，做对越多，对学习就越有兴趣；坚持课堂上要听懂，知道老师在讲什么，才能有听课的兴趣和意愿；

通过听和做，又不断发现还有不懂的，请教老师，进而调动学习的主动性和积极性。针对后一类学生，我先是推心置腹，告诉他们我家也离学校很远，我是可以理解他们的，并分享我是如何做到既来之则安之的，以增进他们对我的信任；在往后的学习和生活中，我也会稍多关注他们，包括在座位的安排上也会稍多给予照顾，目的是让他们感受到虽远离了父母但仍被爱着；同时我也鼓励他们多参与集体活动，多帮助有需要的同学，尽量和全班同学成为好朋友。至于学习上的困境，则和前面的同学一样，我会帮助他们树立信心，培养兴趣。

通过上述努力，我不敢说这些学生都在学习上取得了很大的进步，但其行为习惯都有了明显的改进，自信心也提高了，他们的改变也得到了学校领导和其他老师的肯定和称赞。这些同学在两年后都如愿考上了大学，我们亦结下了深厚的友谊，他们非常骄傲地跟我汇报了高考成绩，展示了大学录取通知书，身为曾经的班主任，我是很骄傲的。通过这些同学的案例以及多年的班主任工作，我更加认识到班主任工作的意义，这确实是一份良心工作，需要爱心、耐心，也需要用心，遇到问题学生，确实要多想办法，关爱鼓励，付出时间、精力、心血。班主任免不了受苦受累，有时甚至是费力不讨好，虽然不是所有付出都有回报，但付出了总会有回响，班主任的工作并不都是苦差事，或说哪怕工作再苦，也是苦中有乐。回头总结，还有如下感想：

第一，学生的种种问题，归根结底都跟学习好坏有直接关系，这也是多数问题学生的共性问题。大多数情况下，学习不好，成绩不理想，一系列的问题就会随之出现；相反，学习好，成绩优异，各方面的表现也都不差。但也有例外，部分问题学生可能深受家庭或先天条件的影响，需要特别进行个性化辅导和心理疏导，帮助他们走出黑暗的或负面的心理困扰，摆脱消极情绪，才能往学习之路上引导。学习成绩好，学生问题少，这免不了有些"唯分数论"，却是实实在在的现实，符合现阶段的学生特征。

我们不能责怪老师或同学太看重分数，学习成绩好确确实实能树立学生的信心，激励他们勤勉拼搏。这就提醒班主任在应对问题学生时，关键在于学习上积极有效的引导，在了解学生的过往及其内心想法的基础上，把学生的注意力重新拉回到学习上来，哪怕学生只有一点点进步，那也是好的开始。在班级管理的过程中，既要鼓励先进，也要帮助后进，或可稍多关注后进，鼓励先进带后进，后进学习先进，大家一起共同进步；不以分数论英雄，不以成绩定成败，理性看待学生的分数，关注学生的全面发展。曾经有老师说过，当学生全身心投入学习中时，他们就不会有心思想着玩手机或做其他跟学习无关的事情了，整个班风、学风就好了，这或许是一种理想的愿望，但也可以是努力的方向。事实证明，只有全体学生都认真学习了，班风、学风才会好；只有全体学生都学习好了，整个班级才会更好。

第二，班主任的工作确实不容易做，班主任也是人，是平凡的老师。外界对班主任的定位相当高，有人说班主任的工作直接关系到学生的成长与发展，是学生成长路上的重要引路人、指明灯，是班魂、定海神针。只要班主任在，全班学生的心里就会很踏实，遇事不会慌乱。班主任是学生最可亲近的人，是家长最可依赖的人，是学校领导最可放心的人。既然如此，在日常的班级管理工作中，班主任就更需要各方的理解、配合与支持，班主任要对学生有耐心、能包容，各方亦要对班主任有耐心、多包容，只有如此，班主任才能更有信心把工作做好、把班级管理好、把学生带领好教育好，真正发挥班主任的作用，为学生的发展、学校的发展乃至国家教育事业的发展做出积极的贡献。其实不管是好带的班，还是难带的班，也不管是好带的学生，还是难带的学生，班主任的工作实际上是一样的，要多想办法，尽职尽责，给学生正确的引导和指导，还需要爱心、耐心、细心、关心，帮助学生更好地成长。班主任的工作既要看结果，更要看过程，尽管耕耘，静待收获。

第三，如何把学生教育好，因人而异，然万变不离其宗，长期工作在教育最前线的班主任是最关键的。教育是个高深的领域，需要广大教育工作者倾心注力，深耕厚植，班主任亦然，需要不断解放思想，与时俱进，加强理论学习，并与实践相结合，在教育学生的同时，多方面提升自己，积极参加校内外的专业技能培训，给自己"充电"。有人说，优秀的班主任，既是做出来的，也是在善于向他人的学习中成长起来的，是在工作中不断反思和总结出来的。班主任要想把学生教好，把班级管理好，首先自己要善于学习、爱动脑子、多想办法，用心想学生所想，思学生所思，给学生所需；其次是要乐观开朗、充满爱心，时刻给学生传递正能量，具有人格魅力，能感染学生，影响学生，成为学生的偶像，成为学生最好的榜样。

最后，做班主任不能太较真，但又不能无所谓。如果太较真，过于追求完美，确实会抓狂，甚至会崩溃，这时能做的就是平心静气，多想办法。但是，在该较真时就得较真，其实学生是怕老师的，更怕较真的老师，却也更喜欢较真又负责任的老师。

柔软的力量

小晨是一名四年级的学生，同时也曾经是一位给我带来无数挫败感的孩子。先来了解一下他做过的事吧。一年级的时候，他就曾背着书包冲出校园，保安一路追到马路上才把他抓住。三年级的时候，他参加舞龙社团，一次生气起来，满操场乱跑，体育老师被他"遛"了半个操场都追不到他，学校"民族魂"活动开幕式的舞龙表演，也因为他与同伴闹不和，导致他这条"龙"无法演出。四年级的时候，他多次和同学发生冲突，导致课堂无法继续，因此多次被叫家长。他生起气来，要三位男保安才拉得住，而拉过他的女老师，第二天都是腰酸背痛，像是刚打过一场仗一样。

小晨为什么会这样呢？为什么越到高年级，越控制不了自己的情绪呢？这还要从他的家庭说起。

我从一年级开始带小晨，那时候他只是单纯地比较调皮，上课比较难以控制住自己的行为，没有办法专心听课，作业也完成得比较潦草。但是一年级的知识比较简单，就算上课不听，回家自己看看书或者爸爸妈妈讲一下，也能很快学会。因此，在一年级的家长会后，我与小晨的家长单独交流，说明了一年级培养行为习惯的重要性。但从小晨后续的上课表现及作业来看，那次交谈并没有引起家长的重视。不过，那次交流让我了解到小晨的成长环境。

原来，小晨小时候是跟着爷爷奶奶在上海生活，爷爷奶奶比较溺爱这个孙子。直到快上一年级了，小晨才从上海回到深圳的爸爸妈妈身边生活。但是对一个孩子来说，离开一直以来生活的环境，离开从小一起生活的爷爷奶奶的照顾，他很不适应；而爸爸妈妈也还没能习惯有小晨的生活，对小晨的照顾也不到位，让小孩觉得爸爸妈妈的内心不够接纳自己，双方都很不适应。因此，父母在生活中就对小孩缺少耐心，五六岁的小晨脾气也变得越来越暴躁。爷爷奶奶的溺爱，让小晨养成不少不良习惯，比如吃饭要喂、规则意识不强等等，这时父母再想要纠正过来，是需要时间和耐心的。

小晨上了一年级之后，随着学业内容的增加，老师向小晨父母反映他不良习惯的情况开始增多。爸爸妈妈粗暴的纠正方式，孩子不能接受。毕竟，他以前在爷爷奶奶那里从来没有遇到这些问题。就这样，小晨与父母的矛盾逐渐增多。

小晨逐渐不能控制自己的情绪，与同学之间的矛盾也越来越多。老师们与小晨进行了深入的交流，心理老师还从专业的角度与小晨及其爸爸妈妈进行了交流，了解小晨不良行为背后的原因。

小晨自小与父母的分离，使孩子与父母之间缺少情感联结。因此，在遇到问题的时候，父母与孩子互相都不会好好沟通。母亲的脾气比较急躁，遇到问题就直接打骂，之前也出现过在学校楼道当着老师的面，直接上手打小晨的情况。面对这样的情况，小晨的爸爸更多的是不参与孩子的教育，如果妈妈生气打孩子，爸爸就一味地护着孩子。这样的"严母"和"慈父"让小晨一直生活在混乱的情况中，对事物的判断也出现了偏差。后续我们了解到，小晨的爷爷奶奶是小晨妈妈以前的老师，这让小晨妈妈在公公婆婆面前没有什么话语权，因此她可能会把控制欲施加在小晨身上。

面对这样的情况，光是和小晨沟通是没有办法解决问题的。于是，班主任和心理老师一起约谈家长（甚至是祖父母）就是当务之急了。通过与小晨父母的沟通，他们逐渐意识到自己在小晨成长中的缺失和对小晨的影响，也答应尽可能改变教养方式，多与孩子沟通，不直接动手。爷爷奶奶的宠爱，也要根据实际情况进行改变，要有原则性。

校内的改变也在同时进行。各科老师了解到小晨的情况后，对他的一些小的任性行为也适度包容，而不是直接批评教育，避免引起他的反感甚至情绪爆发。另外，也让小晨在班里担任一些小职务，比如老师的小助手等，让他感受到自己的价值和意义。在课堂上，通过多提问的方式提高他的注意力，减少他分神的可能性，尽可能地一点点改变之前不良的听课习惯，同时也能提高他在班级里的存在感，提升他的自信心。课下则通过单独辅导交流的形式，拉近与他之间的距离。在他不反感的情况下，通过拥抱、握手等适度的肢体接触，让他感受到老师的关心和照顾。

我还在班级里开展了"我们的小田园"活动，旨在让学生通过种植来感受生命的张力以及提高责任意识，班里学生纷纷自己种植物，我也在办公室门口准备好了花盆，与小晨一起合作种下了春天的种子，小晨每周浇三次水。在小晨的精心照料下，我们一起种植的植物也越长越好了。几周后，植物成熟了，我和小晨一起收割了我们种的菜。晚上小晨妈妈下厨，把这些带有爱心的菜做成了饭桌上的美味菜肴。我通过相机记录小晨种菜的点滴，而小晨则通过吃菜和写日记的方式，记录了自己这段时间的感悟。小晨通过自己的付出，感受到了收获的快乐。看着小晨脸上露出久违的灿烂笑容，我知道我们付出的努力开始有收获了。

小晨的成长过程中，脾气逐渐变得暴躁，这时候如果老师也一样暴躁或者比他更暴躁，只会适得其反，让他更加无法控制自己的情绪。我们通过平静而有威力的行为和话语，让他逐渐能听进别人的劝告，接受与他人的交流，也能慢慢平息怒气，将情绪爆发的间隔逐渐拉长。

这样以柔克刚的方法，面对心理发育还不够成熟的孩子是很有效的。他们已经逐渐能听进别人的教育，也逐渐有了自我反思和改进的能力。通过老师多种方式的引导和交流，学生会慢慢开始转变。

当然，教育不是一蹴而就的，总是会有反复的时候。老师一定要有耐心，接受并理解这种情况的出现，带着爱心、细心、耐心、同理心，陪伴孩子的成长。

"老班"来转化"问题少年"

"蕾蕾姐，您下周一有空吗？想回学校看看您。"虽然接下来的一周有体育节、质量分析会、家长会、开放日，忙得不可开交，但是一听说有孩子要回校探访，我还是非常开心与期待的。特别是这个学生，自我回深圳工作后，他每年都会来，每逢节日都会准时收到他的祝福短信，疫情期间口罩紧缺的时候他还雪中送炭邮寄口罩过来。谁曾想过这个暖心懂事的男孩曾是老师们眼中的"问题少年"呢？在这次回校交谈中，已经毕业十年目前在银行工作的他说了一句"蕾蕾姐，感谢你当年没有放弃我"，让我内心深受触动，也回想起那一段教育往事。

那一年，高二分班后我成为小语种班的班主任。那是我带的第一届高二，也是我第一次做小语种班的班主任。这些学小语种的孩子都是从初中部直升入高中部的，较其他学生相处的时间更长，关系也显得更亲密一些。按理说，带起来应该会更轻松些，可是，就是在这些关系亲密的孩子中出现了一个当时颇令我头疼的孩子。在班里，他很少和其他同学讲话，也没有人愿意跟他做同桌，但他并不是一个内向的孩子，一下课他就跑去理科班找人聊天，上课了才回来。经过了解，我又知道了他每天晚上几乎都是临近熄灯才回到宿舍，也几乎不与舍友聊天。人都有爱与归属的需要，究竟他是怎样的一个男孩？为什么不愿意跟班里的同学友好相处呢？种种困惑让我想更进一步了解他。

我翻出了他的档案：小晨（化名），男，17岁，因为学习小语种，所以由初中部直升入高中部，两次大考的成绩都很好。大概是个习惯好、成绩好，因为学习刻苦而忽略了与同学交往的男孩吧。我暗自揣度着。然而，他接下来的表现让人大跌眼镜，成日不是迟到就是逃避值日，导致班级在一个月内被扣了几分。在接下来的考试中，成绩更是一落千丈。我想，有必要和他聊一聊了。我们的首次聊天并不顺利，我试图说服他调整学习状态，考虑班级荣誉，然而他只是冷冷地回了句："老师，说实话，我不怎么在乎别人怎么看我，我自己扣不扣分、班级扣不扣分对我来说也无所谓。"听到他这样的说辞，当时的我深感无奈和无措。我想，也许我要对他做更多的了解，我始终相信没有天生的"坏孩子"，这背后一定有着他的故事。

我找到小晨高一时的班主任了解情况，原来他确实有些顽劣，也找过几次家长，甚至以开除吓唬他，让他遵守校纪，但还是于事无补。从同学们那里得到的信息，更让我震惊，他们说小晨是年级出了名的作弊专业户，他的考试成绩基本上都是靠作弊得来的，跟同学讲话也时常爆粗口，所以很少有人愿意与他交往。天啊，我是遇到了一名"问题少年"了。然而麻烦并未止于此，越来越多的投诉接踵而至。班里一名女生投诉因为批评他长时间占用班级电脑而被他骂哭，语文老师投诉他在老师下班后破解密码偷用老师电脑，数学老师投诉他经常逃课，而对他进行批评教育时反被他用歪理顶撞。接下来，在一次抽查中，他果然不在教室，我遍寻了整个教学楼都找不到他的身影。学生的事没有比学生更了解的，西语班的同学告诉我，不要被小语种班紧锁的门、拉拢的窗帘迷惑了，小晨经常躲在里面上网。占用班级电脑、偷用老师电脑、翘课去小语种班上网，线索似乎被连了起来，这个男孩的表现一定与网络有着密切的联系。后来，教导处主任的一通电话更是证实了我的想法。

"王老师，你们班是不是有个叫小晨的学生？"

"是的，主任。"

"是这样的，百度刚刚打电话来，在贴吧上有个叫精英王子的吧主和另一个网友起了点冲突，影响了贴吧的秩序，经过调查这个精英王子就是小晨，希望学校这边协助协调一下。这件事你来处理一下。"

"好的。"

放下电话，我一时间竟恍不过神。百度、吧主、扰乱秩序，这样的事情我还是第一次听说。而且，"精英王子"这四个字我实在是无法和印象中的"问题少年"对应起来。

也许，我该了解一下网络中的"精英王子"。我在百度贴吧输入这个网名，果然有很多信息跳了出来。这个人几乎有贴必回，不仅是吧主，还被众多网友奉为尊敬的"公会会长"。在贴吧里，他会热心地给每一个人解答网络技术、生活情感等方面的问题，俨然一个知心哥哥的形象。在网友生日的时候，他还会亲自作诗相送，赠予网友的诗不下几十首。这样一个贴心、合群、重义、才华横溢的人竟是我们眼里的"问题少年"吗？我细心观察了他回帖的时间，确实基本上都是在午休和晚自习的时间。带着这样的疑问，我再一次找来小晨谈心。

"你是精英王子？""老师，你怎么知道？"这样开门见山似乎吓了他一跳。我把事情的经过讲给他听，也包括我对"精英王子"的看法。我告诉他，我通过贴吧上的内容了解到真正的他，我相信他是一个重情重义的人，也是一个希望能够变得更优秀获得别人认可的人。听了我的一番话，他似乎放下了心理防备，和我讲述了贴吧事件的经过，答应会很好地处理百度贴吧上的事情。"老师看得出你是网络世界的精英王子，相信你在现实生活中有一天也会成为父母、老师和同学心目中的精英、王子。"话语刚落，我看到他的眼泪分明在眼眶里打转。

第二天，他拿了一本书名为《随风吟唱》的儿童文学集子给我，希望我读一读一篇名为《弃儿》的小说。他说，小说的主人公和他的经历很像。那一刻，能够被他信任，我内心也终于温暖了起来。45页的小说一口气读完，我读到了一个曾经被称为神童的少年，进入重点中学后，被父母要求放弃一切与学习无关的东西，成绩下滑后，父母愁闷、流泪、责骂，主人公在日记中说："我忽然觉得，对父母来说至关重要的不是我这个有血有肉的儿子，而是那个用分数、名次和奖状构成的幻影……"学习从此对他而言失去了乐趣，在重压之下，主人公沾染了赌博的恶习，"当神童梦破灭之后，我就只能从赌桌上表现我的伟大了"。我想，我读懂小晨的经历了，每个孩子的经历又何尝不是一本书，需要我们用心、用爱去解读。其实从一些细节中，我可以看出小晨是个聪明的男孩。他读过很多书，心算能力也极强。和他爸爸聊了一次，也证实了他的小学成绩确实是班里数一数二的，后来因为顽皮和成绩下滑经常挨打，渐渐在学习上得不到认同，也就对学习失去了兴趣，他找到了另一个成就"伟大"的平台——网络，由此网络成瘾。这让我想起青少年心理发展的基本规律之一——青少年自我意识高涨，希望得到他人的认同，而学习活动是其进行自我评价的主要依据，在学习中习得性无力后，往往会将注意力投射到其他领域，以期得到补偿。青少年学生既渴望不再受父母的控制，在情感上又对父母是依赖的；他们在心理上比儿童更加需要同伴的友谊，如果能成为某个同龄群体中的一员，他就会感到自己作为一个人是有价值的；在师生关系上，他们要求教师用尊重、理解和支持的态度对待他们。想到这些，我终于完全理解了小晨，并真心希望他能够从网络世界回到现实世界，真正变成现实中的精英王子。

此后，我加强了和他父母的联系，解铃还需系铃人，帮助他们家庭关系改善绝对有利于小晨性格的正面发展。此外，科任老师只要提及他的一点点进步，我就会及时叫他来接受表扬，比如语文老师夸他书读得多，积累做得很好，作文写得很棒。在班里，我也尝试发掘小晨的闪光点，让在网络中能收获集体荣誉感的他也能让班里的同学们感受到他的重情重义，接纳他、认可他、亲近他。班会上，我鼓励他表演擅长的街舞，他赢得了同学们的热烈掌声。合唱比赛中，我委任他做钢琴伴奏，大家一起辛苦地排练，在决赛中取得了优异的成绩。一次他无意间提起生日，我留心到学校附近的蛋糕店买了蛋糕，和全班同学一起为他唱生日歌。那一次，他很感动，给我写了一首感谢的诗，偷偷地放在办公桌上。结尾写道：您是我最尊敬的老师，我会努力的，不会让您失望。那一刻，我觉得所做的一切都是值得的，也许那时眼角的泪光、嘴角的微笑就叫作幸福吧。

时光飞快地溜走，转眼就临近高考。这一年里，我陆续了解到，他和同学、舍友的关系已经渐渐修复。他在贴吧上留言说自己会暂时离开，专心备考。他拜托爸爸购买了各个科目的练习册，深知过去沉迷网络落下的课程绝非一朝一夕可以补回，为此更加拼搏努力。高考后，他见到我讲的第一句话我至今还记得："蕾蕾姐，这一次我真的完全靠自己，尽了全力，问心无愧了。"那一刻，从他的目光中，我看到了比成绩更重要、比金子更闪亮的东西，竟有种莫名的感动与欣慰。时隔多年，再次在校园中见到帅气的小晨，听着他调侃当年偷用老师电脑被抓住时谎报别人名字的趣事，感觉他还是我记忆中的那个少年。如今，大家仍然互相惦念，像家人一般相处，也许师者的幸福就是这么简单吧。做班主任的这些年，苦乐相伴，也渐渐明白了没有天生的"问题学生"，只有尚未被唤醒的种子与不得当的教育，不管面对什么样的孩子，爱都是最好的教育。

风雨过后彩虹现

蓝天因为乌云而真实，人生因为遗憾而丰满。班主任的带班故事，正是因为有一些不足，才显得更加精彩；正是因为走了一些弯路，才引发了深刻的思考。

震惊：我本将心向明月，奈何明月照沟渠

学校开例会，领导提到要关注孩子们的心理健康。会议结束，我马上给班里买了一个"心语信箱"，希望给班里孩子们建立一个畅通的表达渠道，让每个孩子都能畅所欲言。我在班里说，信件可以实名也可以匿名，钥匙我自己掌握，内容绝对保密。

信箱虽然安好了，但一开始我也忧心会不会只是一个摆设，因为平时班里的学生都比较内敛，不知道他们敢不敢写心里话。周五送完学生，我试着打开信箱，出乎意料的是，竟然有几十个小纸条，几乎装满了整个信箱。我如获至宝，立刻一封封打开，如饥似渴地阅读起来。

纸条以举报类居多，如某某自习课说话、某某就寝时间打扰别人休息、某某谈恋爱等等。其次就是发牢骚的，如作业多、不想学习之类。还有一些表白抒情的，如"你是我眼中最美的风景"等等。突然，我愣住了——一张纸条上赫然写着骂我的话，而且骂得非常难听，因为英语周清留学生，英语老师都不管，政治老师干嘛多管闲事……我惊呆了！作为一个新手班主任，我把自己全部的热情倾注到班级管理中，把"用最真的心做最淳朴的教育"作为班主任工作信条，自认对学生问心无愧。经过一年多的努力，班级各项工作都得到学校和家长的认可，很多学生的成绩也稳步提升。然而，摆在眼前的，却是白纸黑字、清晰明白的辱骂，如一盆冷

水倾盆而下，难过、失望、愤怒、迷茫等情绪轮番涌上心头。

转机：旧时茅店社林边，路转溪桥忽见

周末，我一遍遍打开纸条，猜测是谁写的，该怎么处理，前思后想，觉得自己不能装作若无其事，应该坦诚面对。

于是，周一我召开班会，向学生传达了设立信箱的初心，上周看到信的惊喜，再到惊现针对我的骂人信的失望，并对信上的内容做出回应。"我只是想让大家学习好一点而已，即使方法不对，也'罪不至死'吧。"画风一转，我严厉地对学生说："批评和建议我随时愿意接受，但侮辱人格的话我绝不容忍！尊重老师是中华民族的传统美德，是一个人内在修养的外在表现。给大家一天时间，谁写的私下来找我，我们私下解决；如果不来，我会找出班里的作业本一个个核对笔迹，到时候我来找你就不一样了。"

第二天傍晚，一名学生战战兢兢来到我办公室，一到我面前站定就鞠躬赔礼道歉，我还没开口，他就在办公室大哭起来。从这名学生断断续续地讲述中，我了解到他排斥老师的原因。他说小学班主任曾经特别严厉，经常拿笤帚打学生，他还曾被罚抄写熬夜到凌晨两点，却也不敢反抗。看着这个曾经受伤无助的小男孩，我的气愤烟消云散，反而一直在安慰、开导他，希望他能摆脱过去的阴影，相信老师的善意。

学生走后，我的心情依然是沉重的。每一个孩子来到世界上都是一张白纸，所接触到的形形色色的人都会在孩子身上画上一笔，或美丽绚烂，或污秽不堪，慢慢地，孩子迷失在各种印迹中，忘记了那个渴望成长的自己，眼睛里的光一点点消失。没有办法改变这个世界，我只能从自身做起，尽力为学生的生活增添一抹亮色，哪怕如流星般短暂，也可以证明我曾努力过。

或许是积压许久的情绪得到了宣泄，或许我的宽容让他找到了安全感，这名学生后来看我的眼神多了一丝亲近。班里有集体活动时，他开始举手积极参与，尤其是班上排考场的工作基本上被他承包了，周五经常最后一个离开教室。我也从不吝啬对他的表扬，遇到他专注学习、认真打扫

卫生、跟同学讨论问题的时刻，我还会抓拍一些照片私下发给家长，让家长看到孩子的进步。

收获：晴空一鹤排云上，便引诗情到碧霄

一切顺理成章，他期中考试的成绩明显进步。这次进步奖表扬的奖品我准备了一些名校书签，由学生自己抽取。他抽到了一张重庆大学的书签，上面印着重庆大学的校门和校训，他盯着书签的双眼闪出光芒，古色古香的书签画和不苟言笑的他看起来还真有一丝和谐感。

让我没想到的是，从那天起，他一直把书签放在桌子的左上角，仿佛一个虔诚的信徒，他说这样学习的时候可以随时从书签中汲取力量。我感动极了，偷偷给他和他的"梦想"拍照留念。多年以后，他会走进自己理想的大学吗？他会不会想起自己初中时曾如此深情地注视着重庆大学？

端午节，学校组织学生到餐厅包粽子。作为班级代表，他很幸运地参与本次活动。活动结束时，他来到我的办公室，有点羞涩地从口袋里拿出一个热乎乎的粽子，低声对我说，学校给参与活动的学生先煮了一锅，他没舍得吃，先给老师送过来。那个楼层一共去了四个班级的学生，他是唯一一个跑来给老师送粽子的。我的眼眶红了起来，突然觉得当初那顿"骂"真的值了……

陶行知先生曾经说过："先生之最大的快乐，是创造出值得自己崇拜的学生。说得正确些，先生创造学生，学生也创造先生，学生先生合作而创造出值得彼此崇拜之活人。"看到他一天天的变化，我不知道该如何形容自己的心情，或许这就是当老师最大的幸福。

美国名师雷夫·艾斯奎斯在《第56号教室的奇迹：让孩子变成爱学习的天使》中写道："像所有'真正的'老师一样，我经常失败。我睡眠不足。我在凌晨时分躺在床上睡不着，为一个我无力教育的孩子而感到极度痛苦。当一个老师，真的会很痛苦的。"如果有人对你说，教育之路全是星光灿烂，那绝对是骗人的。我们可能会遇到各种各样的问题学生，可能

会遭遇意想不到的困境，这才是教育的常态，这才是真正的教育生活。稳住心态，慢慢来，多多做，时时反思，才能在风雨之后看到绚烂的彩虹，才会更深刻地明白教育的真谛。

这，就是成长，学生和老师的共同成长。

三 班级问题频出，挫败使人焦头烦

危如累卵的常态，也得平一切波澜

我以为的教育，是给孩子撑起一把伞，让他们看到风雨也得到庇护，从而能够在认识外界险恶的情况下，平安、妥帖地一路前行。我一直秉持这样的信念，带完了我入职以来的第一个班级，这个班级正如我所愿，让我的信念得到践行并进一步加深。然而，当高一年级结束第一学期开始选科分班，我接手第二个班级后，我才发现教育确实是给孩子们撑起伞了，他们表面走在伞下，却总不能一路顺当地前行，亦不愿和你并肩而行，他们非要冲进雨中淋雨，非要踢溅路上的水花，甚至重新回到出发点控诉风雨太大。

太过顺利的开头，往往会让人忽略危险。初为人师接手的第一个班级，虽然成绩并非最优异，但是学生大部分还是指标生，那段日子真是我当班主任以来最快乐的时光。也许是刚走出青春期走向成熟，也许是成长的经历令我感受，我在做班主任接手第一个班级时，曾下定决心：我一定要很尊重他们，做一个情绪稳定、心平气和、有很强的包容心的老师。秉持这样的信念，对于遇到的第一个班的孩子们，我倾注了大量的心血。我带着他们了解高中有什么、未来是什么，带着他们一起筑梦、共同逐梦，定下"仰取俯拾"的目标，一点点教学，一点点了解他们，毫不吝惜给予他们的爱。

彼时的我坚信：念念不忘，必有回响。事实也确实如此，每一次叮嘱卫生纪律，都能收获月考核流动红旗。我时不时去查寝，女孩们会随手给我一些小零食叮嘱我早点休息，表示她们一定会好好收拾。带着他们上公开课，每个人都洋溢着笑脸，同我一起展示最好的课堂风采。平时课堂互动愉快、上课专注，出现过最"反骨"的情况仅是课间在教室里打扑克牌放松。每一次，我调整座位，虽然他们会有一些情绪，但都能理解和接受。大家一起虽然走得慢却从不后退。这样一个入学时平均分在年级边缘的班级，却能在第二学期分班后，50个人里有8个被选进了优秀班级，并且很多学生各科的成绩相较入学时都有了大大的提高。

这是一个很顺利的开头，顺利到让我觉得带好一个班并不难，让我坚信有"爱"便能结果，有关心、有交心，哪怕不用疾言厉色，孩子们也可以好好地成长。我现在回头看才发现，太过顺利的开头对班主任的生涯来说并不是什么好事。

第一道坎——"新高考"下组合班级管理革新。接手第二个班级，与他们初见的那个下午，望着乌泱泱的一大群人，我总有一种怪异的感觉。我安慰自己，一切总得徐徐图之，多忧无益。接手前收到学生名单，在新高考3+1+2的模式下，出现组合班不奇怪，只不过这个班级"物生地""物生政""物地政"杂糅，我已经能预见后面带起来有多么不容易。

在新班级第一节班会课上，我给这些孩子们朗读了一首英文诗《未选择的路》（The Road Not Taken），释放最大的善意和他们相处，并且告诉他们，不论出于什么考量做出了当下的选择，迈出了这一步，就希望大家都能够坚持自己的选择。但是，事实上，带领这个班，从起点开始就面临着许许多多的困难：如何收发作业、检查作业，如何在走班制度下管理好这样一个大班级，如何将所有的同学团结起来，如何让大家快速熟络起来，如何帮助科任老师尽量了解班级同学，桩桩件件，琐碎且费心力。

"洪老师，我是科代表，但是我不认识这些同学，我也不好统计作业。"

"洪老师，班级作业提交的情况不太理想，他们都乱交，没有秩序，还有忘记交的。"

这个组合班的秩序情况还是混乱到出乎我的意料。我原来设计的"周一第一位同学收一整列、周二第二位同学收一整列"的秩序，完全无法实行下去。同学之间不知道所有人的选科，也不清楚哪个人该收哪科作业。

思考一周，磨合一周，才出现了以下的成果，按组合分组，按科确定负责人，每组每人在表格上登记好自己的副科，各科均有各科的作业统计单。

1 物生地组	张三	物理	地理	2 物生政组	李四	生物	政治

各学科	语文	应收人数	数学	应收人数	英语	应收人数	物理	应收人数
科代表								
作业小组长								
应收人数								

小组	组员							
2								

高一（12）班作业情况登记表　（　　）　科代表：

注意：
每一组加粗同学为该组该科目负责收作业的同学，需要如实向科代表反馈。
到期未交的同学，做好记录，要求该同学自行送至对应教师处。
未选择本学科同学已从表中删除。

　　新学期开学头两周，用八个字来形容就是"手忙脚乱、身心俱疲"，用一句话来表达就是"此起彼伏的哭喊，问题像打不尽的地鼠"。在我的认知里，哪怕是高一学生，也已经都是十五六岁的孩子，照理来说心智都较成熟了，如今也已是高中入学第二学期了，应该不会有太多不适应的问题，结果还是我想得太简单了。

　　不适应新班级、不愿意接受新班级，在这群孩子们身上体现得淋漓尽致。而他们的发泄方式无非是两种：哭——给家长打电话倾诉。如此一来，便是数不尽的家长消息，电话潮涌而来，"洪老师，麻烦您多关注××。""洪老师，今天×××给我打电话情绪不是很好，请洪老师多照顾一下。"……作为一个新手班主任和教师，备课压力和学生问题已经让我身心俱疲。我不断挤出笑脸，尽心扮演着"知心姐姐"的角色，安慰也好，当树洞也好，学生倾诉完一整个晚自习才抹干眼泪，晚上10点我在办公室独自一人看着没备完的课，只能叹息一声继续拾起未完成的教案。我不断告诉自己，我不能倒，我得坚持。

"老师，我们宿舍作息不一致，我很难受。"

"老师，他这个人有问题，我们聊不到一块，险些在宿舍打起来。"

才开学第一周，便有好几个同学跟我反馈和现在的室友相处不愉快。无论出于想借机换宿舍去和原来熟悉的同学一起住也好，真正有问题也好，我只能尝试着去调整，尽量把问题由大化小，在这个过程中还要小心维护好高中生敏感的心灵。我看着眼前的女孩，告诉她："这间宿舍有一个空床位，你可以先搬过去，但你要和原来宿舍的同学说一声，可以提一下自己睡眠质量不好，学校最近正好申请晚上延时自习，你希望能多休息一会，不要因为这件事引发宿舍矛盾。"更有甚者，某个男生直言："我如果在这间宿舍继续待下去，我的肉体、心灵、价值观甚至生命安全都会受到严重损害。"如此哭笑不得的发言，真是令人又无奈又心酸。

在学习问题上，组合班也有许多令班主任"闻风丧胆"的地方。刚分班一周多，就有孩子说"我不行，我要转科"，更可怕的是家长也这么说，"老师，×××当时选科填错了，申请转科"。可是选科前前后后确认了三次，电脑系统和纸质表单也做了双重确认，怎能如此草率地改变主意呢？我不断告诉孩子们："我们立过规矩，不要一有一点坎坷，就做出对自己不负责任的选择，更不该对自己做过的选择如此轻描淡写。"

更要命的可能是学习不适应吧。在第二周的班会课上，我开展了一次"学会适应"主题班会，让同学们直面自己遇到的困难。而就在这节班会课上，有的孩子洋洋洒洒说了一通和某个科任老师如何不合拍后，孩子们一个又一个跟着，谈话渐渐就变了味，我及时拉回，点出不适应新老师是正常现象，未来一定会慢慢好起来的。谁曾想，孩子们周末就开始往家里倒"苦水"，可能是发牢骚，也可能是添油加醋为学习不好开脱找借口，一堆家长开始质疑学校的师资配备。我顶下了第一波舆论，安抚家长说孩子要学会适应。然而矛盾并未平息，反而继续从一个学科蔓延到另一个学科，舆论在家长群中发酵，"换老师""学校不重视组合班，师资配备全校最差"等口诛笔伐愈演愈烈，虽然从家长开始陆陆续续找我那一刻我开始意识到，这件事情远非我所能控制，哪怕我已及时上报年级，哪怕年级出面，哪怕带领一些学生谈话，洋洋洒洒数封写给教育局的投诉信还是接踵而来，最终还是以我的长篇大论和理智孩子的客观反馈在家长群中平息了这一次风波。至今回想起来，仍然让人觉得疲惫不堪。

分班后第四周就要月考。在我觉得分班的不易总算要告一段落时，一些潜在的问题又浮上了水面。

一天晚上10点，我突然接到了一位家长的电话："洪老师，我们家小A说在宿舍遭遇校园暴力了，对方还说自己家里很有背景，他现在躲在楼上生活老师的办公室里，你赶快去看看！"小A是我们班上一个典型的"心困生"，他性格多愁善感，非常情绪化。高中第一学期就因为焦虑情绪严重只能走读，第二学期分班之后他自己再次申请住宿，当时我看着他那么积极想要融入集体，开始新生活，纵有万般顾虑，还是点头答应了。这才重新入宿一周多，问题又爆发。我只好匆匆换好衣服出门，赶在11点半前到达男生宿舍，一直到12点半了解清楚情况后才离开。

原来，入学后小A就很反感有个男生总来自己这边窜寝且假装熟络拿走自己的东西，后来随着他开始走读这个情况也就不了了之，现在他重新回到宿舍后，那个男生又来了。小A很想自己解决问题，却不知道从哪里找来了一个杀敌一千自损八百的损招——把这个男生"恶心"走，没想到对方恼羞成怒把他压在地上要"恶心"回去，至于对家长顾左右而言他，完全是他焦虑发作且被害妄想作祟从而夸大其词。

　　我和小A谈话的频率是最高的。这孩子很早就坦承自己有一定的问题，也很积极地向身边的人寻求帮助。但是，他的行为举止时常不可控，还是令我提心吊胆、忧心忡忡。这件事情两个孩子都有错，最后和家长们调整了好几天，总算双方达成和解。而像这样心理上需要特别照顾的同学其实不在少数。

　　本想着月考这两天总该相安无事了吧？并不。就在考试前一天下午，几个女生着急忙慌来到我办公室，开始控诉我们班一个男生小G带相机偷拍女同学大腿，并且班上的男生聚众看照片。本着快刀斩乱麻的处理态度，我立刻到班上并找了一个说辞："科任老师说你们上课经常拍照，闪光灯扰乱课堂秩序，学校也不允许带相机，有相机的都交上来。"我顺利地拿到了小G的相机，当时班上就有不少男生"幸灾乐祸"地喊："老师，你最好打开相机看看有什么。"

　　回到办公室，我犹豫再三，还是选择开机检查。相机里并没有任何偷拍女生隐私部位的照片，但是确实有不少女孩子的抓拍：女孩莞尔一笑的、女孩成群交谈的、女孩们在食堂吃饭的、女孩在擦唇膏的。至于女孩们反馈"偷拍女生大腿"的，确实没有。我感觉学生出现这种行为恐已埋下隐患，当即报告给了年级，并将相机转交德育处。

　　为了避免造成恐慌，我重新找来之前向我反馈的几个女孩，明确告诉她们，我已经检查过那位男生的相机了，并没有"偷拍女同学大腿"的照片，也没有其他偷拍女同学隐私部位的照片，让她们先安心，具体情况我需要和年级讨论再处理，下周一会给大家一个交代，该澄清的澄清，该处罚的处罚，目前还在继续了解情况，此事就先不要扩散出去了。因为接下来两天就是月考，为了不干扰学生，于是我申请了下周一调用监控录像来查看男生课间的一举一动。

　　我到底还是想得太容易了。周五晚上，女生们为了保护自己，彼此间开始互通消息，说这个男生偷拍女孩子大腿，大家要注意保护自己。然而互联网上三人成虎，学校群、年级群、高二群一处接着一处散播，谣言在一个周末里愈演愈烈，甚至开始出现对小G的人身攻击。班上的男生们则开始挺小G，也在网络上发布阴阳怪气的言论带节奏。而班上一些女生的澄清，说自己"只看到了相机上是女生大腿的照片，并没有任何其他的，不要再肆意传播"，也已经被淹没在骂战和过激的言论中。当时，正是月考完，同学们正悠闲，以至于矛盾愈演愈烈，消息甚至扩散到了其他学校去。

周五晚上11点，小G找到我，坚称自己没有做过这种事，事情来龙去脉是他拍了一张学校活动的照片，照片上的女生代表穿着礼服裙子坐在舞台上，当时他身边的室友小M起了恶趣味，把照片不断放大，以至于女生的大腿占满了整个相机屏幕，这时恰好被路过的女生看到。对于小G的说辞，我当下予以保留，即便如此，他的相机中抓拍了不少其他女孩的照片是事实，他还是要反省自己的问题，这些事情需要调取监控继续调查，年级也会继续跟进处理。

到了周六，网络上的舆论愈演愈烈，已经开始责骂学校不作为、不及时处理问题，家长也找上门来，要求立即处理这些问题。彼时，我一整天都在处理重要的工作任务，腾不出手，只能在午饭时间抽空回复消息安抚家长的情绪。周日晚上返校，学校紧急约见了学生的家长，一起拿着相机讨论小G的问题，整整处理了一晚。

事情正在按部就班地处理中，但是周三教育局就收到了一封匿名举报信，信内针对这件事情提到了一句话："报告给老师，但是老师不管。"看到这句话时，我的情绪瞬间就崩溃了，我的信念也坍塌了。我冲进死气沉沉的班级，把所有人训了一遍，"你们怎么能永远觉得只有自己是对的呢？""别人说什么你们就信什么吗？""作为一个高中生，遇到事情只想着在网络上吃瓜，引起轩然大波！""我这几天在干什么，你们都看到了吗？我刚才又去翻了一遍监控，你们却到处污蔑老师不管。"近一个月来积压的大小事，备课劳累、琐事劳累、谈话劳累，深夜往返学校，连续几次没参加学科组教研，一直处理琐事，一封接一封的投诉信……一切的一切让当时的我委屈到愤怒，生怕下一秒在教室哭出来，我赶紧收住情绪，最后留下一句"你们自己好好想想吧"，便离开了教室，回到办公室终于可以把情绪彻底释放了。

当然，哭只是能解压，并不能解决问题。过后，我重新梳理了事件的时间线，找来男女双方各几名同学作为代表，计划开一个主题班会。其间，我也向其他老班主任求助，陈述了事情的来龙去脉，了解到高中政治课本上如何评判"肖像权""隐私权"等等。正是在其他老师的循循善诱和开导之下，我才慢慢重新理清之后的一些带班思路。同时，这些老师也在情绪上给了我极大的安抚。此时回忆起来，纵有万般言语说不出，也实在很感谢当时老师们向我普及了这些话题。

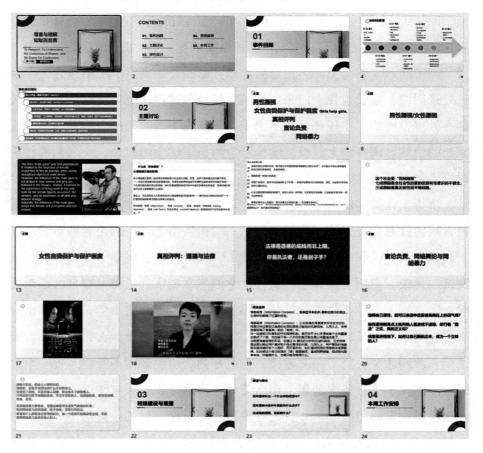

就这样，准备了许久，思考了许久，在这节班会课上，我们讨论了很多，如"凝视与尊重""女性自我保护与是否过度保护""道德与法律""网络暴力与言论负责"等等，班上的对立氛围总算缓和了下来，同学们也开始反思，整件事也算是让他们有所收获。开完班会课，我长叹了一口气，看着好好收拾教室的孩子们，心里也在期待着，但愿我已走出谷底了吧。

如果现在要问我，这个班在稳定向好发展了吗？我的答案是：没有。问题总是一天天滋长，我也在一天天努力缝补自己的伤口，调整自己。我不知道自己什么时候会倒下，或者彻底厌烦疲倦这样的工作，但我仍对此怀有期待。虽未必如最初那般甘之如饴，但我仍在育人中努力拾捡幸福和成就感。这个班于我而言危如累卵，但我还得积极去平一切波澜。分享两首我每天晚上自己默默听上几遍的歌吧，与各位还在修炼的班主任共勉。

《裂缝中的阳光》——林俊杰

作曲：林俊杰

作词：吴青峰

有多少创伤卡在咽喉

有多少眼泪滴湿枕头

有多少你觉得不能够被懂的痛只能沉默

有多少夜晚没有尽头

有多少的寂寞/无人诉说

有多少次的梦/还没做/已成空

等到黑夜翻面之后/会是新的白昼

等到海啸退去之后/只是潮起潮落

别到最后你才发觉/心里头的野兽

还没到最终就已经罢休

《此生皆欢喜》——姚政

作词：姚政/张燕峰

作曲：姚政/张燕峰

黄粱一梦/归于平庸

谁不为几斗米折腰

无关紧要/自然就好

心安处吾乡得良药

你曾寻找/梦中海岛

也曾是自由的飞鸟

你的忧愁/深夜换成酒

风吹过儿时的山丘

此生若能释怀

胸怀大海/春暖花开

心脏没有那么脆弱/总还会有执着

人生不会只有收获/总难免有伤口

不要害怕生命中/不完美的角落

阳光在每个裂缝中散落

历经善恶皆是爱

盼得日出云开

明明白白/观山看海

一生无需多精彩

苍生皆平庸/蝼蚁望晴空

秋去惹惊鸿/冬来归江东

"差生班主任"

通常学生们会因为成绩落后被称为"差生",那么根据班级的德育成绩,我可以自称为"差生班主任"了。

当我成为一名新手班主任前,我在心理学、教育学等理论学习中,了解到高一是学生心理和生理成熟的阶段,也是学生人生观和价值观形成的重要阶段,学生感受到老师对自己关心、尊重、理解、信任,会更倾心于老师,更加乐于接近老师,更愿意接受老师的教育。之前的学习都是纸上谈兵,终于我要迎来自己的第一批学生了。回顾两年前的心情,还是那么鲜明,记忆清晰如昨日。

八月份的尾巴,燥热的天气,忙碌的身影,都掩盖不了我煎熬了一整个漫长暑假的期待。直到在开学的前一天,我才收到班级的学生名单,那一晚我辗转反侧,失眠了。第二天在兵荒马乱中,我迎接了我第一个班的学生,带着这个全年级倒数第一的班上阵了。我是新手班主任,他们是新手高中生,我们都在摸着石头过河。

高一(16)班,这是我的第一个班,回想起来我仿佛是新手误触,进入了游戏里的"地狱模式"。一到手,班里重度心理问题预警的学生有7名,中度心理问题预警的有14名,轻度心理问题预警的有13名,甚至还有一名正在进行抗抑郁药物治疗。后来，我了解到我校在全市中考录取中排名靠前，而我们班里的学生是这一批录取中分数靠后的。针对我们班里的学生普遍存在学习心理压力较大，尤其是有"凤尾"自卑感的现象，我着重与学生进行了交流，特别留心关注他们的思想状况。几乎每个晚自习我都会利用时间和几个学生谈心，几个月下来全班的孩子都和我有过长时段的沟通。在一些关键的时间节点，我也会开展具有时效性的主题班会，例如在大考前一个月以"打一场有准备之仗"为题设计一次考前动员会，提醒学生要制订有效的学习计划，避免虚度光阴，过后又因为成绩不理想加重心理障碍，陷入"成绩差——消极学习——成绩差"的恶性循环中。

　　除了广泛激励外，我还结合了个别心理疏导工作。小章同学是我班一名男生，性格活泼要强，思维跳脱，爱在课堂上接话，在班主任批评教育班级同学时喜欢大声反驳、提出异议。在搭班的科任老师看来，我们班里的这位同学无疑是"刺头学生"。开学初，一次下午第一节课班里大批同学迟到，就在我批评同学们没有按时上学的时候，他脱口而出："我们早就出门了，电梯根本搭不上，某老师还和我们抢电梯。"这时候我没有在班上与他进行辩论，否则会影响第一节课的进行。我控制住自己的情绪，下课时让他到办公室来找我。经过一节课的时间，我们双方的情绪都有所沉淀，在情绪都相对比较平静的情况下，我们进行了严肃的谈话。我让他认识到了按时上学是一项必须坚守的原则，为了避免迟到可以有多种解决方式，譬如提早出门以避开高峰期，或是电梯堵住时及时选择走楼梯。此外，我让他意识到了他最大的问题是不尊敬老师，对老师用了不恰当的字眼。

　　面对一个整体成绩偏弱、心理问题繁多、学习习惯较差的班级，往往班主任刚解决了一个问题又有另一个问题发生，而且有时候问题并不能完美解决。面对学生的抑郁倾向、学生间的交往摩擦、家长对成绩的忧虑、学生的纪律问题等等，作为新手班主任确实偶尔有无助感，每个班级都有它的特殊性，照搬其他优秀班级的管理模式并不能奏效。由于班级成绩总体较弱，在大会上往往不是被表扬的对象，又由于班上问题学生较多，在批评的场合里我的班级又是常客，这一系列现象都给我带来了许多挫败感。我在内心频频鼓励自己：一个内心强大的班主任才能给予学生力量感。但是现实一次次给人教训，我的教育实验因为要统一执行年级要求而被叫停。小马过河总要自己亲自探索，河马、鸭子的经验对小马来说都未必是最好的方案。在屡屡受挫之后，我的心态发生了变化，健康也出现了问题，我已经很难以开朗的心态、积极的态度面对孩子们，强撑着工作让我非常痛苦，早七晚十的长时段工作令我身心俱疲。更致命的是，在屡次批评之下，我对自己产生了深深的怀疑，难道我真的是一个很差劲的班主任，把一个班带得越来越差吗？无奈之下，在一辆通往毕业的列车上，我提前下了车，在疫情居家上课的状况下，我甚至没有当面与他们告别。回想起来，这是一段充满了遗憾的经历。

两年后的我再次正视这一段经历，在"刮骨疗伤"后我终于可以回答自己：我并不是一个"差生班主任"，也并没有把一个班带得越来越差。班级的发展在于个人的进步，而孩子们的进步有时并不能在短时间内显现，也不一定能在统一的时间段里全部表现出来。

在那次和小章的谈话最后，我引导他思考："其实你明明懂得这些道理，但是为什么那个时刻你要反驳、顶撞老师呢？"进而，我指出他不当言行的背后其实是莽撞的性格，而性格养成或改变是需要一定时间的，当时他欣然接受了我的说法，表示往后一定三思而行，尤其注意祸从口出。在往后的学习生活中，他也偶尔犯错，但总体上能够遵守纪律，在课堂上能够控制不说小话、不乱接话，积极与老师互动，还发挥了能言善辩的特长，在辩论赛中取得了"最佳辩手"的荣誉。

尽管后来我不是他的班主任了，他也时常来找我倾诉，或是困惑，或是思考。"学习是抓住表面还是深入把握？""如何找到自身的潜力进而发现天赋？""大学未来学什么？大学毕业能做什么？从现在开始社会有多少充足的时间给我们？”在一次次师生深入交流中，他开始主动寻找学习的内驱力，将成绩提高到了年级二百名前。与他们告别后的两年里，时常还有一些孩子会跑来和我说说他们的近况，在节日里送上他们制作的小手工，我都感动不已。我想，我还是可以相信陶行知先生的那句话，在教育中“不要你的金，不要你的银，只要你的心”。我还是想要产生积极的力量，给予学生们成长的能量，即便这个过程会很长，看到结果的那天会来得很慢，我也会给自己留下喘息的空间和耐心等待学生们成长的时间。

教育急不来，也不能用一把尺子衡量一片苗的长短，哪一棵苗短就判为不合格要提前将它拔掉，将所有优质资源都向长势好的苗倾斜。这一段不够圆满的经历，倒是让学生时代一直是优等生的我真切地体会到“后进生”的烦恼，使我蓄力再出发。只有自己充满积极的正能量，才能带领一个班级前行；只有给成长留够时间、空间，才能从容地面对教育路上的困难。正如苏轼所言“竹杖芒鞋轻胜马，谁怕？一蓑烟雨任平生”，下一次“差生班主任”也能靠着她的竹杖芒鞋胜过骑马的他人，身着蓑衣直面风雨，因为人生靠的是耐力与勇气。

帮扶问题学生，助力班级成长

时光匆匆，一个学期即将结束，我也在二年（13）班的班主任位置上干了快两年。从最初突然接手这项工作时战战兢兢、如履薄冰，到现在放平心态、从容应对，这两年里，太多酸甜苦辣，冷暖自知。

班里的孩子，个性特别活跃，有点风吹草动，全班雷动；特殊孩子多，抽动症、阿斯伯格综合征、注意力缺陷、易怒症，这些名词以前我少有耳闻，扎堆在同一个班里更是难以想象。在最初接手这个班级时，我沿用以往教育学生的标准严格要求他们，借助往常低年级教学中常常采用的各种“口令”去训练他们，却深切地感受到以前的很多方法在他们面前失效了。一位患有抽动症的孩子难以控制地突然插话，把老师刚好讲到关键之处的课堂节奏冷不丁地打乱；一节临时调换的课程，因为一位患有易怒症的孩子不适应变化突然大哭而不得不中断；患有阿斯伯格综合征的小朋友，因不善于处理人际关系，经常悄悄把自己喜欢的同学的书包藏到大家想不到的地方……

不得不承认，在那些时刻，我的内心是抓狂的。找到适合这些特殊孩子的个性化的教育方案，不仅关系到整个班级的课堂教学秩序、各项常规工作的正常开展，也关系到班风班貌建设，更关系到这些孩子自身的成长成才，我的压力不是一星半点。记得一年级下学期，班里有一个孩子经常在放学的路上因为和同学不小心碰到等微不足道的小事而情绪崩溃，大声哭闹，甚至向对方大打出手，严重影响了全班同学的正常离校。我为此批评教育过他多次，也找他的父母进行了多次沟通，但治标不治本。那一刻，我突然意识到，用要求与纪律能管得了他们一时，但这还远远不够。

想要让这样的孩子在行为习惯上得到更健康的矫正，而不总是在孩子犯错后班主任赶来救火，我需要付出更多的耐心和寻求专业性的指导，帮助他们排解负面情绪，化解内心的冲突，从而让他们打心底里接纳和遵守各项班规纪律。平时，我特别注意增进与这些孩子和家长的谈话与交流，对于问题特别严重的孩子，我会寻求心理老师的指导与帮助。班上有一位陈同学，自入学以来，无法静心听课，课下经常打骂同学，也不接受老师的批评教育，可以说非常顽劣。我曾委婉地提示家长，孩子可能有多动问题，但家长将信将疑。我报请心理老师辅导后，得到反馈：孩子身体确实有一些问题，面部会不时抽动，控制不住，建议家长带去医院检查一下。听完心理老师的话后，孩子父母终于送他去儿童医院咨询，最终确诊为注意力缺陷与易怒症，并开始接受专业的治疗，孩子父母也更加关注孩子的行为问题。陈同学的父母工作繁忙，每天中午孩子留校午餐午休。为了更好地帮助陈同学，我也加入到督促孩子遵医嘱吃药的行列里，每天中午调好闹钟，提醒孩子在办公室服药。平时密切关注他的举动，犯了错先安抚情绪，及时开导，再批评指正，有异常及时告知孩子妈妈，共同商量教育方式，放大优点加以肯定，调动孩子的积极性，使其慢慢摆脱"差生"的隐藏标签，帮助孩子建立自信。慢慢地，孩子感受到老师并不是一味批评他，也感受到自己被特别地关爱着，上课也努力了许多。经过几个月的坚持，孩子的冲动行为得到了比较好的控制，不再是原来每天被多次投诉的孩子，成绩也开始有了起色，在数学计算能力比赛中考出了88分的好成绩，取得了巨大的进步。

带班以来，《教室里的正面管教》《情绪小怪兽》等书籍我不断翻阅，并从一次次的教育实践中总结反思。我深深感到，培养孩子在稳定情绪中成长是极其重要的教育要素。这个过程虽然艰辛，但是孩子们慢慢懂得了爱、感恩、责任感和尊重，逐渐发展出自身的优秀品格。我感到任重道远，还有很多需要我去学习与改进的，我会继续努力的。

新班主任的"取经之路"

做班主任也有两年的时间了，我从一个初出茅庐的新手到如今管理班级已稍显从容。《中小学德育》杂志主编王清平社长曾在给万博老师的专著推荐语中写过这样的话：万博老师不仅把教育的影响镌刻于孩子的生命里，带出了一个个自信阳光、善良正直、进取担当的学生，而且她活出了自己幸福的模样。这是我一直期待的班主任和学生的样子——师者，立德树人；学生，好学向上。但往往现实总是一记一记"重拳"向我们袭来，班主任们在众多不眠夜里有过黯然、迷茫和自我怀疑，甚至有时也会冒出想要放弃的念头。

"拆台"的班会课

班会课是班主任进行德育的主阵地，利用好班会课也是做好班级管理的重要一环。当学生们意志消沉、学习状态不佳的时候，我会通过给他们讲励志故事来进行打气加油。有一次，我在班会课上说："好的学习习惯贵在坚持，持之以恒，好的学习状态也应该是一以贯之的。当你觉得坚持不下去的时候，恰恰是最需要坚持的时候。"我最后一句话还没说完，坐在第一排的一位同学便随口应了一句："坚持不下去就不坚持，躺平。"虽然声音不大，但对于正在做班级励志教育的我来讲却震耳欲聋。刚刚我讲得有多激情澎湃，此刻我就有多么狼狈。我一时竟不知道究竟是否应该停下来和这名学生辩论。最后，我只能坚持着残存的信念感，硬着头皮把准备好的班会课上完。课下，我在想，学生这是故意为之还是随口一说？如果只是随口一说，我该不该去批评他。满腔教育热血遇上"躺平"的消极态度，我该如何去应对，如何保持这份教育热情不被影响或削减？这样的事情一度让我陷入迷茫。

累人的眼操和跑操

学校每天上午第二节课后是大课间，全校学生都要下去跑操，班主任则需要负责监督班级跑操。这项本应该是班主任最边角的工作，却耗费了我大量的时间和精力。跑操对于久坐的学生而言是一个去户外锻炼身体的好机会，但总有学生逃避运动，抱着侥幸心理既不请假又偷偷躲在教室。每次将教室里拖拉的个别学生催到操场以后，又要及时督促学生站好队伍，跑起来以后，又要及时给予手势让后面将班级队伍拉得极长的同学再跑得紧凑些。集体意识不强导致班级跑操集合散漫、跑步拖沓、口号喊得七零八落。每次跑操，我前后奔波，操心一切，效果却不甚理想。而关于跑操要跟着领号员大声喊口号这件事，我还专门在一次跑操后把大家留下来练习口号，可下一次还是一样，真是令人无奈又好笑。要说班级不团结吗？拔河比赛也团结得很，大家齐心协力挤进了前三甲。可就是在跑操这件事情上异常地散漫，眼操亦是如此。只要老师不监督眼操，就会有学生不认真做，更有甚者当老师眼睛望向右边时，左边就有学生停止了做操的动作。我曾一度听到校园播放眼操音乐时，心里就会莫名紧张，担心学生们没有认真做眼操，会被检查人员扣班级常规分。关于做两操，我也常常迷茫，一直在督促，一直在教导，也会录视频给大家看跑操集合时散漫的状态，可就此改过的少，依旧我行我素的多。

回呛的刺耳话语

办公室谈话是班主任在做个别教育的时候经常会采用的一种德育手段，或鼓励、或谈心、或诫勉、或批评。学生犯错后能够主动认错，我作为班主任绝不会揪住学生的错误不放，诫勉几句，领些相应的惩罚，这件事就翻篇了。但也总会有学生拒不配合，言语不当，令人咋舌寒心。学校晚自习规定18：45之前进班。按照惯例，我会在18：44的时候到班级门口等候，大部分学生都能够提前或者准时进班。一次，一学生进班迟到，问其原因，答曰去找语文老师了。我点头示意其进班，然后私聊语文老师了解情况，结果发现这名学生并未去找语文老师。我之所以要去找语文老师求证，就是因为这名学生最近在各方面都比较懈怠，屡屡违反纪律。虽然都是一些小问题，平时也常有告诫，但学生若是总将老师的话当作耳旁风，我行我素，在其他方面也会影响到整个班级的学习氛围。迟到且撒谎这件事刚好给了我一个教育他的良机。我将他叫来办公室，边让他将自己最近违反纪律的"罪行"一条一条写出来，边训斥他：我一次次宽容，他非但不知悔改，还把宽容当作放纵的资本。我的本意是让他以此为鉴，不再犯错。他却恼羞成怒：班级里还有别的人迟到，为什么只惩罚他一个？不满情绪溢于言表，他的想法似乎是老师在针对他。我有时也在想，我督促他准时进班，督促他上课不睡觉，督促他遵守纪律，是管错了吗？我若睁一只眼闭一只眼，令其"自生自灭"，于我来讲岂不是更轻松？不需要耗费时间精力，也不需要耗费心神。但我终究是过不了自己这一关，为人师者，若对误入歧途的学生不管不顾，岂不是失去了为人师者的意义？在督促跑操这件事上，也遇过学生对我直接回呛："你为什么不去跑操？""我睡着了，不想下去跑。"我也会微愠道："没有正当理由请假，一下课就要到操场集合。"学生仍然跟我继续争辩，没有丝毫尊师重道的姿态，哪怕当着病假学生的面。那一刻，我丝毫没有做老师的尊严和从容，相反满是紧迫感和无奈。在督促个别同学认真学习时，我鼓励道："原来成绩还是很不错的，最近状态不佳，要找回以前那种学习的状态。"一名学生曾经有一段时间比较努力，上课回答问题的状态也很优秀，最近成绩却下滑得厉害。但他的回答一下子给我泼了冷水："反正也考不上大学。"我说："按照原来最好的成绩，考上一本还是没问题的，现在要抓紧，努力学习。"他却回我："不想努力，努力很累。"我竟也一时语塞。我多想说，青春的底色是奋斗，要努力实现自己人生的价值。可学生没有学习内驱力的摆烂心态才是症结所在。

奇怪的氛围

　　一个群体中会产生各种各样的化学反应，也会形成各种各样的氛围和特色。班级这个集体在对外竞赛时可能都比较团结，但往往内部会有一些不和谐的声音。这其实是作为班主任最头疼也是最难管理的一点。学生在讲台前展示，其他学生会有起哄的势头；如果准备给大家播放的视频突然卡顿了，学生间往往会嘘声一片，不耐烦的情绪就挂在脸上，这让上台展示的学生非常难堪。我一直向学生强调彼此要互相尊重，更要尊重他人的劳动成果。视频突然播放不了，也不是故意为之，大家应该以包容和鼓励的心态去看待，给展示者一些时间。一个好的班集体的氛围一定是充满了爱与包容的，彼此发现对方的优点和长处，能够为别人鼓掌。曾经有同事跟我说，我们班的学生只在我的面前很听话，平时别的老师看自习的时候，纪律就会差一些。其实，听到这样的话，还是蛮戳心的。经过将近两年的教导和管理，在我眼里学生们都基本养成了习惯，安心专注于自己的学业，结果却只是在我面前才装得乖巧些吗？到底要如何才能做到育人育心呢？

即便如此，我依然爱着他们中的每一个，爱着这个班集体。而这个班集体也在变得越来越好。现在眼保健操已经不需要老师盯着，全班到时间就会跟着音乐起来做；见到老师无论是否教过自己都会主动问好；曾经跟我红过脸的学生现在能够考到班级第一名，犯错会主动跑到办公室来认错；在班级进行表彰的时候，台上的同学会用双手接过奖品，台下的同学也不会吝啬自己的掌声；整个学期下来班级基本无迟到，连最懒的学生都主动在课上做起了笔记，任课老师连连夸赞，班级学习状态非常好。看到这么多向好的转变，作为班主任，平时受再多委屈在此时此刻也都是值得的。有时候，爱之深，责之切。我们作为最希望看到他们好好成长的人之一，自然会对他们提出较高的要求，一时达不到或许会着急、会失望，但不要放弃。再松松土，浇浇水，给他们一些时间，静待花开！

在挫败感中学会自救

泰戈尔在诗中写道："花的事业是甜蜜的，果的事业是珍贵的，让我干叶的事业吧，因为它总是谦逊地低垂着它的绿荫。"带着对叶的事业的执着追求和向往，我成为一名教师。但是我在教育之路上的遭遇却略显坎坷。

今年是我教育生涯的第四个年头。我爷爷是一名校长，爸爸是一名教师。小时候，逢年过节，经常会有一个学生来看望爷爷，他说爷爷是他一辈子的贵人，小时候没钱读书，多亏爷爷出面替他垫付学费，才有机会读书，也才有了现在的好生活。那时候，我就感受到教师这份职业很有意义，渐渐地，我内心深处也慢慢萌生了一个教育梦，梦想着有一天，我也能站上三尺讲台，一生桃李满天下，万千桃李竞芳华，成为一名也能影响他人的人民教师。

2019年9月，恰逢一个合适的时机，我终于成为一名小学英语教师。

但，初当老师的喜悦很快就被工作中的繁忙琐事、烦恼困惑冲淡了。刚当教师的第一个学期，我接手了一个年级倒数第一的班级，班风极差，男女比例严重失衡，学生上课爱捣乱，作业不交，练习不做。每次上英语课的时候，大部分孩子各有各的小心思，各有各的事在忙活。为此，我很苦恼，开始自我怀疑，是不是我根本不适合当老师？我根本没有能力掌控课堂，管住这些学生。我对自己的选择第一次有了质疑，第一次有了动摇。那段时间，我经常找有经验的同事聊天，请教如何管理课堂，如何管理班级，如何提升自身的教学技能和课堂管理。我在百忙中尽力抽空去听其他同事是怎么上课的，是怎么进行课堂管理的。

课堂是第一阵地。要想改变现状，第一步，也是最重要的一步，就是要提高自己的教学技能，让课堂变得有趣、有料，才能吸引学生的兴趣，让学生愿意参与进来。于是乎，在半个月内，我利用工作之余的时间，看了几十节优质公开课视频，认真记录每节课的亮点，不断琢磨如何上好英语课，并且利用学校要求每个新老师入职后都需要上一节公开课的机会，我大胆地选择了在这个班上公开课。那是一节评价很好的课，孩子们配合得很好，领导同事反响也很好。那一刻，我无比地开心，我终于找到打开孩子们世界的"密码"，摸索到了与孩子们相互合作的"秘钥"。这节课之后，我跟孩子们的配合程度越来越高，越来越多的同学慢慢参与到课堂之中，我也初步品尝到了当一个老师的小小喜悦感与成就感。

其次，我在网上订购了一套批改作业用的卡通印章。改作业时，我分别给他们盖上了"请订正""你真棒""读书认真""excellent""good writing""善于思考"等印章。第一次作业发下去，班上就像炸开了锅："耶，我得到了'你真棒'""哈哈，老师表扬我'读书认真'""我得到了……"同学们都兴奋极了，那些没得到表扬印章的同学略微显得有些失落，对此羡慕极了。第二天交上来的作业开始发生了变化，大部分同学的字迹写得漂亮了，准确率高了，作业交齐也更及时了。第三天我刚到办公室，就有一帮学生堵在门口问我"作业改了没有？""盖章了吗？""给我盖的啥章？"，作业发下去之后，得到表扬的同学，一下课就瞅着自己的作业傻笑，高兴得一天都合不拢嘴。班里的作业情况一天比一天好起来了，这第一颗"甜枣"让学生甜到了心里。

我决定继续执行"糖衣炮弹"奖励政策。我又买来许多奖励贴纸，跟孩子们一起制订贴纸奖励计划，课堂上每回答一次问题就奖励一个贴纸，作业得到A+的奖励2个贴纸，参与课堂活动的奖励2个贴纸，等等，每10个贴纸可以兑换一次礼物，学生为了多得到贴纸，课堂参与度以及作业质量越来越高，班里最兴奋的时候，就是每月兑换礼物的时候。孩子们捧着自己的英语书，一个个数着自己书上的贴纸，这些都是他们努力挣来的，特别有成就感。

经过与孩子们的各种磨合，我们相处得越来越好。那一年，我成长得很快，孩子们的转变也很大，我们一起成长，相互成就。教育，是一场向美而行的旅程。

但教育并不总是一帆风顺，双向奔赴的。有一小部分这样的孩子，学习成绩暂时落后，缺乏自信，容易受到伙伴们的冷落和挖苦，他们成了班级中的灰色人群。这是一群更需要爱的孩子，我们该如何看待他们呢？我对这些孩子最常说的一句话就是："你是老师眼中最可爱的孩子。"我一直希望这句平实的话能像一缕阳光，温暖着这些孩子的心，传递着快乐和慈爱，让孩子感觉自己生活在大家的关爱中，能够更加热爱班级这个集体，能够在学习上更加充满信心，能够让他们体味到健康、用心的生活态度。教育是一门艺术，只有走进学生心灵的教育才是真正的教育。爱是教育的原动力，教师关爱的目光就是学生心灵的阳光。但，大家可能都有这样的感觉，爱品学兼优的学生容易，爱"待进生"就不那么容易了。而正是这样的学生更需要人们的爱，更加渴望被老师理解。"教室里的每个孩子，都是一个家庭的整个世界。"他们无论是品学兼优，还是暂时落后，都是父母的宝贝，都是一个家庭的希望，是一个家庭的整个世界。作为班主任，我要把他们当成自己的孩子一样去爱护他们，一视同仁。

上学期，我去了一个新学校学习，为了更好地了解每个孩子的学习情况，我进行了一次摸底小测，班上有一个孩子，英语基础不是特别好，属于中等偏下，卷子发下去后，我找他来办公室聊天。我摸着他的头说，基于老师对你的了解，这不是你真正的实力，虽然卷面上你是B，但我认为你真实的水平应该是A+。他说，老师，如果我要达到A+，那我每天都得找你问好多问题。我说，那更好啊，你能找老师问问题，老师是非常欢迎的。在之后的英语学习中，他果然经常在课间找我问问题，课堂回答问题的次数也越来越频繁，作业质量也一次比一次好。每当他在学校取得一次小进步，我都及时地给予他表扬，并与他妈妈沟通，表扬他，鼓励他。我给他制订了每个阶段的小目标，每达到一个目标，就及时给予他鼓励。在那一学期的期末素质调研中，他取得了A+的好成绩，看到自己成绩的那一刻，他高兴地蹦起来了，他妈妈也特别开心，给我发来了消息："林老师，这小子总算上道了，非常感谢您的鼓励与关爱。"这个孩子确实是越来越上道了，在学习上尝到甜头，获得成就感之后，他对学习越来越上心，对自己也越来越有要求了。我相信，给每个孩子多一点点爱，多一点点温暖，每个孩子都能成为星空中闪闪发亮的那颗星，都能创造属于他们自己的奇迹。

"捧着一颗心来，不带半棵草去。"为了我们所热爱的教育事业，也为了我们心中的那份爱，我们在教育的道路上艰苦跋涉，用热血和汗水去浇灌一茬茬幼苗，滋养一簇簇花蕾，用爱心去托起明天的太阳，去发现学生"那一点点光"。我们也许会经历黑暗，深感挫败，但总会有一瞬间，一颗流星、一点流萤滑过我们广袤的夜空，这些亮丽的风景让我们感觉每一个鲜活的生命都是独一无二和与众不同的。

是班主任也是追光者

我从小到大遇到了许多好老师，或严厉的，或温和的，都让我懂得人可以为了职业信念不计较得失，行动比言语更具有说服力。在我的青葱岁月里遇到的老师们，不仅是我的师长，更是我人生的摆渡人。他们在传播知识的同时，也教会了我做一个赤诚善良的人。

作为这样的一位幸运儿，我时常会想，如今作为老师的我，该如何把这种信念传递下去呢？怎样让更多的学生也能如我一般幸运呢？

彼时懵懵懂懂的我，刚毕业就担任了班主任，面对全新的班主任工作，茫然与挑战并存。记得接手第一个班一个月不到，学生就开始军训了，我陪着学生们在操场上晒太阳、站军姿，和学生们一起奔跑在操场上，完全"淹没"在学生间，为学生的汇报表演而欢呼雀跃，与学生一起呐喊唱歌、一起欢笑……仿佛又回到了学生时代，我的班主任生涯就这样拉开了帷幕。

现在回忆起来，"焦头烂额"这四个字正是我当班主任第一年的真实写照。面对班级层出不穷的问题，各种各样表格文档，千头万绪的班主任事务让我怀疑自己的能力。彼时刚走出大学校园的我，对班主任有着许多天真的想象。我希望自己作为一个班主任能成为学生无话不说的好友，受学生信任和依赖。于是，我努力和第一批学生打成一片，慢慢地，师生的边界感就模糊了。尽管每一次我都能重新整理心情再出发，主动和学生谈心，真诚地和每一位学生交流，了解学生的真实想法，但班主任工作上的挫败还是让我时常自我否定，那一年我开始思考班主任工作的意义。遇到班级问题，我积极向有经验的班主任讨教处理之法，努力将自己所学运用于实践工作中，吸收着来自各方的能量，慢慢地我开始感受到当班主任的幸福感和满足感。

在几年班主任生涯的摸爬滚打中，我形成了自己的一套带班风格。这一年，我中途接替了一位老师的班主任工作，这个班级无论成绩还是纪律都是年级倒数。改变一个学生，需要足够的爱心和耐心；改变一群学生，更需要足够的耐力和坚持。这个时候，班级规则尤其重要，它是为了全体学生而制订的，但是班级规则在执行上也需要有弹性，不可能整齐划一。对于一些懒散惯了的学生，一开始不能高标准、严要求，而应该给他们逐渐成长的空间，用足够的爱心和耐心一点一点促进他们转变和改进。在这样的班级里，班主任工作无疑是非常辛苦的，面对学生各种违规以及乱哄哄的课堂，我感受到了语言的苍白无力，这份无力感也彻底粉碎了我先前积攒那份自信与底气，但这也激发了我的好胜心。

渐渐地，我改变自己管理班级的方式，从专业角度思考管理思路，开始逐一突破，在生活上以宿舍为单位，在班里以小组为单位，团结各方力量，加强班级凝聚力，开设生动而有教育意义的班会课，让同学们在班会中各抒己见，发表自己的看法，感受到自己在班级的权利和义务，让每一个学生都成为班级的主人。经过半个学期的磨合，在师生的共同努力下，这个班级在学期末已经摆脱了纪律差的标签，甚至期末考试也取得了很大的进步。那一年，我明白了教育是一场温柔与爱的坚持，需要用满腔的热血、勤劳和智慧去抵御一切困难。教育是一个人唤醒另外一个人，是一颗心与另一颗心碰撞，是师生共同成长的过程。不管是哪一个层次的学生，都需要老师唤醒他们追光的向阳心态。

日复一日，寒来暑往，在班主任的道路上不知不觉我走过了10个年头，在这条道路上越走越坚定。从一开始的迷茫怀疑到后来的坚定勇敢，敢于面对学生的问题，不断寻找更好的方式解决问题，这些成长都是班主任工作带给我的。

在班主任的工作中最难的一项当属问题学生的转化。2020年新高考改革之际，我接手了一个物化地组合班。这一年，我遇到了一位学生，让我再一次有了新的体会。这是一名转学生，成绩一塌糊涂，性格乖张，特立独行。为了不让他放弃自我，影响班里其他同学的学习，进而影响整个班集体，我下定决心要转化他。我每天亲自盯着他，提醒他行为规范，隔三岔五找他来聊天，积极和他的家长沟通。就在我的坚持不懈下，不知道他实在是受不了班主任的"烦人"了，还是真的被班主任的坚持感化了，我渐渐发现他违反纪律的次数减少了，眼神也逐渐有了光芒，最终他如愿考上了本科院校。

这一年，我读到魏书生老师写的一句话："教师应具备进入学生心灵世界的本领，不是站在这个世界的外面观望，更不是站在这个世界的对面发牢骚、叹息、愤慨，而应该在这个心灵世界中播种、耕耘、培育、采摘，流连忘返。"我深刻地意识到，要想教育好学生，首先要与学生建立一座沟通的桥梁，听取学生的心声；也要利用学生之间的友谊潜移默化地影响学生，让学生真正地融入班集体；也应该与家长多沟通，多了解，多配合；更应该因材施教，坚持不懈，用爱心、真心、耐心感召学生，才能帮助学生成为更好的自己。班主任与学生之间，其实是一个双向奔赴的过程，班主任在关心学生、帮助学生成长的同时也收获了很多学生带来的问候与感动。班主任的付出，学生们记在心里，孩子们的感恩，班主任也看在眼里。花开无声，芬芳自来，一切付出，必有回响。

清华校长梅贻琦先生曾说："学校犹水也，师生犹鱼也，其行动犹游泳也。大鱼前导，小鱼尾随，是从游也。从游既久，其濡染观摩之效，自不求而至，不为而成。"今年，我又接手了新一届的高一学生，这正是我对新一轮班主任工作境界期许的写照。班主任，不仅是传授知识的老师，更是启迪学生心灵的导师。新一代的高一学生，拥有"Z世代"的个性，他们是网络哺育的一代，他们更善于发表自己的观点，更喜欢直接快捷地表达自己的诉求，他们接受信息的渠道多种多样，无时无刻都在接受新鲜事物，他们懂得很多，兴趣广泛，与此同时也有许多自我认知和心理方面的问题，他们渴望被尊重，渴望得到老师和家长的认可。为此，作为老师的我们，必须更加注意尊重学生的个体独立性，不能把自己的个人意志强加于学生的思想上，要客观看待学生的成长与成才，要把学生当作不以自己的意志为转移的客观存在，当作具有独立思想的人来看待。我们需要比以往花更多的精力去关注学生的特点和变化，了解他们的心理和情感需求，找到解决问题的切入点和突破口，沟通才能发挥出实效。这一年，我也成熟老练了许多，学习了许多运用教育规律和青春期学生成长规律去管理班级的新理论和新技能，懂得了班主任工作也需要科学艺术的管理理念，成功组建起得力的班干部队伍，即使一年内重组了两次班级，内心也是从容淡定的。

班主任的时间不是按年计算，而是以每一届的学生作为计算单位的。班主任的工作，有时候充满了心酸和无奈。今天解决的问题，明天又出现了。但是班主任的工作，有时候也充满了温暖和喜悦。当学生成长了、改变了，班主任的心里总是满满的幸福感。从大学毕业走上讲台至今，已经是第13个年头，从手忙脚乱到成熟老练，其中的各种艰辛和不易只有经历过的班主任方能产生共鸣，不足为外人道也。每一届的学生不同，发生了不同的美好故事；每一届学生毕业，不代表故事就结束了，而是故事以不一样的方式又重新开始了，而我也在这些年里不断地成长。从过往的老师那里我获取了温暖，如今我也能散发出自己的光芒温暖着学生，想必我的学生中也会有人将把这束光继续传递给他们以后的学生。落日熔金，暮云合璧，愿这份传承沐浴着教育的诗意。

那一年，我的58个孩子……

"杜妈妈，你快上QQ看看吧！"小菁急切地丢下一句话转身一溜烟就不见了！临近期末了，不会又惹什么事吧？我心头一震，赶紧打开电脑，登录了QQ，58个头像闪个不停，一打开，全部清一色留言："都要记着当初那段最充实最美好的时光，我们的感情，远不止一年这么久，还要长长久久……"落款：杜小菁、杜小怪、杜小肥、杜小瑾……58人，一个不差，激动、幸福、欣慰……这一年来的种种事情，全都化作暖暖的泪水，一下子涌出眼眶！

说实话，带这个班，不容易。说句好听的，学生们个个个性鲜明；说句不好听的，"什么鬼都有！"学校一有活动，最活跃最积极的是我们班，最出成绩的也是我们班，班里同学拿到不少团体的、个人的"第一"，十八般武艺样样精通！然而，学习成绩也跟他们一样"上蹿下跳"！我这位当时还很稚嫩的班主任，每天就跟坐过山车一样，心也一直挂在"悬崖"边上。

爱和尊重是前提

开学初，刚接触他们没多久，他们就丢给我一个难题：几位女生要联合其他班跟她们同个初中毕业的学生，一起去学校"请愿"。当年级长跟我说这件事的时候，我吓了一跳。原来，她们不知道从哪里听到消息，听说初中母校要被解散，她们很伤心，也很不理解，所以联系了其他班的初中校友，约好周末要一起去初中母校请愿。年级长让我做好班里这几位带头女生的工作，安抚她们的情绪。我迅速行动，先多方了解事由，证实她们听到的初中母校要解散的消息只是谣言；接下来，找这几位女生来谈话，向她们反馈我调查到的事情真相，她们得知消息后很开心，但我并没有停止谈话，我先表扬了她们懂得感恩、有母校情怀、重视师生感情，向她们表达我为有她们这样的学生而自豪；我也告诉了她们，自己也曾因为母校改名而伤心难过了很久；紧接着，我严肃地跟她们分析了这次没有证实消息就私下采取极端行为会带来的不良后果，这几位女生最后欣然接受了我的批评教育，事件也很快得以平息。直到后来，其中一位女生小菁在给我的信中提到这件事，说她们当时是带着忐忑的心情来挨批的，同时她们也做好了"抵抗"的准备，没想到我以那样动之以情晓之以理的方式跟她们谈话，她们因为这件事开始对我产生了好感。于是，她们对我的称呼，由"班主任"改成了"杜老大"。那时，我才意识到学生是多么渴望得到老师——特别是班主任——的尊重和理解！而这种尊重和理解能迅速拉近学生与班主任的距离，在学生成长过程中起到非常重要的作用。

"杜妈妈"的称呼是后来才改的。带这个班的第一个期末就要到了，这也意味着我们的"缘分"可能要结束了。从他们对我的称呼的改变上，我就感受到了他们对我的不舍，其实我也一样。他们改变的不只是对我的称呼，还有纪律、学习态度。科任老师们从原来的投诉不断到后来的赞不绝口。也许只有我更了解他们在想什么，知道他们是为了什么，他们在努力证明"杜老大"带的班会延续"品学兼优"的优良传统，他们在努力证明好成绩他们也能拿到！事实上也是如此，他们在期末送了我一份优秀的成绩单。

身边的同事经常笑问我如何"降住"他们，其实我不是"如来佛祖"，但他们却是"孙猴子"，而且是58个不同的"孙猴子"！很多时候，我是手忙脚乱的，这么一个个性鲜明的班，确实是让我耗尽心思、穷尽智慧。但是作为班主任，我尊重他们、理解他们、欣赏他们，这是我做好工作的最大的前提和最坚实的基础。

恰当的技巧和有效的措施是路径

爱和尊重很重要，但是只有爱和尊重却远远不够。我们必须有恰当的教育技巧和行之有效的措施，不然还真有可能"降"不住这么有个性的班级。我们必须时刻警惕，还得不时见招拆招。以下是几点我认为较有效的措施：

全面摸底、组建"特种部队"。新高一，要从学生以前的老师、班主任处了解情况，这种最便捷的途径很难走得通，但从学校交到班主任手头的学生个人基本信息表入手，还是可以获取不少信息：从学生所获的荣誉，不仅可看出学生的闪光点，还能看出之前的老师对他的肯定；从家庭信息，大概可推断出这个孩子接受的家庭教育；从学生的成绩和以前就读的学校经历，大致可以推理出他踏进我们这所高中的心情，还可以发现班里一些同学以前就是同一所小学、初中的等等。开学以后，我要求每个学生写下对新学期的目标、期望，并制订方案。为了更加全面了解学生，我也对学生的家庭亲自进行了解，包括电话家访等等。通过这些策略组成的信息库，对我迅速而全面地了解每一个学生提供了重要的依据。

有了这一手资料后，接下来很重要的一件事就是组建一支"特种部队"——班干部。这支"特种部队"是我们班主任工作的"秘密武器"，也是这个班冲锋陷阵、敢冲敢拼、带得了头、树得起榜样的"先锋队伍"。"特种部队"不仅要选得好，还要带得好，即便玉不可能无瑕，班主任也要像一个雕刻家一样仔细雕琢他们。并且，这支"特种部队"还得指挥得法，才能让"指挥官"如鱼得水。此外，我有一个硬性要求：必须身有正气！这就让我在挑班长时遇到了难题，要在这一群"猴子"中选"美猴王"，实在是没法找到一个各方面都完美的。我后来挑中的这个"美猴王"，仪容就不过关，他有两个"特长"：刘海特别长、手指甲特别长！但最后我还是选择了他，因为他还有另外两项特殊本领：明辨是非、号召力强！当然，为了让他能胜任班长这个角色，我还得当得了"如来佛祖"，要降得住他，还得给他指条"取经路"，并且在他的工作上给予大力支持，在他需要帮助时随时挺身而出。有了"美猴王"，还有了"特种部队"，我的工作事半功倍。"杜老大"，就是在我"降"住了他们后，他们"颁发"给我的荣誉称号。

真情投入、打入内部。开学没多久，这群熊孩子惹事的本领很快就显现出来。科任老师们纷纷投诉：某某和某某上课喜欢说小话，某某男生和某某女生走得特别近，某某对年轻老师没大没小，班里对年长老师的课提不起什么兴趣，某某课间跳窗户……不行！如果我每天都疲于解决这些琐事的话，我就会变得很被动，我必须想办法化被动为主动！

第一招，班主任是"自己人"。要管着他们，就不能让他们跟我对着干，那就必须来一招"以柔克刚"，让学生觉得班主任是"自己人"，同立场、共命运，这样一来，班主任的教育效果肯定比简单的说教好出不知多少倍。于是，我努力去接触他们感兴趣的话题，了解他们喜欢的明星，学习他们常用的语言，更多地去参与他们的活动，慢慢地我跟他们的话题越来越多，他们也渐渐放松了对我的"警惕"，愿意跟我"推心置腹"，信任我，依赖我，这些都大大增强了我的教育效果。

第二招，批评的话巧妙地说。对于他们犯错，一开始我试过采取严厉措施，但大都招致这群"猴子"的激烈对抗，我也曾动之以情晓之以理，同样招来他们的反感，他们已对家长和老师的唠叨厌倦不堪。思来想去，我从心理学那里借来了"我向语言"法：学生做错事后，不要一味地指责"你怎样怎样不对"，而是向他表达"我会怎样想"。比如，对喜欢跳窗户的学生说："跳窗户很好玩，我小学时也背着老师偷偷玩，直到一次摔断了腿，看到老师抱着我往医务室跑时焦急、慌张和心疼的表情，我就再也不这么做了，害人害己。你现在这么大了，万一摔着了我也抱不动你，我也不愿意你摔着，所以每次听说你又跳窗户时我总是很揪心，担惊受怕，这种感觉是很不好受的！"事实证明，每次当我用这种方法与学生沟通时，总能收到意想不到的效果。沟通其实是心与心的交流，我对学生们用了心，学生也感受得到，也愿意用心与我沟通，那么我们的教育目的就达到了。

善用评价，"发现唤醒"。美国著名心理学家菲利普·津巴多设计了一项饱受争议的真人监狱生活实验，实验的结果是好人在特定环境下也会犯下暴行，这种现象被称为"路西法效应"。这项实验也给我带来了很大的震撼，后来我一直用这种效应提醒自己，在教学过程中不要随便给学生贴上负面的标签。相反，"皮格马利翁效应"却告诉我，应该对学生多些积极的期望。我经常给学生这样的评价："你是个很勤奋的孩子""你在数学方面有天赋""读你的文章是一种美的享受""你们是我接触到的最活跃最阳光的班级"等，或者用一些肢体语言、表情来表达对学生的赞赏。这些积极的期待能够让学生在不知不觉中努力表现出符合我的期待的行为。为了让我们班日益成长，我努力发现每位学生的闪光点，给予积极评价，增强进步动机，调动积极性。

教育，始终是一门艺术，总是需要教育者在摸爬滚打中借鉴他人的经验不断地充实和完善自己。我爱我教过的每一个学生，如同爱自己的孩子。做妈妈最大的欣慰就是孩子成人成才，同样，做老师最大的欣慰就是学生全面成长。尽心尽力，无愧于学生，才能无愧于自己。

四 教学任务繁重，新岗挫败寻根源

跌跌撞撞，怎一个"máng"字了得

如果说，要用什么词语来总结我这一年的班主任工作，那么，"盲""忙""茫"都是最真实的写照。

在得知我即将要当班主任时，我最担心的就是和学生与家长交流的问题。虽然我提前学习了一些诸如"三明治谈话法"、非暴力沟通的技巧，但在实际处理问题时，这些方法似乎都不管用。

有些学生总是不能按时按质地完成作业，他们说题目搞不懂，抄了答案也不会。为了帮助他们分析问题，我从睡眠情况、上课状态、听课效率、预习次数等等，同他们进行了细致和深入的交流。我说得口干舌燥，学生倒是惜字如金，有时候甚至只是点头和摇头，这谈何沟通？

有的学生因为违反宿舍纪律，多次被扣分，在和他的几次交流中，我

发现扣分、批评甚至停宿等处理，对他都没有什么警示作用。我想，或许可以试试"动之以情"："再扣分，一旦被停宿了，你以后每天走读就要更早起床，爸妈还要每天接送你，很辛苦的。"结果学生的反应却是"那我（停宿）这周不来了"。

有的学生总是迟到，问到原因，就以"身体不舒服，先到医务室或洗手间去了"为借口，实际上好几次是刚从食堂或小卖部过来，直到被我亲自抓到，他们才改口。当我和他们谈及迟到、说谎等问题，他们则一脸无所谓："那周五罚我大扫除呗……"

遇到学生的违纪违规问题，我时刻提醒自己不要先入为主下判断，要留心观察，耐心倾听，共情沟通。但得到的回应，却是沉默、冷漠、借口……

没有当班主任之前，我从来不知道班级的卫生管理有这么难。

首先，要给班级确定一个卫生委员，这要比选任其他班委更难一些。无论是组建临时班委团队时还是选拔正式班委团队时，卫生委员的职务一直都无人问津。多次动员之后，才有一位同学愿意"暂时"试试看。

接下来，怎样给班级的同学合理分工并保持正常轮值，又是另一个难题。一开始，我们只是明确了每位同学所属的值日小组，至于每位同学负责的具体工作，则交给小组长内部指定。但第一版值日表刚运行一周，卫生委员就反映并非每个小组长都能合理分配工作，有些组内的同学甚至不服从分配。

于是，卫生委员又将班级具体的卫生工作分类，再要求各小组协商好分工，填表确认，形成了第二版值日表。学期刚开始时，卫生委员除了每天在公告栏上更新值日小组序号，还担心同学们忘记值日，会口头进行提醒。这样运转一个月之后，卫生委员认为大家应该养成查看轮值顺序的习惯了，就减少了口头提醒的次数。但很快就发现，很多同学不提醒就忘记。

班委会讨论后认为，将班级分成11个小组的分组方式，导致每个小组的值日时间无周期性，难免出现小组忘记的情况。因此，我们又重新将班级划分为5个大组，按照周一到周五的固定顺序排班，同时细分各项值日任务，固定每个人的值日内容，第三版值日表正式诞生。

就在我们认为找到完美方案时，新的问题又出现了——分工表上将班级4组座位的卫生划分为靠窗2组和靠门2组，分别交给两位同学完成。乍一看似乎分工明确，但没有想到，两大组中间过道上的纸屑，没有一个人扫，双方都在推脱。

后来，我去请教了有经验的班主任，得到的一个重要提醒是：卫生习惯的养成，除了明确分工，还需要班主任勤到班督促，养成好习惯之后，后期卫生管理就好管了。于是在新班级组建初期，我争取尽可能在晚自习前到教室检查，不合格的小组再多值日一天。但这样养成的习惯却是，只要班主任和卫生委员有事耽搁没来盯着，班上的同学就不做卫生值日。

我再去找有经验的班主任求助，又得到一个新的启发：既然规范难以成为习惯，那就先从意识培养起——于是我组织了主题班会，刚说到"班级就是我们的家，谁不想家里干干净净的呢？"，台下就有个孩子回道，"那在家为什么不能随便吃点东西睡会觉？"，引发阵阵笑声。那一刻，我想到的是，可能在他们眼里，比那句话更可笑的是我为了卫生值日这种小事着急上火的样子。

后来，有的班主任跟我说："批评、负强化的形式，学生是被动地形成习惯，地面上如果有纸屑，你可以当着学生的面捡起来，默默地树立榜样。"所以，我试着坚持每次到班后整理讲台、捡捡纸屑，将近半个学期过去了，是否在班里潜移默化地改变了谁呢？我不知道。我只看到讲台上那些没有写名字的卷子、本子横七竖八一动不动地躺在那里一天，地面上的纸屑和吸管袋随风飘来荡去……

为了避免班会课上成班主任或者班干部的"说教课"，我总是尽可能在主题班会上安排一些环节让台下的同学体验、思考和分享。但事实是，在我带的班里，辩论比赛，鸦雀无声；分享环节，惜字如金；再追问，言之无物；游戏或体验活动，主动参与的人数更是屈指可数。

是话题挑选不合适吗？诸如"英语阅读频繁使用单词笔好还是不好""高中生能不能谈恋爱"等话题，同学们至于一个完整的观点都说不出来吗？同样地，早恋话题讨论，在年级组织的某次青春期科普讲座上，多的是举手分享的同学。是我们班的学生即兴演讲能力太差，需要时间准备吗？一次班会我提前一周布置了问题思考，但到了班会课上，仍然只有两三个人做好了准备。是学生平时上文化课脑力活动强度太大，班会课更想放松娱乐一下吗？到了游戏环节的时候，愿意参与的人也寥寥无几。

"大家期待怎么样的班会课呢？"

"期待可以补觉的。"

是啊，每天有那么多科目、那么多作业，孩子们好累啊。可是精心准备的班会频频冷场，班主任也好累啊。有时候我也安慰自己，达到教育目的就好，不必拘泥于大家是否捧场，但我想通过班会课解决的问题依然存在……

这一年来，很多工作屡战屡败带来的落差感和无力感，让我在很长时间里陷入了自我怀疑。直到最近2023年高考结束之后，我看到很多学生用"高中三年，疫情三年"来回顾高中时光，这让我忽然想到，我接触的这些孩子，在过去三年多时间里，也缺失了一段完整的在校体验，大概这或多或少也影响了他们的行为规范能力和集体生活意识。因此，很多班级管理上的问题，或许不仅仅是因为我没有足够的经验应对，被疫情打断在校生活的孩子们，对于集体生活何尝不是经验不足呢？

这让我想起，一次周五放学后，我看到一个负责擦黑板的孩子非常慢但用力地将抹布从黑板上方往下擦。我说："怎么这么慢，快一点擦，就能快一点回家。"那个孩子回我道："老师，第一遍擦太快会有很多水渍，还得再擦第二遍，我这样慢慢擦一遍就搞定了。慢慢来，才更快。"

慢慢来，才更快。我恍然大悟，当我站在管理者的角度来看待这些孩子，管理的效果好像总是不太如意，但成长怎么可能是一个线性的过程，过于追求结果导向，未免操之过急，或许对待孩子们的成长一样要慢慢来，才更快。

做班主任真难

2022年秋天，我正式步入教师这条道路。当我第一次踏上讲台这块略显狭小的"方寸之地"，面对下面一双双充满求知欲的眼睛，我的内心是那样欣喜、坚定。可短短几日，初为人师的激情过后，我发现教师的工作与最初的设想截然不同，我原本以为，老师最重要的就是上好课，把知识传授给学生。但班主任工作硬生生打破了我的美好畅想，我每天都面临着无穷的烦恼和挑战：频频闯祸的孩子、家长的不理解以及烦琐的班主任事务等，这一切都让我感到挫败和迷茫，我开始力不从心，甚至质疑自己最初的选择。

"不是在上课，就是走在上课的路上。"这句话过去常常听老师们在说，但在步入教师岗位那一刻，我才真正刻骨铭心地体验到这句话的精辟。去年秋季新学期伊始，新教师培训还没结束，我就被拉进一个"七年级班主任工作群"，紧接着就是一连串工作通知。彼时我还在想，校领导能第一时间想到我，是对我工作的肯定，也是对我能力的认可，所以我的第一反应不是推辞而是感激。

可是班主任的工作真的很忙！平时我要上5个班的道德与法治课，平均每个班50个孩子，算下来，一周11节课，每上一轮新课就要改差不多250份作业……加上作为新教师经验不足，我在备课、上课、批改作业、督促学生做好订正等任务上都需要花费大量的时间和精力，双手难敌四手，事实上桩桩件件收效甚微，学生们对道法学科的重视根本不够。我既要花费时间提升自己的教学能力，还要花费大量时间批改作业，班级管理就力所难及。渐渐地，就有不少科任老师向我反馈，除了在我的课上孩子们不敢吵闹，其他老师的课堂上孩子们简直是"群魔乱舞"！对于这些吐槽，我无奈苦笑，全盘接收，其实我的心远比我的表情痛苦！

每一名班主任都知道，一旦班级管理抓常规少了，班主任就会从维稳工作者变成救火队员，最终工作量大不说，心态也完全两样。就这样，班里开始经常传出我对学生的怒吼声，我的咽喉开始频繁发炎，心里时常怒火中烧。随着学期深入，我陷入深深的焦虑之中，作业批不完，订正订不完，培优补差规划、教研提升计划也没时间推进，此时的我已经是心力交瘁、疲惫不堪了。

屋漏偏逢连夜雨！10月中旬，我突然被校领导指派代表学校参加市里的一项社科知识竞赛，需要和别校老师结队参加。为了不让校领导失望，我花费了大量时间备赛。此时正值10月份学校活动最多的时候，体育节、合唱节等排练任务一个接一个，正当我被各种接踵而来的工作弄得晕头转向之时，我突然收到家里的电话——妈妈扁桃体出现病变，需要手术住院治疗，而爸爸又需要每日料理养殖场，年幼的弟弟无人照料。繁忙的工作，紧张的备赛，加上当时正处疫情时期，我连请假回去都不敢想。我只能每天抽出时间跟妈妈通电话，听着妈妈在那一头嘶哑的声音，甚至无法发声，我就感觉自己对父母亏欠得太多太多了……

家长的焦虑也给我带来了很大的压力。一个新老师带5个班的道法课，还要兼任班主任，家长们对这种情形本能地抵触，"这个班主任这么年轻，刚刚毕业，什么经验都没有，能把我孩子教好么？""一个新老师一毕业就带5个班，还做班主任，能把班带好吗？"……有这样想法的家长不在少数。

"您放心，我一定会兼顾好，一定认真教好您的孩子。"在家长会、家访时，我不断安抚家长，其实我心里也犯虚，我手下带着5个教学班，分配给自己班的时间自然就被削减了，谁都知道人的精力是有限的。我只好更加卖命地盯紧班里学生的作业、练习，好在学生的成绩总算没掉，还有所提升，在学校的各项评比和赛事中也略有成绩，这也算是我心里唯一的安慰了。

我的身体向来很好，但自打入职教师岗位以来，我暴瘦了10斤，睡眠质量也变得非常差。有时明明感觉身体已经很疲累了，但是大脑还是装满了班级的大小事务、繁杂的教师培训与考核，导致睡眠变得越来越浅。超额的工作量与严重不足的睡眠让我脸色发白，整个人充满了疲惫。每日周旋于学校教学、班主任日常管理、家校沟通之间，我逐渐迷失了方向，职业倦怠感越来越强。

作为一名新手教师，我们经常会因为自己管理经验不足、教学能力有限，在与学生、家长、校领导打交道的过程中产生诸多矛盾和困惑。每一位老师都是有血有肉的人，每每遇到各种角色冲突之时，总感觉自己就像一个溺水的人，渴望有人拉我们一把，助我们脱离苦海。我想，这应该不是我一个人的感受，许许多多奋斗在一线的班主任同仁们应该都有同感，教师队伍中的心理问题一直都被忽视。我们既要求老师无私奉献，又要求老师有育人情怀，但班主任承受的巨大心理阴霾，要往哪里找出口？是家庭，还是自我消化？哎！做班主任太难！

一段"心结"
——记曾经的班主任工作

班主任生涯是教师生涯的重要组成部分，是教师快速成长的途径之一。每当看到身边高效而富有活力的班主任们，我总为埋藏于心底的那段班主任经历惭愧不已。

作为新手教师被直接任命班主任之时，我内心的忐忑不安超过了斗志昂扬。懵懵懂懂、稀里糊涂地从代班主任张老师手中接过新生入学资料，我竟不知道还应该准备什么，又应该向老班主任询问什么。只见张老师表情轻松地对我说："这些资料我已经核对过了，你收好即可。"当即，我以为自己的工作也会像张老师那样轻松，这种盲目自信就好像鸵鸟把自己的头埋入土中看不到危险就相信没有危险一样。

现实马上打得我措手不及。还没有备好课，没有做任何班级活动计划，没有提前预设班级管理章程，没有提前了解孩子们的个人情况……学生已经开学报到了。

首先是军训。一天晚上查寝，嬉笑一团的女生中突然传来手机铃声，陈同学大大方方地取出手机说："老师，咱们合个影吧。"既是缓解尴尬，也是试探我的态度。我一看这还了得，急忙说："学校规定学生军训不许带手机，你是纪律委员，怎么带头违反纪律？"她一听，连忙为自己辩护："我父母没在这里，需要跟我联系，只能带着呀。"我一听，第一反应是惊觉自己居然不知道这个信息。旁边的同学们也附和道："老师，别的班也有学生带""老师，我们白天军训也不玩""老师，只要您不说，就只有咱们宿舍知道"……我一时间拿不准主意，默默退出这个宿舍。

生物科李老师和我一个办公室，时不时就向我投诉班里上课太吵闹，忍不住训斥，学生怕她，时间久了，怕归怕，吵归吵。据说其他课堂的纪律也相差无几。我在班里设置了积分制，安排得力的班干部管理纪律，然而课堂纪律还是时好时坏，这种状况一直持续到了期中考试结束。成绩一出来，我带的科目考到第八，其他科目最好的只考到第五，最差的倒数，总之班级成绩惨不忍睹，学生们也感到挫败。随后，学生们最爱的政治老师离开了班级，学生追问为什么，我说是学校工作安排，但显然学生并不信服。

后来，有一次学校安排国旗下讲话，我亲自写了两篇发言稿，一中一英，分别交给班里的孙同学和房同学。周一演讲时，我在台下听，感觉两位同学欠缺饱满的情绪，似乎有点沮丧。正听着，突然音响断掉了，随后足足有两分钟无声演讲。这件事发生后，我感觉到班级的中坚力量正在溃散。

有一段时间，我发现班里流传着不少"闲言碎语"：女生们都不愿意和王同学做同桌，男生们也不愿意。几个女生跟我说："老师，王同学不洗澡不洗衣服，身上臭烘烘的，宿舍也很臭。"我发现事情有点严重了，为了避免王同学被孤立，我将她找来了解情况。她告诉我："老师，我没有不洗澡，只是没有天天洗那么频繁而已，我也不臭，是她们针对我，把我的脸盆和漱口杯都藏了起来……"我严肃教育了班里几位带头传话的同学，但她们仍旧嫌弃王同学，不肯和她同桌或者上下铺，令我深感无奈。我给王同学妈妈打电话陈述情况，她却表现出无奈的态度，说孩子曾经休过学，如果影响学习了，可以考虑再休一段时间。家长放任的态度，令我一时间也不知该如何下手了。这个孩子后来没有休学，但是班级却出现了"帮派"和"小团体"。

有一天晚自习，我正在办公室，突然听到有人来喊："赵老师，快去看看你们班吧。"我急忙跑到教室，一下子就看到有些学生站在座位上，气势汹汹地和新来的化学老师陈老师"叫板"。陈老师吼了一句："我叫你们几个没写作业的补作业，你们还跟我拍桌子，是不是想上天？"哎，学生对老师没有了敬畏之心，班级氛围戾气横生！后来，在我的严厉批评和教育下，学生们虽然偃旗息鼓了，但是似乎仍有一股力量在蠢蠢欲动。

直到又一个晚自习，别班的学生来我办公室喊："八班出事了。"我慌忙跑出去问，学生却支支吾吾。只有其中一个学生小声道，杨同学被别班的同学打了。我赶紧找来杨同学，问："谁打你了？他是哪个班的？为什么打你？"杨同学无辜道："我不知道啊，我就站在教室门口，他走到我旁边就朝我身上打。"班里的其他同学也说："老师，那个学生太冲了，欺负咱班，您要为杨同学出这口恶气。"当班集体没有了正向的凝聚力和集体观念，那么随便发生一件什么事情，学生只会迫切希望逞强出头、仗势欺人，甚至寄希望于班主任身上。随后我仔细了解到打人的原因，原来是男生间争风吃醋引起的风波，最后我叫来双方道歉调解、握手言和，这次风波也就渐渐停息了。

陈同学的手机遗留问题在班上愈演愈烈。我跟她妈妈联系，希望帮孩子管理这部手机，但孩子的妈妈说女儿独自在这座城市上学，如果手机不在身上，不能联系到孩子，她不放心，拒绝让老师代管手机。真是令人深感无奈，这件事最后也是不了了之。

我反复想起当年这些班级事务，当时除了给我留下煎熬、痛苦、无助感之外，还有遗憾、惭愧和自我警醒，它们成为我一直以来的"心结"，让我倍感惭愧和无能，认为自己是失败者。但是，经过这些年的观察和总结，我发现凡事预则立，班主任工作要提前做，主动做，不把自己当鸵鸟，不后退，才能主动解开自己的"结"。

一、我应该利用好家校平台，建立班级规则

开学初通知家长，学生不需要带手机，学校有公共电话可以联系，如果一定要带，就要签订手机入校协议，并将手机交由班主任管理，周五放学再归还学生。家长若有事则找班主任传达。

二、我应该适当放手，又严加管理

国旗下讲话是体现学生思想品格的时候，发言稿应该由学生自主撰写，班主任可以从旁协助，这样才能调动学生的发言热情。

上课纪律差、不服新老师的管教、个别学生打架，这些问题本质上还是学生没有归属感，班级没有"主心骨"。我可以利用班会课做学生的思想工作，树立班干部的威望，表扬学生的优点，建立良好的师生沟通渠道。在此基础上，严格执行校纪班规，增强班级荣誉感。

三、我还要善于利用学校活动的契机，增强班级荣誉感

军训时，学生集体荣誉感是非常强的，班主任如果能鼓励学生获得军训团体荣誉，那对整个班集体会有莫大的激励作用，同时又能创造美好的回忆。还有校运会、歌咏比赛、评比绿色安全文明班、黑板报比赛等，每一次集体活动，都是一次集体锻炼、成长，都能凝聚学生的心。

我记得运动会上乒乓球赛时，陈同学和几位女生紧张得手都在发抖，平时大大咧咧的她们，暂停休息时说的都是"不要让她们超过我们班"；田径赛时，女生们给班里的男生加油，奋力大喊"八班加油""八班必胜"。我当时真应该拍下学生们的"战斗力"，宣扬他们的斗志。

当歌咏比赛、评比绿色安全文明班等活动，班级以微弱的劣势没有入选时，学生们低垂着头惋惜，似乎打了一场败仗。我应该趁机鼓励学生平时多加练习、遵守校纪班规，为班争光。

当我看到班级精美的黑板报，惊叹于学生的创造力时，学生自豪地告诉我，这是她们经常做手抄报得来的技能。我不禁感叹熟能生巧，也能生智慧。

短短半年的班主任经历，曾给我抹上迷茫、无助、煎熬的底色，曾带给我难以胜任工作的"心结"。我知道，若是长期带着这个结，便难以获得长足发展；唯有主动打开此结，我才能拥抱明天。回想我那些充满活力的学生，他们时时刻刻是我的老师，促进我思考，促使我改进工作方法，提高效率，并且时刻检视我是否满怀教育热情，是否每天进步一点点。来自学生工作的"结"，也唯有在学生工作中才能解开。

一位年轻班主任的迷茫与反思

2022年，我第一次走上讲台，并且成为一名班主任。作为一名初出茅庐的班主任，我对工作抱有极大的热情，相信任何困难都能通过不懈的努

力加以克服。然而，两段让我特别痛苦的班主任经历，让我对这一问题有了新的思考。

我遇过一个学生，他来自一个单亲家庭，经历过家庭暴力和经济困境，他的成绩一直不理想，学习态度也很消极。我尝试着与他进行交流，给予鼓励和支持，但是他总是很敷衍，态度冷漠。我感到非常无助，甚至觉得自己是个失败的班主任。

我不断地思考如何帮助他，但是我发现我对于他的问题缺乏专业的知识和经验。我决定寻求学校心理老师的帮助，但他们日常也非常繁忙，很难抽空来配合处理我的学生的情况。我感到非常沮丧和失望，觉得自己无法履行作为班主任的职责。

看着他一次次错过机会，我内心感到沉重又有负罪感。每一次在他那儿受挫，我就不断地反思自己的方法和策略，试图找到改进的途径。然而，无论我如何尝试，问题仍然无法得到解决。

这段时间对我来说是心理上的巨大折磨。我感到自责和挫败，我一直在怀疑自己是否有能力去帮助学生克服困难。

然而，就在我快要放弃的时候，学校终于安排了一次心理老师和这名学生的会面。在专业心理老师的指导下，他逐渐开始敞开心扉，表达自己的困惑和内心的痛苦。我感到如释重负。

这段经历让我明白，班主任并不能解决所有学生的问题。有时候，我们需要寻求专业人士的帮助，尤其是在面对一些复杂的心理问题时。我也意识到，作为班主任，我不能过分苛责自己，每个人都有着自己的局限性。

从那以后，我更加努力地与学校心理老师合作，建立更完善的支持网络，确保每个学生都能得到专业的帮助。虽然我依然会遇到挫折和困难，但我学会了接受自己的不完美，以及在必要时向其他专业人士求助。作为班主任，我要坚持不懈地努力，为学生们提供最好的帮助和支持。

　　还有一段让我倍感挫败的经历，是一名学生考试失利后心里失落的经历。一次期末考试结束后，班级里气氛有些沉重，大家都在焦虑地等待成绩的公布，希望自己能取得好的成绩。然而，当成绩揭晓的那一刻，我看到了一个学生的失落和沮丧。这个学生一直非常努力，平时学习成绩也一直在年级中等偏上。但这次考试，她得到了一个远低于她期望的成绩。她默默地低下头，眼神中透露出失望和自责。

　　我走过去，轻轻拍了拍她的肩膀，小声说道："我注意到你对这次考试的结果感到很失望。你想和我谈谈吗？"

　　她抬起头，眼中闪过一丝不安："老师，我真的很努力了，为什么还是考得不好呢？我觉得自己好像不够聪明。"

　　我微笑着回答："你一直以来都很努力，这是很值得称赞的。但学习并不仅仅取决于努力，还有很多其他的因素。每个人的学习方式和接受能力都不同，有时候需要更多的时间和经验来提高。这次的挫折只是一个机会，让我们反思自己的学习方法和策略，找到更适合自己的方式。"

　　她听着我的话，眼神渐渐变得平静："老师，我会好好反思，找到适合自己的学习方法。"

　　我鼓励地笑了笑："很好。你有这样的决心，我相信你一定会走出这次的困境，取得更好的成绩。同时，不要忘记，成绩并不能衡量你的价值，你还有许多其他的优点和潜力等待发掘。"

　　她微微点头，眼中逐渐重新燃起了希望的火焰。

　　接下来的日子里，我不断与她保持沟通，给予她鼓励和支持。我为她提供了一些学习上的建议，帮助她调整学习方法，找到适合自己的学习节奏。同时，我也鼓励她参加一些课外活动，培养兴趣爱好，提升综合素质。

　　然而，第二次考试，她成绩依然不理想。这让我怀疑之前的工作是否有效。经过再次沟通，我了解到她来自一个注重教育的家庭，父母对她的学业非常重视，总是期望她能取得优异的成绩。

每次考试结束后，她焦虑地拿着试卷回到家里，爸妈总是表现出失望和不满，对她的分数表示不满意，并质疑她是否足够努力。他们期望她能够一直保持顶尖的成绩，并认为这是衡量她未来成功与否的重要标准。

这种过高的期望让她感到压力倍增，她的自信心开始受到严重打击，甚至在学习上感到受挫，感觉自己承受不住这么大的压力。

我决定与她的家长进行一次沟通。我首先表达了作为班主任对孩子的关注，并提到了孩子在学习上的困难和焦虑。随后，我询问家长对小孩的期望和要求。家长表示，他们希望孩子能够在学习上取得出色的成绩，只有保持住好成绩才能考上好的大学，以后找到好工作。同时我注意到，她们的家庭经济情况不是非常宽裕，父母从事体力劳动，对子女的培养观念较传统。

我表达了对家长的理解，同时也利用案例让他们明白过高的期待可能对孩子造成压力，强调每个孩子都有自己的独特性格和才能，而成功并不仅仅取决于成绩，还包括培养兴趣爱好、人际关系和自信心等方面。

同时，我还分享了孩子在学校里的良好表现和努力，提醒家长关注孩子的个人成长和进步，而不仅仅是成绩，并建议家长与小孩建立积极的沟通渠道，鼓励孩子敢于分享自己的感受和困惑，并为她提供支持和理解。

通过这次沟通，家长们开始反思自己的期望，认识到他们的过高期待可能给她带来了压力，于是重新调整对孩子的期望，并更多关注她的成长和幸福。

随着时间的推移，这名学生的学习状况终于有所好转。她开始感受到家长的理解和支持，逐渐摆脱了焦虑和压力，在学习上找回了信心和乐趣，并展现出自己的潜力和兴趣。

这次与学生、家长的沟通，让我修正了之前的一个认识偏差——学生有问题找学生。师生沟通、家校沟通，也是解决问题的根本。同时也让我意识到，不能仅仅把成绩作为衡量学生价值的标准。

现在再次回顾这些经历，尤其是被挫败感击败的那些时刻，我意识到挫败感不仅影响了我的情绪，也影响了我的自信心和职业动力，让我陷入自我怀疑，怀疑自己的能力和教学方法，怀疑自己是个失败的班主任。

然而，正是在那段苦恼和痛苦的时期，我逐渐明白了一个重要的道理：作为班主任，要学会寻求合作。我开始重新审视自己的角色，珍惜与学生们建立的信任和关系。

我也决定转变自己的思维方式，不再将挫折和困难视为个人的失败，而是把它们看作一个成长和学习的机会。我不断一次又一次重新审视教学方法和班级管理策略，寻找改进的方向。

分班以后，这两位学生每次遇到我都还会主动打招呼，这让我更加坚定班主任工作的价值。

五　家校沟通有障碍，教育合作挫败多

来自家长的烦恼

作为一名高中班主任，我每天都在见证着学生的变化和成长，哪怕是学生的一点点进步，我都会感到十分欣慰和高兴。同时，高中生面临的诸如高考升学压力、行为习惯、人际交往、心理健康等方面的问题，学生家长对小孩成材的期待，这些也都是我的班主任工作所要面临的烦恼和挑战。本文将以一个单亲妈妈与女高中生的教育案例进行教育叙事。

一、情境再现

高一新生入学伊始，新生小玲的妈妈就拎着一袋茶叶找到了担任班

主任的我，开口就是一通介绍："班主任您好，今年我们家小玲就在您班里，小孩从小就黏着我，离不开身，现在要自己一个人在学校住宿，麻烦老师您平时多照看照看。"我急忙挡拒礼品，连忙说道："小玲妈妈您好，我们学校也有很多高一才寄宿的学生，家长对小孩寄宿情况的担忧我非常理解。不过请您放心，我和生活老师都会及时指导和帮助新生们适应宿舍生活，学生遇到问题及时来找老师处理就行了。"这是我第一次跟小玲妈妈的接触，她脸上还是略有担忧。

在这之后，小玲妈妈隔三岔五就通过微信、电话等方式联系我，全方位了解小玲在学校的学习、生活等，对小孩可谓嘘寒问暖，无微不至。对此，我虽然内心深感无奈，但转念一想，无论对新生还是家长而言，长年在一起而如今分开生活，彼此确实都需要时间来适应，因此我每次也一五一十回复小玲家长。

由于小玲妈妈千叮咛万嘱咐，开学这一个月来，我对小玲的关注会更多一些。小女生比较文静，不爱与其他人交流，下课也喜欢独处，对学习和寄宿生活的态度比较平淡，但有时上课容易走神，作业的完成质量也不高。我便及时找到小玲对其提出了建议："要做好时间管理，目标要明确，规划好一天的学习、运动等活动，要自律和敢于担当责任，逐步养成良好的行为习惯。"小玲比较冷漠地答复道："哦。""那你遇到什么问题要及时来找老师。""好。"小玲的"言简意赅"让我有些苦恼，态度近乎敷衍和应付，似乎对老师的关心和建议视而不见。

一天午习课前，小玲见我到教室，立刻走到我面前，哭诉说男同学小铭欺负她，把她的眼镜砸坏了。小铭急忙解释道："你怎么说话的！我那是不小心！怎么就叫欺负人了呢？"我问明情况，原来是小铭和几个男同学在教室玩篮球，没抓住，篮球就砸到了旁边小玲桌上的眼镜。我对小铭以及一起打球的同学提出了严厉批评，强调了教室内不能进行体育运动，要求小铭当面道歉，小铭也主动提出要赔偿小玲。原以为这事就此了结，没想到小玲妈妈第二天没有通知我就拍马赶到了，直接在教室当面斥责小铭，我闻声赶来把小玲妈妈请到办公室。小玲妈妈一坐下来便有些气恼地说："老师，你前几天不是说小玲在学校挺适应的吗？怎么小玲说昨天有男同学欺负她！连眼镜都砸坏了！"小玲妈妈越说越激动，渐渐带上了哭腔："小玲就我这一个亲人，我必须保护她。欺负我可以，但欺负我家女儿不行！"小玲妈妈这一出真是让我措手不及又哭笑不得。我倒了一杯水，递上纸巾，急忙解释事件的来龙去脉。小玲妈妈对孩子的过度"保护"，着实令我感到烦恼。小玲妈妈这一闹，班里的同学议论纷纷，逐渐与小玲拉开了距离。

　　一天，小玲放在桌面的水壶被前桌同学小芳一个转身不小心打翻了，水洒在了桌面上把课本弄湿了。小玲大声呵斥道："你怎么这样！"小芳急忙道歉并擦拭干净，但小玲仍然黑着脸。当天晚上，小玲妈妈便打电话跟我诉说了此事，说孩子的课本被同学故意弄湿了，现在没有课本可以上课。我只好在电话里先安抚了小玲妈妈的情绪，并承诺我会去了解具体情况，做下一步处理。第二天，我把小玲和小芳都叫到办公室来谈话："小玲你先说，昨天这课本被弄湿了的经过。"她抿了抿嘴说："昨天，我在写作业，只听到小芳笑着跟我的同桌在小声嘀咕，然后我的水壶就被撞倒了。我觉得这就是她们的恶作剧。"当我转头问小芳时，她委屈巴巴道："我没有！我们只是觉得有一篇语文素材的内容比较搞笑，笑的时候动作有点大了，一不小心就撞倒她的水壶。不信你问你同桌，而且我还立刻道歉了，你还要斤斤计较吗？"小玲低头不语。我又问小玲："你见到小芳故意撞翻水壶了吗？"小玲摇了摇头，吞吞吐吐地说："我……当时低着头在写作业。"我笑了笑，劝解道："同学间交往难免会有一些磕磕碰碰，我相信小芳也不是故意的，我更相信你不是一个斤斤计较的人。小芳已经做出了道歉，你可以原谅她吗？"小玲犹犹豫豫地点了点头道："好吧。"我继续道："那你现在还要跟小芳说什么吗？"小玲带着一丝腼腆和尴尬，朝小芳说道："对不起，我误会你了。"小芳伸出手，两个同学这才算是握手言和了。

之后，我经常与小玲妈妈进行交流，提出了我自己的看法，希望小玲妈妈要学会相信自己的孩子，敢于放手，鼓励她与同学多相处、多交往，遇到困难也要学会先自己想办法解决，而不是一味地抱怨或依赖母亲，只有健康地与人交往才能促进个性的发展，形成健康的人格。

二、案例分析

小玲同学处理人际关系时斤斤计较，对一些突发意外情况表现得比较敏感，通过打小报告、狡辩、呵斥等方式来自我保护，这些表现主要还是受家庭环境影响。一方面是受单亲家庭的影响，小玲自小缺乏父爱，缺乏安全感，容易自卑，自我价值感低；另一方面是母亲的过度保护，小玲妈妈就像斗鹰护崽的老母鸡一样事无巨细地保护着她，无论孩子遇到大小事，她都大包大揽，甚至直接插手处理孩子之间的问题，长期生活在母亲的庇护下，也是小玲养成如今的性格的重要原因。

面对小玲妈妈对孩子事无巨细的嘘寒问暖，班主任要能够换位思考，理解并详细答复，能够及时留意到小玲在学习、生活上的变化，提出合理的建议；面对小玲妈妈掺和小玲与同学的关系，班主任要能够冷静应对，迅速转移家长，及时控制事态的发展，避免产生更大的负面影响，用真情和事实解释溺爱的危害，引导家长关心小孩要注意尺度；面对小玲的"水壶事件"，班主任要能够做到公平公正，不偏不倚，循序渐进地帮助学生处理摩擦，既要还学生一个公道，也要培养学生明辨是非、宽以待人的素养。若能抓住小玲和小芳握手的契机，在班内肯定和表扬小玲的变化，并进一步鼓励同学多与小玲交往，那么教育效果会更好。

三、经验反思

著名作家林清玄说："不管是什么样的孩子，爱是最好的教育，而表达爱最好的方法是欢喜、奖励与赞赏。"面对小玲妈妈这样的家长，班主任老师可能甚是烦恼，但总是要冷静应对，积极与家长进行沟通并加以引导，让家长意识到溺爱孩子的行为特征以及带来的后果，让家长正确实施家庭教育。面对小玲这样的学生，首先，班主任要理解与尊重，公平公正地对待每一个学生。其次，积极鼓励和引导同学间先独立解决矛盾，逐步形成尊重、包容他人的个性。最后，班主任要密切关注学生的动态，适时采取恰当的教育方式介入学生的人际交往，呵护学生的健康发展。

四、结语

作为一名高中班主任，我深知自己肩负的育人责任重大。我将保持对教育的热忱，努力提升自己的教育教学水平，用心关爱每一个学生，用教育智慧去应对每一个烦恼和挑战。我也将继续在这条充满烦恼与挑战的道路上坚定不移地走下去，每一个学生的成长都离不开班主任的付出和努力，而他们的健康成长就是我在教育事业上最大的幸福。

无处安放的情绪

做班主任多年，总会遇到这样或那样不顺意的事和人，最让我难忘的还是一位高三复读生小叶。

棘手任性的高考"老赖"

新学年开始，我着手准备接任新班级。这次来了一名复读生小叶，这已经是她第三次复读，去年她也在本校复读。于是我向她去年的班主任了解她的情况。

她思想挺成熟，但总是迟到，怎么提醒都没用，仍然按她自己的节奏和方法行事。至于高考成绩，这一次不但没有达到她预期的本科分，而且高考分数越来越低。去年班主任了解到她的情况后，开学初就劝她去读已经录取她的大专院校，她非常坚定地要复读，一定要考上本科。劝说无果，也就只能由着她去。她瘦瘦的，经常请假，请假原因基本都是头疼。

了解到这些情况，我觉得小叶有点特别，恐怕需要多留心。既然她都已经是第三次复读了，也不怎么听劝，过多的谈话对她来说估计也没什么效果，倒不如尊重她的选择，必要时适当提醒。

疯狂蛮横的电话攻击

开学第一周，需要通知外宿生办理外宿卡，我将小叶同学叫到办公室，详细认真地跟她说了办理外宿卡的具体步骤，结束前还跟她反复确认是否理解了，小叶同学点头说是。总共说了三遍，加上她去年也是本校外宿，我想她应该也是明白了。

周日上午，小叶妈妈突然打电话给我问办理外宿卡的事，说小叶不知道怎么办。虽然深感无奈，但我还是在电话里耐心跟她讲述如何操作，从第一遍的详细解说到后面逐渐高度概括，再到最后只抛出关键词，简单的几个步骤我不知道重复了多少遍，一个电话讲了将近两小时。但小叶妈妈好像还是没有听明白，还总是会扯到无关的事情上去，有点无厘头，于是我也逐渐失去耐心。我一手提着东西一手讲电话，将近两小时的电话使得手机都快没电了，胳膊也酸了，当下只想快速结束通话："小叶妈妈还听不懂的话，周一让小叶带照片来学校问我，好吧？"闻言，小叶妈妈立刻生气了，电话那头语气从烦躁转为暴怒："老师你怎么这样子，这不是你的责任吗？给我校长的电话，我去问。"我听到小叶也在旁边时不时帮腔。"小叶妈妈，这是周末，各处室的固定电话打过去也没人接，况且我也不知道校长的私人号码，我们都用短号联系。"接着我又解释了几遍，小叶妈妈越来越生气，甚至开始人身攻击了，我不想在电话里跟她发生争执，最后只能说："先这样吧，小叶妈妈，我这边也有事。你和小叶要是还不会操作的话，周一到学校说吧。"说完我就挂了电话。

刚挂断，小叶妈妈就又打过来，电话那头她近乎咆哮，这下只剩人身攻击了。"小叶妈妈，不清楚也没关系，明天小叶来学校了再说，我这边现在还有事情要处理，再见！"这一次，我还是尽量语气平静地挂了电话，只想在这珍贵的休息时间里先让自己的耳朵和脑子清净一会儿，连番电话轰炸，我真的快要被炸了。

结果小叶妈妈又打电话过来，我想了想，还是接了，这次电话那头全是责怪、埋怨，我全程哑口无言，最后只能以一句"我有事，先挂了哈"匆匆挂了电话。小叶妈妈再次打了电话过来，第四次了，我直接摁掉。

事情还没有结束。当天，小叶妈妈连续不断地打电话过来，用她自己的手机、用小叶的手机，想想她们正情绪上头，还是缓缓再说，我再也没有接电话。小叶发微信消息过来："老师你凭什么挂我妈妈电话？你必须跟我妈妈道歉！"等不到我回复，她又打微信语音电话过来，我没接，她就一遍一遍打，弄得我的手机根本没法正常操作了，无可奈何，我只好直接删掉了她的微信。

世界终于清净了。

初次沟通就这么失败，我得先复盘整理下思路，再想想怎么处理这事。

兴师问罪的黑色周一

周一早晨，我刚走进办公室不久，还没到七点半，小叶和她妈妈就走了进来，还有一位男士。小叶一见到我就说："老师你应该向我妈妈道歉，你为什么挂电话，还删我微信？"我也没再客气，简单明了地告诉她："一，你妈妈应该先向我道歉，她昨天在电话里反复对我进行人身攻击；二，我之所以挂电话，是因为该说的已经说清楚了，我也有事要忙；三，删掉你的微信，是因为你昨天锲而不舍地通过微信骚扰老师，影响了我手机的正常使用。"然而，他们一行三人置之不闻。小叶不断重复着让我道歉的话，她妈妈始终一副趾高气昂的样子保持沉默，随行的男士看双方争执不下，开始调和："老师，我是小叶妈妈的朋友，如果我们之前说了什么不合适的话，希望您大人不记小人过，今天我们主要是想请个长假让小叶在家调整一下，昨天她们可能没跟您说清楚……"我看了看他，回道："昨天确实没提这事，只字未提，只是说不会办外宿卡，还对我反复责怪与人身攻击。"我简单复述了几句小叶妈妈在电话里的人身攻击，随行男士再次表达了歉意，转身看向小叶和她妈妈，她们的态度这才缓和了许多。

于是，我也将请长假的程序跟那位男士一一交代好，他点头道："我们知道，老师也不是为难我们，昨天的事就让它过去吧，今后小叶的学习还得麻烦老师费心……"

"该管的我会管，该帮的我会帮，毕竟她是学生，我是老师。"

男士倒是也爽快，事情办妥了就要带她们离开。我赶紧叫住："可以的话，就让小叶留下来单独聊聊。"他们同意了，转去校门口那里等。想想小叶再怎么思想成熟，毕竟还是在高中校园，不成熟的做法居多，周末的事看来对她的影响不小，消除影响总是对她的学习有利的。再者，一开学就请长假，我也得刨根究底才好，谁让我是她的班主任呢？

无法承受的生命之重

我开门见山道："周末的事情，我和你妈妈双方都有错，挂电话确实是我不礼貌。今天你们来了，也是想解决问题。刚才我们都拿出了解决问题的态度，这事也就可以过去了，是吧？"

"嗯，对不起，老师，我也做得不对。"小叶轻声说道。

"那好，没事，说清楚了就行了。现在我想跟你聊聊你的学习。之前三次高考，你的高考成绩一年比一年低，你有分析过原因吗？"

小叶突然就蔫了，说起了家里的事。在小叶第一年高三时，春节期间父亲出车祸去世，对她造成了巨大的影响，那个除夕她们一家是在抢救室门外度过的。她的父亲送进医院没过两天就宣布死亡。据她所说，当时她妈妈一直哭，什么都没法做，是她在医院和火葬场之间来回奔波，在大人们的帮助下默默料理了父亲的后事。

"我没有当着我妈妈的面哭过，因为我觉得我要坚强起来，替她撑起这个家……"从没在妈妈面前哭过的小叶，却在我面前泣不成声地说道。

"所以你才会那么保护你的妈妈，你真是个孝顺的孩子。命运真是让你承受了太多……"听到我这话，小叶开始放肆大哭，想必是压抑太久的情绪终于得到释放。

"想哭就哭吧，你应该好好释放一下压力。"我坐在她身旁，不时递递纸巾，轻轻拍拍她的肩膀，抱抱她，安慰她。

过一会儿后，她的情绪已经稳定下来，边擦眼泪边抽泣道，后来她的弟弟越来越叛逆，到最后都不上学了，妈妈对此完全没办法，只能由着他去。在家的时候，小叶妈妈也是动不动就大发脾气，家庭气氛令人窒息。所以小叶一直想复读考个好大学，"弟弟已经不读了，我得争口气，必须考到本科学校。"但是第二年她还是落榜了，成绩甚至比前一年还糟糕。一次比一次糟，但她还是想要继续复读参加高考实现本科梦。周围的亲戚甚至小叶妈妈都三番五次说她应该考不上了，不要再复读了。小叶执意要复读，但顶着这么大的外界压力，她上课开始不自觉地走神，开始害怕老师，到最后害怕进教室、来学校。但她又不甘心就这么放弃。其实外宿卡的办理过程她都知道，只是她一想到办理外宿卡就会想到又要进入令她恐惧的课堂，所以烦躁不安。

听到这里，我对眼前的这个女孩多出了几分同情，但更多是佩服，在人生重要的十字路口她居然背负了这么多压力。

"你还是没法放弃本科梦想吗？那你愿意顶住所有压力再试一下吗？"

小叶点了点头。

我慢慢开导她试着放下一些压力，或许找人说一说也能帮她分担压力。于是，小叶口中时不时说出很多心理学词汇，我看得出来她很努力想让自己好起来。等她倾诉完之后，我随即转变为商量和讨论的口吻，跟她一起探讨学习方法，小叶也逐渐放下芥蒂，说出许多她掌握的知识，我也才知道她自学了一些心理学的内容。"真是个顽强的女孩，她是多么努力在自救！"我不禁在心里默默感叹。我们像朋友一样畅聊，我尽量全方位去帮她解决思想上的障碍和困难，很快两小时过去了。

这时小叶妈妈走进来，本想跟她谈谈小叶背负的压力和她的愿望，或许全心全意支持她一次也无妨。但是小叶妈妈不大情愿过多提及家事，我只好简单嘱咐了下，就让她们回去了。

绵绵不断的弱者哭诉

那天下午我才得知，早上他们很早就来了，先去找学校领导，各个处室都扫荡了一遍，向所有提前到校上班的领导都控诉了我，领导们也觉得无厘头，办理外宿卡的程序很简单，只能回应他们来找我就可以了。听到这些投诉，我只能无奈摇头。

尽管如此，小叶的情绪和心理状态我还是一直保持着密切关注，并适时给予她帮助。

后来听同事们说，大家都听说了我挂小叶妈妈电话的事，小叶妈妈逢人就说、逢人就哭，对我还是埋怨和责怪。对此，我已经能做到一笑而过。"尽力就好，至少我对学生是问心无愧的，至于家长的情绪，我无法强人所难，只能努力自我消化。"继续砥砺前行吧！

六 老班主任也烦恼，智谋破局战挫败

班主任工作的辛酸

一个班主任这一生在教育工作中肯定会遇到各种各样的痛苦、折磨和挫败，这些心酸主要来自烦琐的工作、应接不暇的任务、学生的抵触、家

长的质疑、领导的不认可，这些苦恼可能是来自调皮捣蛋的学生、有心理问题的孩子、难带的班级、对老师的付出视而不见的学生……

在29年教学生涯中，我担任了22年的班主任，期间不乏成就感和喜悦感，但更多的是工作上的苦恼和心理上的折磨。

2016年，我担任高二（11）班的班主任，班上有一位彭同学，父母长期在外打工，家中只剩年老体弱的奶奶。这个同学经常迟到，经常找借口请假，来到教室除了睡觉还是睡觉。为此，我常常找他谈心，了解情况，鼓励他努力学习，他当面爽快答应，第二天却又犯，多次与家长沟通也无效。后来发展到不请假也不来教室上课，我就把情况告诉家长并要求家长回来教育他儿子，家长也特地从外地回来了。彭同学的情况没好转几天，又恢复原状，如此反复无常，家长也是痛苦万分。由于他经常不请假外出玩耍、上网等等，出于对家长、对学生、对学校负责，我只好一一如实地向家长反映他儿子的情况，家长多次教育无果后非常生气，说不让他读书了，叫他出去打工。我劝告家长还是要耐心教育，再给他一次改过的机会。但在一个周六的下午，我独自一人在办公室备课，彭同学突然手持小刀，气势汹汹地跑进我办公室，对我一顿怒骂，言语间还牵扯家人，并扬言要杀掉我，说我在他的家长面前告状。面对这样的学生，我只能强忍愤怒的情绪，冷静地和他周旋，耐心地开导他。虽然最终没有酿成悲剧，但我的心在滴血……我每天起早贪黑，苦口婆心地教育学生，不但没有得到学生认可反而遭到学生辱骂，甚至还有生命危险，令人胆战心惊，难道这就是班主任的工作吗？

2019年，我接手高三（18）班、高三（19）班的英语教学工作，兼任高三（19）班的班主任。班上又来了一个姓莫的同学，经常请假、缺课、外出上网，有时还在宿舍和同学打架，甚至经常违规使用手机，被我和生活老师各抓获了两次，按照校规，这位同学必须停学一周。但是家长极力反对，不同意带儿子回家，理由是家里没人看管，还找到一位副校长求情。我据实相告，这位副校长当即表示支持我的做法，说这样有利于我今后的班主任工作，最后我还是退了一步，只让这个同学停课了三天。原以为事情就这样圆满结束了，没想到在接下来两年里，这位副校长竟然处处为难我、刁难我，令我非常难堪。

而今年是我从事班主任工作以来最刻骨铭心的一年。开学伊始，分管高一级的陈校长就打电话给我，"委以重任"让我担任高一级体育班的班主任。众所周知，体育特长生，文化课基础差（文化课录取分数线不到统招类学生的一半），组织纪律差，非常难管理，很多老师都敬而远之，连体育教练都头疼！

接到领导的电话后，我本想委婉拒绝，明知这是一个"烫手山芋"，但领导一直坚持说我的班主任工作经验丰富、积极肯干、成绩显著等等，让我务必接下这个班，无奈之下我只好答应。

果不其然，开学第一周，这班同学就给了我一个下马威，全班41个同学，每天都有请假的、迟到的、早退的、上课打瞌睡的、讲闲话的、吃东西的、看小人书的、随便进出教室的……"五毒俱全"，所有科任老师天天投诉，面对这样的班级，我苦不堪言啊！我也曾多次建议年级把一班体育生分散到其他班级，均未果。

陈校长和黄主任也多次到我班给学生做思想工作。为改变这种现状，我每天早晚准时到教室盯梢，既是抓考勤，也是观察和了解学生，这些学生大多性格外向活跃，我争取与他们打成一片，伺机对他们进行行为习惯教育、思想教育、人生规划教育、励志教育等等，以培养他们良好的行为习惯，激发他们的学习动力和斗志。结果还是收效甚微，他们长期的不良行为习惯、文化基础非常薄弱、学习态度不够端正等问题，不是一朝一夕可以改变的，他们依旧随心所欲，偶尔配合，时常我行我素。年级领导也是看在眼里痛在心里，无计可施。

一个星期六的晚上，一名庞同学没有在宿舍晚休，既没有向班主任请假，也没有告知家长。深夜十二点多，生活老师打电话来说，庞同学夜不归宿，不知所踪。我马上起床穿好衣服去男生宿舍了解情况，一边打电话告诉家长，一边向同学们打听庞同学有可能去哪里。直到凌晨一点多，家长才打电话跟我说，孩子回城里的套房晚休了，担惊受怕早已汗流浃背的我这才回家休息。

这一年来，因为学生迟到、早退、宿舍吵闹、宿舍内务差、违规使用手机、不参加升旗、不参加跑操、不穿校服、课堂上讲闲话、上课打瞌睡等等问题，我叫家长来校配合教育多达43次。每当夜深人静大家都已经进入了梦乡的时候，我和家人还会常常被生活老师的电话吵醒。

"一切为了学生，为了一切的学生，为了学生的一切！"这是我做班主任工作的宗旨，但其间的辛酸只有班主任深有体会！"路漫漫其修远兮，吾将上下而求索。"今后我还将在班主任工作中不断地"享受"这种辛酸，不断地锻炼自己，磨炼自己，充实自己，争取在教育教学工作中做出更大的贡献，使自己的教育教学工作做得更好。

用爱与责任点亮成长之路

从我刚踏入教育的世界，成为一名班主任，至今已有十多年的时光。作为一名高中班主任，我肩负着重大的责任与使命。我经历了无数的曲折、苦恼和困境，我经历了无数来自学生、家长、领导的挑战与考验，其中有欢笑也有泪水。正是这些经历，让我更加深刻地理解了教育的真谛，也让我更加坚定地走在教育的道路上。我意识到教育不仅仅是传授知识，更是一个引导学生成长、帮助他们实现自我价值的过程。今天，我想分享一个令人刻骨铭心的教育案例，它不仅让我深刻体会到了教育的艰辛，也让我收获了成长与感悟。

还记得我刚接手班主任工作时，面对一群充满朝气和活力的学生，既兴奋又紧张。每天忙于处理各种琐碎的事务，从课堂纪律到作业收发，从班级卫生到课外活动，一件又一件事，忙得我晕头转向，忙得我感觉力不从心。还要面对学生的抵触和家长的质疑，我更是感到束手无策。有一次，我为了整顿班级纪律，制订了一套严格的班规。然而，这却引起了学生的强烈不满。他们觉得我太过苛刻，不尊重他们的意愿。一时间，班级里充满了怨言和抵触情绪。于是，我开始反思自己的教育方式，是否真的过于严厉了？是否丝毫没有考虑到学生的感受？

在与学生的沟通中，我逐渐意识到，教育中很重要的一环就是与学生建立更加良好的关系，否则工作根本无法开展。我尝试通过耐心的倾听和真诚的交流，了解他们的想法和感受，逐渐赢得了学生的信任。与此同时，我也积极与家长沟通，让他们及时了解到班级的情况和学生的进步。通过家校合作，我成功地化解了许多矛盾和问题。

在班主任工作中，我还遇到了一些有心理问题的孩子。或是家庭原因，或是学习压力，这些孩子常常感到孤独和无助。面对他们，我深感责任重大。我主动找到这些孩子，与他们进行深入的交流，努力让他们对我放下戒心，允许我倾听他们的心声，了解他们的困惑和烦恼。同时，我也积极寻求专业的心理老师帮助，为这些孩子提供正确有效的支持和关爱。

小张是一个性格内向、沉默寡言的学生。他来自一个贫困的家庭，父母离异，跟随母亲生活。由于家庭经济困难，他从小就承受着巨大的压力。在学业上，他努力刻苦，但成绩始终不尽如人意。在人际交往上，他缺乏自信，总是独来独往。刚接手这个班级时，我就发现他总是独自一人在角落里默默学习，很少与同学交流。于是，我主动接近他，逐渐了解到他的家庭背景和成长经历。我深深感受到他的不易，也更加坚定了要帮助他的决心。

为了更好地帮助小张，我主动联系他的母亲，了解他的家庭状况；又与科任老师沟通，了解他的学习状态。同时，我时刻关注着他的情绪变化，以便及时给予他关心和支持。在我的鼓励下，小张逐渐敞开了心扉，开始与我分享他的喜怒哀乐。

针对小张的学习困难，我为他制订了详细的辅导计划。课下，我尽量利用碎片化的时间力所能及地为他讲解基础知识，引导他掌握学习方法。同时，我也鼓励他多参加课外活动，拓展自己的兴趣爱好。在我的督促和帮助下，小张的学习成绩逐渐有了起色。他的自信心也得到了提高，开始主动与同学交流。

然而，真正的挑战才刚刚开始。小张的内心世界依然充满了困惑和迷茫。他常常为自己的未来感到担忧和焦虑。这时，我感受到了家校合作的重要性。我主动联系小张的母亲，告诉她孩子在学校的情况和进步，也透露了孩子的压力和焦虑。我鼓励小张的母亲应该多关心孩子的学习和心理情况，给予他更多的关爱和支持，适时调整对孩子的期望，缓解他的学习压力和焦虑。在家校的共同努力下，小张的学习和生活状态渐渐有了改善。

每个学生都有自己的内心世界和成长经历。作为班主任，我们要时刻关注学生的内心世界，了解他们的想法和感受。只有真正了解他们的需求和困惑，才能更好地帮助他们走出困境。

而其中家校合作就是教育工作不可或缺的一部分。家长是孩子的第一任老师，他们的言行举止对孩子的成长有着深远的影响。作为班主任，我们要积极与家长沟通合作，共同关注孩子的成长和发展。只有家校双方齐心协力，才能为孩子创造一个更好的成长环境。

回顾这个刻骨铭心的教育案例，我深刻体会到了教育的力量是无穷的。只要我们用心去做，总能点亮学生的心灵之灯，引领他们走向更加美好的未来。作为教育工作者，我们要时刻怀有爱心和耐心，关注每个学生的成长和发展。

教育是一项永无止境的事业。作为教育工作者，我们要时刻保持一颗谦虚好学的心，不断学习和成长；要关注教育的最新动态和理念，不断提高自己的专业素养和教育水平；尤其要关注情感教育和心理辅导，帮助学生建立健康的人格和心态；要加强与家长的沟通和合作，共同为学生的成长创造良好的环境。只有这样，我们才能更好地适应时代的发展需求，为更多的学生提供更好的教育和服务。在这个过程中，班主任既要学会如何与学生、家长和同事进行有效的沟通和合作，也要学会如何调整自己的心态和情绪以更好地应对各种挑战和困难。面对违反纪律的学生，耐心进行教育和引导。注重激发学生的学习兴趣和动力，让他们在学习中找到乐趣和价值。

最后，我想说，班主任的工作虽然充满了挑战和困难，但它也是一个充满收获和喜悦的岗位。当孩子们在我们的帮助下茁壮成长，给我们带来的那种满足感和成就感是无可替代的。作为一名高中班主任，我深知自己责任重大。我将继续用自己的爱心、耐心和智慧引导学生走上正确的道路，为学生的未来贡献自己的力量。我深信教育的力量是无穷的！让我们一起努力吧，为了孩子们的未来！

用欣赏的眼光看待学生，用宽容的心态面对学生

在教育领域，教师的态度和方法对学生的发展起着至关重要的作用。用欣赏的眼光看学生，用宽容的心态面对学生，不仅能够促进学生的全面发展，更能营造一个良好的学习环境。在整整七年的班主任工作生涯中，每天都是新的挑战和严峻的考验。有时候，我觉得自己是步履维艰的战士，在布满地雷的道路上小心翼翼地前进，扫过数不尽的麻烦、苦恼与折磨。作为班主任，虽然我们不是神仙、圣人，但我们仍然在全力以赴应对纷至沓来的重重压力。

班主任的工作，不只局限于教授知识，还包含了管理学生的日常行

为、关心他们的心理健康，甚至要处理他们之间的矛盾冲突。面对学生的抵触，是尤为让人心力交瘁的一环。而最令人心寒的，是学生对我们的关心与付出视而不见。尽管如此，我仍尽力用欣赏的眼光看待学生，用宽容的心态面对学生。

用欣赏的眼光看待学生，认识到每个学生的独特性。每个学生都是独一无二的个体，他们有着不同的思想、兴趣、才能和梦想，即使是同样的问题出现在不同的人身上，还是要采取不同的处理方法。教师应当认识到这一点，并努力去发现、尊重和欣赏每一个学生的独特性。帮助学生发现并欣赏自己的独特性，能够帮助他们建立自我认同感和自信心，从而更积极地参与到学习和集体生活中。

小灿是我们班里的一名走读生，高三开学后，他就经常无故迟到、旷课、请假，上课睡觉，不按时交作业，等等，出现了诸多不良行为。根据学校的规章制度，对于迟到的学生尤其是走读生，班主任都要第一时间联系家长，确认孩子的安全。一开始的时候，对于小灿的迟到，我都是及时与小灿妈妈联系，并如实告知孩子在校的不良表现。家长可能也不好意思了，每次在电话里都再三保证会监督小灿准时上下学，会教育小灿在校要遵守纪律。大概是在家长的唠叨和班主任严格的管教下，小灿有一段时间确实能做到准时上学了。直到有一天晚上，将近十一点，小灿通过家长的手机给我发来了消息：

"老师，我和你商量一件事吧。以后我迟到了，你不要再联系我妈妈了，我好烦她的唠叨。每次你给她打电话后，她总是要对我唠叨个没完，一点点小事都可以唠叨很久。现在高三压力这么大，我真是被她唠叨得快神经衰弱了。同样地，我也很讨厌老师整天向家长打小报告，迟到就迟到了，这么一件小事为什么要搞得那么严重呢？请老师以后只管批评我吧，我都愿意接受，但请不要再向我妈妈告状了。"

老实说，当时看了小灿的信息后，我是很伤心的。出于学生的安全考虑，我必须跟踪确认好每一位学生的出勤，有情况务必和家长及时联系。而在学生眼里，我却是一个爱跟家长告状、打小报告的老师。我用心良苦，学生却并不理解。待冷静下来，我还是拿起手机给小灿回了信息：

"小灿，对于你迟到和旷课的情况，如果你不希望我和你妈妈联系，那么你自己能不能做到每天准时上学，上课不睡觉呢？或者你偶尔迟到的话，是否能提前同我联系告知情况？在校园里，我们充当的角色不同，责任和义务也不同，希望你能换位思考一下。作为一名班主任，我必须确认每一名学生的校园安全。"

"我知道了，老师，以后我尽量准时上学，如果迟到了我会提前告诉你。"

"好，希望你能说到做到。"

在和小灿沟通过后，针对小灿的一些行为，我尽量当下就指出他的错误，并提出改进措施，若他能知错就改不再犯，一些小问题当下解决了我就不必同家长反馈。在此之后，小灿的很多行为得到了改善，几乎不迟到了，上课睡觉的情况也少了，作业也慢慢按时交了，对我也有了一些信任。在小灿事件中，我最大的感悟就是高中学生的个体意识非常强，他们已经开始形成自己的思想，不喜欢被家长唠叨，也希望老师能用成年人的方式来对待他们。

用宽容的心态面对学生，理解学生的错误。错误也是学习过程中的一部分。教师应当用宽容的心态看待学生的错误，理解这是他们在成长和学习中的一个正常现象。教师宽容的态度，不仅能够减轻学生的压力，还能够帮助他们从错误中学习和改进。

小欣是我们班上一位很有才华，数学思维很好的男生，但是他有一个致命的缺点——做事懒散、拖拉。在一次升旗仪式上，我清点学生人数后，发现小欣还未到。于是，我只好联系了小欣的家长，得到的答复却是小欣早就出门了。刚挂了电话，远远就看到小欣大摇大摆地提着早餐往校门口来了。当时我就对小欣说："你迟到了还带早餐进校园啊？下次不要迟到了，请在家吃了早餐再来学校。"我还是以劝诫为主，并没有过多的苛责。然而，他却大声地回答道："对啊，不带早餐难道要饿死我吗？"学生队伍一下子骚动了起来，我的火气也一下子就上来了。迟到违反纪律，携带早餐进校园"罪加一等"，还对待老师态度恶劣，一点都没意识到自己的错误。奈何升旗时间到了，我没在操场上继续和他争论下去。升旗仪式结束后，我就把小欣叫到办公室。一开始，他的态度还是很强硬，拒不承认自己的错误。我再三耐着性子和他解释，他的所作所为已经违反了校纪校规。我告诉他，做错事不可怕，可怕的是作为一个男子汉丝毫没有承认错误的勇气。"迟到不是什么十恶不赦的事，但做人要敢作敢当，只要保证下次不再犯，事情也就翻篇了，很难、很复杂么？"他没有回应。我让他回去写一篇200字的反省书，保证下次不迟到、不携带早餐外卖进校园，他答应了。原以为事情到此告一段落，哪知他放学回家后就给我发来信息，说我当着全校师生的面说他，不顾及他的自尊，让他很没面子。我只回复了他一句："面子是自己挣的，不是别人给的"。

虽然小欣犯了一点小小的错误，偶尔会有迟到的现象，但是事后我并未放在心上。学生犯错是很正常的，我们应该用宽容的心态来面对他们的错误。我也没有放弃小欣的学科成绩，在一模后，我发现小欣的成绩退步了，就利用晚辅的时间，帮他分析试卷的得分点和失分点，并针对他后期的复习方向提出了自己的建议。在二模时，小欣的成绩明显就又提上来了。毕业前，小欣在学生们的留言簿上，用古文给我写了一篇"圣谕"，看得我流下了感动的泪水。也许这就是我们作为教育工作者的骄傲，我们的付出与辛苦，学生还是看在眼里、记在心里的，终有一天他们都会明白。

用欣赏的眼光看学生，用宽容的心态面对学生，未来，我也将继续秉持这样态度，怀着以人为本、尊重差异的教育理念，继续自己的教育事业，希望将来可以造就更多全面发展的优秀人才。

不愿为外人道的辛酸往事
——教育生涯奇遇记

从教三十多年，我一直认为人生是苦乐相伴，教育之路上喜怒哀乐相随相伴更是正常得不能再正常的事，故不愿为外人道也。但现在不吐不快，一是可作纪念自己过去的教育岁月，二是可作抛砖引玉以求得同道大方之家的指点。

2021年，桂花飘香的八月，高三开学第三天的上午第三节课预备铃响起，我去班里巡堂，同学们看到我来了，急忙跑进课室准备上历史课。我发现有两位女同学还没到课室，索性站在课室走廊等候，直到上课铃声响起，还是不见两位女同学的身影，正当我掏出手机准备做记录，两位女生慢吞吞地向课室走来。我面上平静地向她们招手，示意她俩走到我身边来。她们慢条斯理地走过来，用不屑的眼神瞟了我几眼。我忍住怒火，温和地问道："你们俩去哪里了？这都上课两分钟了。"其中一个脸色略显苍白的女生回答道："我们去上厕所了，身体有些不舒服。"好吧，这是一个令我无法辩驳的理由。另外一个女孩则面无表情，一言不发。

然而，我已经闻到她们身上的烟味。我绷着脸，严肃地问道："你们身上的烟味哪来的？"她们立即对视了一眼，仍是那位脸色苍白的女生小声答道："不知道，我们不抽烟的。"另外一个女生仍旧一言不发，脸上已经显出受委屈的神情。

为了不影响班里的学生上课，我将她们叫到走廊去，她们俩像蜗牛一样慢慢吞吞不情不愿地跟在我身后。待她俩站定，我两眼扫视了她们一圈，一言不发的那个女生右手握成拳，指缝间已经露出红色打火机。

"请你把右手打开。"我略带命令的口吻说道。

她极不情愿地打开右手掌，一个精致的红色小打火机！她却平静道："我是拿来玩的。"

　　"可能吗？说谎不打草稿！"我立即命令她把打火机交出来。

　　"如果你们身上有烟，拿出来。"女生磨磨蹭蹭地从裤兜掏出一盒香烟，脸色苍白的女生也慢吞吞地极不情愿地从裤兜掏出一包香烟。鉴于我是第一次抓到这种情况，加上这个班我也是刚接手，还有诸多情况不够了解，我还是想低调处理，寄希望于动之以情晓之以理。

　　我还是尽量平静地对她们说："这样吧！你们先写一份情况说明书，明天早读课前交给我。现在我就先不报告你们父母，也不报告给学校德育处。"脸色苍白的女生突然双手捂着胸口呜呜地哭。"你怎么啦？"我关切地问。她的纤纤细手更用力地捂住胸口，哭声更大了。我急切地问另外一个女生："她什么情况？"这时，捂着胸口哭泣不止的女生终于从嘴角挤出几个字："我先天性心绞痛！"我忙叫另外一个女生一起扶她到教师办公室坐下，我找到纸杯，冲了杯白糖水让她喝下。过了一会儿，女生情况稳定了，我又温和地安慰了她们两个，让她们收拾一下仪容仪表，随后送她们回教室了。

　　送她们俩进入课室后，我顺带巡堂。那个坐在后排，经常睡觉的"白面书生"这次竟然没睡觉，我内心一阵窃喜。定睛一看，哦！他把手机贴在书本上玩游戏！我从课室后门走进去，轻轻拍了拍他的肩膀，他慢慢转过头来，手机屏幕上的游戏画面还在调皮地闪烁着。我用手势提示他把手机交给我，他愕然了近一分钟，极不情愿地把发烫的手机交在我手上。

　　我离开课室，走回教师办公室，立马打电话向原班主任深入了解这三位同学的情况。原来，这三位都是上课的"睡觉大王"，无心读书。脸色略显苍白的小女生，还经常溜出学校逃宿外住，倚仗心脏问题，拿捏家长与老师，与"白面书生"拍拖一年多了，十分叛逆，家长无法管教，原班主任怕她走极端，日常只能以安抚为主。另一个女生，迟到、缺席、抽烟都是家常便饭，父母离异，目前正极力反对爸爸再婚，一问三不应，她爸爸也奈何不了她。"白面书生"从高一睡到高二，家长无计可施，什么都由得他,纵得他任性至极!

哇!真是令人闻风丧胆的"三剑客"啊!我去找教过他们的科任老师了解情况,都说:"您一直教高三,不知道这三位在高一、高二都是名人了!出了名的难搞啊!"

一天中午,我正准备回家,"白面书生"急匆匆地跑进办公室,想要回手机,说中午要用到手机,有重要的事情要完成。我严肃回道:"国有国法,班有班规。什么事,你先细细道来,否则老师不能轻易把你的手机交出去。"他死缠烂打,最后我只好妥协:"手机你可以先拿回去,但是下午必须交上来。"他拿到手机立刻转身如离弦之箭一般冲出办公室。

下午回到办公室,我一眼就看到办公桌上有一部手机,拿起来一瞧,模型机?下午第一节课间,我去找"白面书生",他正伏在课桌上呼呼睡大觉,我走过去推醒他,他极不情愿地跟在我身后,考虑到这时办公室应该还有其他老师在办公,我把他带到单车棚谈话,他这才交代那个模型机就是他交上来的。我叫他把模型机拿回去,把手机交上来。他反应激烈道:"就算学校开除我,我也不会把手机叫上去的!"我强忍怒气,先冷处理,说:"你回去考虑清楚,现在先去上课。"

第二天早读课,我收到两个女生的反省书,字迹端正,字数1000以上。仔细一瞧,写的都是学校不该束缚学生,应该让学生自由发展,还表示高一、高二时老师都对她们睁一只眼闭一只眼的,其中一个女生还写上她患有先天性心脏病,常年心绞痛,还有各种心理问题,看得我两眼一黑。我找到两位女科任教师交流商量,又在下班后找到领导商量对策,最后决定对两个女生采取一对一个别谈话,还是尽量从感情方面感化她们;针对"白面书生"的情况,按学校规定,则需要停课反省一天半和写检讨书,并且通报家长。

过后,"白面书生"的爸爸来电话了,说是孩子回家来已经教育过了,他也坦白告诉我,其实他不敢教育"白面书生",因为小孩会以头撞墙威胁他；之后我又接到"白面书生"哥哥的电话，他说的也一样，已经教育了弟弟，但怕弟弟出现极端行为，话也不敢说得太重，言语间深感无力、无奈。

"白面书生"回校后，手机倒是老实交上来了，反正他又从家长那里要到了一部新手机；检讨书也交上来了，全文1200多字，只是有超过1000字都是在"讨伐"学校和老师，批判学校束缚学生自由，批评老师管太多让学生与社会脱节，总而言之，一切的一切都不利于学生的个性发展。哇！真是让人大跌眼镜的检讨书！

一个冬天的早晨，正在办公室批改作业的我，被一只突然闯进来的"大白熊"吓了一大跳，她眼泪汪汪拿着一张请假条给我，我轻声问："怎么了？不舒服？""就是你让我不舒服！"她恶狠狠地丢下请假条，飞速转身走到教师办公室门口站着。我张着嘴巴久久没合拢，她今天没来早读，我发信息给她爸爸了……

这时，一个三十来岁穿着整齐的斯文男子走进办公室，无奈道："叶老师，我是××的爸爸，今天天气冷，孩子不愿来学校，叫我帮她请假，可她根本没有生病，跟我吵架像老虎一样凶猛！我不肯帮她请假，她就蛮横地拖着我来找你说理了。"

为了平息这对父女的"战争"，我又走到办公室门口，问正在大滴大滴落泪的"大白熊"："今早怎么不来早读了？身体不舒服吗？""我跟老家伙说了，他就不信，我也恨你！"唉，看来不好办呐！我又转头同她爸爸沟通，她爸爸就像蔫了的茄子一般，一直叹息道："由她吧！由她吧！"我也无计可施无可奈何，只好批假并交代父亲冷静下来带他宝贝女儿回家。望着他们远去的背影，一阵阵酸楚涌上我的心头。

期末考试前，一个女生逼着她妈妈来学校给她请长假，她妈妈不肯，就在家以死相逼。到了新学期开学时，"白面书生"又出幺蛾子了，逼着父亲来给他申请外宿，学校不批准，他又逼着父亲在学校附近租房给他住，要不就又以头撞墙，以死相逼。父亲怕儿子想不开走极端，只好写下承诺书和责任书，请学校领导批准他儿子转外宿，且保证在校外租房的一切责任与学校无关，并保证会在外亲自打理"白面书生"的饮食起居。

一年下来，我发现这个班里还有各种各样的"奇葩"，有总是怀疑别的同学说她坏话的，有搞小团体的；有抽烟的小伙子一群，有上课睡觉的学生一帮……还有喜欢跟学校叫板的家长，喜欢对老师冷嘲热讽的家长……一片丹心献教育，日夜操劳，绞尽脑汁，问题不断处理，情况不断好转，连领导都在学年结束时赠我一句："超级钢铁战士！无往不胜！"真是一片冰心在玉壶，为伊消得人憔悴！

在三十一年教育生涯里，我遇见太多"奇葩"学生，迎战过好多"奇葩"家长，说不完，道不尽，真真是"满纸荒唐言，一把辛酸泪"！总而言之，言而总之，教育工作者总是要不忘初心，方得始终。"学生虐我千万遍，我待学生如初恋。"教育工作者总是在磨砺中不断成长，行得端，走得正，虽然费尽心力，年华老去，但造福一方教育啊！"落红不是无情物，化作春泥更护花。"愿教育工作者们一同努力，"百花齐放春满园"！

一个愿望让我从至暗到光明

如今的我，已经从一名稚嫩的班主任不断走向成熟，在十三年教育实践中，我逐渐提炼了自己的教育思想、教育理念，也已经能够轻车熟路地选取合适的教育技巧和方法，因地制宜，因材施教。如今的我，也已经成为别人眼中羡慕的名班主任。可在最初，谁没有遇见过困顿、烦恼和挫败呢？

2022年，我经历了工作以来的至暗时刻，学校领导给我打电话，担心我参加"百千万工程"学习会耽误高三学生的高考复习，让我放弃高三

（14）班的班主任工作和政治课教学工作，我只好接受。说起来轻松，但是我和14班的孩子已经朝夕相处了一年半，要说没有感情是不可能的。当时，我回到班里去找那本记录了班级满满回忆的班级日志，可惜并没有找到，我很遗憾。我找遍了班级教室的各个角落，任凭汗水湿透了裙子，只怕这本班级日志真的丢了，那是我对这个班级的全部感情和记忆。这个班级是我来到这座城市这个学校带的第一个班，他们带给我太多的感动，即使偶尔也让我伤神……

自此，2020级14班，成了我心中永远的遗憾，我总是想起曾经为了班级能在学校大合唱中拔得头筹，和学生一起熬夜写朗诵词，编辑背景视频。我们共同经历了两次运动会，虽然成绩一般，但是孩子们精心设计开场舞，那四头可爱的小狮子和卡通人物至今还清晰在眼前。为了减少高三紧张的学习氛围，我和同学们一起设计了带有班级记忆的高考倒计时背景图片，一个个曾经经历的活动像放电影一样在我的脑海里翻滚。最遗憾的是，连一场告别都没有。最愧疚的是，我为了学习在中途抛弃了他们。

一天，我在楼梯处见到了14班的小郑同学，他问我："老师，您为什么不带我们了？"我被问得哑口无言。我告诉他一切都是最好的安排，大家要珍惜学习的时间，好好努力，我会一直默默关注大家的。

到了新一届高一入学的时候，我又要接手一个新的班级，继续做班主任了。但是，我渐渐感受到了自己的变化，我开始克制自己不要过分投入，生怕太感情用事，结果一整个学期工作热情锐减，对什么都有些打不起精神，迎来了工作以来的至暗时刻。我选择用旅游来舒缓自己郁闷的心情，用读书来填补自己内心的空虚，用写作来记录这段灰暗的时光。就这样，伴随着班级管理事务的一些常规工作，我带领着新的高一（9）班，度过了艰难的疫情求学时期。我发自内心地感谢他们的陪伴。学期末时，我给班里的每一个孩子都写了一份贺卡，送上真挚的祝福。我在朋友圈总结了这一学期的班级工作："我们放假了！始于疫情，终于疫情。高一（9）

班的第一学期就这样结束了，看似平淡无奇，实则轻舟已过万重山。八月末，疫情推迟了开学，我们的第一次见面在屏幕上开启，就连开学典礼也都在线上参与。没有共度教师节，完美错过元旦晚会，没有经历军训，没有合唱比赛，以书院形式举行的篮球赛也淡化了班级的色彩，没有期末考试，没有期末评优，没有散学礼……但是无论到了哪里，都有老师的'爱心传话'！"

"离别虽半步即是天涯，思念何必泪眼，爱长长，长过天年，幸福生于会痛的心田，天之大，唯有你的爱是完美无瑕，天之涯，记得你用心传话……"音乐仍在耳边回荡，我感慨教师对学生的爱就如同父母之爱，都是为了更好的离别。一届又一届学生，进入了我的教育生涯又离开，但是我相信他们并未真正离开，我相信他们终将在生命的长河里，想起谁教会了他们什么知识，谁曾经与他们展开那些直击生命灵魂的对话。

新学期又开始了，已经相处了一学期的高一（9）班的孩子们贴心地向我送上了花束。开学不久，学校就举行了元宵节猜灯谜活动，并设计了许愿墙活动。过后，团委的毛书记在走廊里见到我，特意跑过来和我分享，说元宵节的许愿墙上有一个高一（9）班的娃写下了"希望分班之后还在金老师班"的愿望。听到这个消息，我在感到幸福的同时，我似乎又找回了重新出发的勇气，告诫自己要不断学习，也要不断调整自己的心态，拿出百分之百的热情投入到工作中。我正在酝酿着新的班级管理模式，也想在这届学生中尝试全新的管理理念，设计有助于提升孩子们综合能力和核心素养的班级活动，希望能给这些可爱的孩子们带来不一样的体验。

名班主任工作室主持人也有烦恼

2022年，我成功入选成为深圳市名班主任工作室主持人，从此与深圳市92位优秀的主持人们并肩作战，一起研究班主任成长的规律，一起研究班主任成长的难题。我们经常聚在一起搞活动，因此结识了许多志同道合的优秀同行者。

"挫败感！"这段时间，我经常被这种感觉包围、消耗，让我感到十分困扰。尽管做了一些调整、一些心理建设，每天给自己打气加油，也还是有一种被阴云笼罩的感觉。

我的挫败感来自什么呢？

第一，关于教育理念。焦虑的家长给我带来了很大的压力，他们在教育理念上的急功近利，给我带来了很大的消耗，但这不是最主要的。毕竟家长不是专业做教育的人，在当下的环境中，爱子心切，我能理解，只是大部分时候我不太赞同他们的做法。带给我最大的挫败感的，正是那些在做着教育工作的人。作为一个教育工作者，一些人却掉进了钱眼里，一面站在讲台上对着学生头头是道地唾沫横飞，一面却又在做着违规的事情。虽然，作为成年人，很多时候有不同的理念就有不同的选择。但是，教育者本身却是违规者，还是给我带来了极大的震撼和挫败，有时候我也会问自己的内心，我是否还要继续坚持在教育事业上奋斗？我内心的答案很明确，我知道我并未迷失。

第二，是工作室。虽然我有着丰富的一线班主任和语文教学经验，但做名师工作室是第一次。我当然很想做好，但是身兼两个班的科任教师、一个班的班主任，一个科目的科组长，再做一个工作室的主持人实在是让我很吃力。吃力不仅仅在于经验不足，还在于时间精力跟不上。周一到周五，学生24小时在校，期间班主任几乎承担了所有家长的责任，从早到晚。每次我很想做一些分享和课题，让每个在工作室的老师都能得到成长，但事实是每个班主任都很忙，大家很难及时抽空来学习，工作室的大家对学习的参与度比较低，没能把大家都调动起来，我也感到非常挫败，不禁深深怀疑自己的能力。

幸运无比的是，我及时向两个同行的朋友求助，她们都在第一时间给了我最真诚的分享和回应，让我十分感动，也收获很多。在交谈中，我发现了自己的不足，也理解了自己的难处。挫败感带给我内心压抑，但也让我再次思考，也许未来回头再看，就是一份包装过的礼物呢！

　　当下，我只想理解和拥抱那个正在经历挫败的自己，和自己的感受在一起……

后 记

于挫败中寻光，在逆风中飞扬

当指尖在键盘上敲下最后一个字符，为《挫败感——班主任成长的必经之路》画上句号时，心中涌动的是如释重负，更是对过往无数教育瞬间的深沉敬意。这本书的诞生，是金玲老师携手众多教育同仁，在教育一线摸爬滚打，历经挫败又顽强奋起的心血结晶，承载着班主任群体成长的厚重记忆。

回首过往，每一位班主任踏上这方讲台，无一不是怀揣着对教育的炽热理想，宛若怀揣珍宝的行者，满心期许能用爱与智慧为学生铺就成长的坦途。初出茅庐时，以为凭借扎实学识、满腔热忱，足以轻松驾驭班级这艘航船，乘风破浪，驶向成功彼岸。可现实却如汹涌暗流，一次次将理想撞得支离破碎。

犹记那位年轻班主任，精心筹备班会课，本欲激发学生团结奋进之心，学生却不感兴趣，课堂冷场，学生们眼神中的迷茫与漠视如针般刺痛他的心。还有老师为转化班级里的"问题学生"，苦口婆心，日夜操劳，制定专属学习计划，频繁谈心疏导，换来的却是学生成绩的持续下滑和愈发叛逆的态度，挫败感如潮水般将其淹没，甚至令人开始怀疑自己的职业选择。这些真实发生的场景，是无数班主任成长路上的荆棘，让人感到刺痛且彷徨。

但，正是这一道道伤痕，成为蜕变的刻痕。金玲老师敏锐地洞察到这些隐藏在日常教育中的宝贵财富，决心搭建一个平台，让挫败不再是个体的暗伤，而成为集体反思、成长的火种。于是，有了一场场促膝长谈、一次次深度研讨，教师们围坐在一起，将心底最苦涩的教育挫败经历倾倒出来。在交流碰撞间，那些曾以为无解的难题，破解的路径渐渐明晰了；那些被自我否定掩盖的教育智慧，重新熠熠生辉。

这本书，是一座灯塔，照亮班主任们曾经独自摸索的黑暗角落。它如实记录下各种典型挫败案例，从班级纪律管理的失控，到师生沟通的屏障；从家校共育的分歧，到学生心理问题应对的无力。每一个案例背后，是老师们的泪水、汗水与自我叩问，更是团队智慧汇聚而成的解决良方。它提醒着我们，挫败并非终点，而是成长的强力催化剂。

此刻，感恩每一位参与创作的老师，是你们的坦诚与勇气，为这本书注入鲜活的生命力；感恩那些在教育中"调皮捣蛋"、制造难题的学生，是你们的真实，给班主任们带来了成长与磨砺的契机；感恩那些默默支持班主任工作的家长、校领导，是你们的信任与协助，让教育之路虽坎坷却不孤寂。

展望未来，愿这本书能够成为班主任们案头常伴的挚友。当新的挫败来袭，愿书中的文字能给予大家力量，让大家明白：挫败，是成长的勋章，是教育征程中不可或缺的风景。愿每一位班主任都能怀揣希望，在挫败中砥砺前行，用爱与坚韧续写教育的壮丽诗篇，培育出更多逐光飞翔的学子，让教育的花园繁花似锦、生生不息。